市民社会とアソシエーション

【構想と経験】

村上俊介
石塚正英
篠原敏昭
【編著】

CIVIL SOCIETY
ASSOCIATION

社会評論社

まえがき

一九八〇年代後半のソ連と東欧諸国における民主化運動は、民主主義を欠如させて成り立ってきた社会主義を最終的に崩壊に導き、第二次大戦後の世界を規定してきた冷戦構造をも終焉させた。その影響はわれわれの国の政治構造にも決定的に作用した。いわゆる五五年体制の崩壊は、単に政党関係としてだけではなく、われわれの中にあった神々の闘争も終わらせるに至ったのである。だが資本主義のシステムと理念だけが地球大的にわれわれすべてを覆い尽くすのだろうか。そうではないだろう。資本のグローバル化と並行して、それへの対抗的な多彩な運動をも生み出している。人々のそのような対抗的諸運動にまなざしを向けて、現在、市民社会論が盛んに論じられている。本書もこの市民社会をテーマとする。

本書の執筆者たちは、「一九・二〇世紀古典読書会」という研究会のメンバーである。一九八七年に「一九世紀古典読書会」として生まれたこの研究会は、これまでヘーゲル左派研究や、一八四八／四九年革命研究などいくつかのテーマをめぐり相互啓発を重ねながら、成果を公表してきた。

比較的長く続いているこの研究会は、しかし――あるいは幸いなことに――一つの理論的あるいは思想的に強い求心性を持った学派として成り立っているわけではない。その内部に様々なスペクトルを有した各メンバーを緩やかに覆う理念を挙げるとすれば、それはおそらく「アソシエーション」の思想であろうか。それは自由な諸個体の連合という関係を表す理念であり、かつその関係を拡延的に形成していくプロセスであるとわれわれは認識している。同時にこの関係性は「市民社会」とも称しうる。市民社会論が、あるいは反市民社会論が多様に展開されている現在、われわれもまたその磁場で自由な議論を展開したいと考えた。

市民社会とアソシエーションはこうしてわれわれの間では自由な諸個体の「関係とプロセス」として基本的に理解されており、本文中の石塚正英の言葉を借りれば、われわれは「アソシエーションは動態的にして関係的であって、恒久的にして実体的なものとしては捉えていない。個人それ自体よりも、むしろ個人と個人との関係、あるいは人と自然との関係を重視している。また関係はつねに動いているものでもあるわけだから、それは運動であると考える」。このように捉えた上で、それ以上のもの（etwas mehr）はメンバーそれぞれによって様々なスペクトルを持って自由に展開される。「自由な展開」はしかし、一貫した理論的統一性を欠く傾向を持っており、本書もその傾向から免れていない。それゆえ本書は「市民社会とアソシエーション」をテーマとするフォーラムとして、自由な議論の「場」として編んだ。

本書は第一部「構想」と第二部「経験」、および付録の用語解説から成っている。

「構想」の部冒頭の村上論文「日本とドイツにおける市民社会論の現在」は、日本における市民社会論の系譜をたどりながら、現代の平田清明を継承する研究グループの市民社会論、および山之内靖を中心としたそれへの批判を概観し、現代の市民社会論とそれへの批判が、いずれも経済過程から相対的に離れたところで主体の「自覚」を問う点で共通していることを指摘している。また本論文では、日本と同様に当初は「近代性の欠損」を意識しながら考察されてきたドイツにおける市民社会論のここ二〇年の変容、さらには現在政治の場面でも盛んに論じられている市民参加による民主主義の活性化を目論む市民社会論について概観している。

工藤論文「現代的シティズンシップの構想――グローバリゼーションと国民国家との関係において――」は、現代のグローバリゼーションが国民国家を越えるわけではなく、むしろ国民国家の存在を前提に成立していると批判し、それに対して本来の意味でのグローバリゼーションを論じるのであれば、ナショナルな枠組から排除された人々を包括し、地球規模における「他者」との共生を志向しうるグローバル・シティズンシップが論じられるべきであることを主張する。

天畠論文「市民社会論におけるアドルノ言語哲学の意味――『理想的言語観』から新しい市民社会像を求めて――」はアドルノにおける近代市民社会批判を考察する中から、むしろ市民社会の硬直化を阻止し活性化させるべき論理を導き出す。すなわち、概念化された領域たる近代市民社会＝公共的領域と、概念化されざる生の経験の領域＝私的領域の往復運動こそが必要であり、しかしこの生の経験すらも概念化されるとすれば、なおさらにこの概念化を行う理性・主観性も批判の対象とすることによって、社会的次元での公私の絶えざる相克・関連の関係性を維持することが必要である、と論じる。

山家論文「市民性を通じての統治――フーコー統治性論と市民社会論――」は、フーコーとその継承者たちによる統治論に拠りながら、諸個人の自発性や能動性が統治の側から巧妙に包摂され、かえって統治の重要な手段となっていることを指摘し、それに対して「包摂」されざる、すなわち「排除」された「非市民的存在」を含む「様々な解放の可能性と権力の働きの捩れ合い、せめぎあう場」として市民社会を捉えようとする。

桑野論文「アソシエーショニズムとは何か?――アソシエーショニズムの指針確立と自己点検のために――」は、アソシエーショニズムを国家と資本への抵抗運動として、協同組合的生産様式を目指す運動と規定し、その場合、第一に資本主義的な分業システムとは異なる固定化されざる新たな分業システムの開発、第二にそれ自体自存的な国家との対質、第三に資本主義に対して単に道徳的な反発ではなく、より具体的な生産諸関係の革新でなければならないという。

角田論文「市民社会と『権利』の問題」は、レオ・シュトラウスのホッブズ批判に沿って、近代市民社会の立脚点たる「個」＝主観の優位性に対して、普遍・不変・自然を上位概念として置き、それに基づく道徳の必要性を説く。そこからまた、現代の市民社会が近代を乗り越え切れていないことを発見することを、可能性として追究している。

本書後半の「経験」の部の最初に置かれた鳴子論文「現代政治におけるアソシアシオンと個人の可能性――新潟県

巻町の住民投票を通して――」は、新潟県巻町の四半世紀にわたる原発建設反対運動における住民投票の成功例を取り上げ、そこではサイレントな個々の住民の投票行動が鍵を握っていたと分析。その上で、鳴子自身のルソー解釈から市民相互間のコミュニケーション行為に重要なのは、「感情による理性の完成」であり、それによって形成される小アソシアシオンの可能性を展望しようとしている。

篠原論文「清水幾太郎における市民主義と国家主義の問題」は、清水幾太郎を題材とし、戦後、市民社会論から出発し、その後の時代の変遷の中でその思想を二転三転させながら、最後には天皇を擁護する「国家主義」に行きつき、核武装を含む日本の軍備拡張と憲法変更を唱えるに至った彼の変遷を、平和・民主主義・社会主義という三つの思想的モチーフの絡み合いにおいてたどっている。

石塚論文「市民社会からアソシエーションへ――個人主義から関係主義へ――」は、ある地方選挙に自ら関わった経験から、「地方徴税権獲得」を具体的な突破口としてボトムアップ型の市民社会を展望し、あるいは父権的社会と母権的社会の比較から後者における関係性の非・実体化を注視することによって、アソシエーションを動態的・関係的な概念として理解する。

山崎論文「市民的な社会認識構造――社会運動アクターのテキストを分析する――」は、ある地方都市の社会運動アクターの発言を分析し、彼らが共通に「私的体験」を基礎に公的問題へ言及・活動を行うパターンが共通していると指摘する。これに対し山崎は、社会に対するに自己の体験をアナロジーすることによってではなく、他者との関係の中で私的体験に基づくアイデンティティを解体すること＝「外向きのアナロジー」によって、他者理解が必要であるという。

田村論文「後期近代市民社会における福祉国家――労働しない市民としての高齢者に対する再教育を中心にして――」は、労働の現場からリタイアし福祉国家の受益者となる人々が、現代にあってはまだ十分に若いのであり、この「若い高齢者」に対して、彼らを再び労働市場に水路づけるという議論に対して別の方向性を提起する。すなわち田村は自己発見を可能にする再教育に彼らを向かわせるべきであり、その学習過程の場は大学であり、そのために大学もまた技術知偏重の職業専門学校的性格への傾斜ではなく、本来の専門知を回復し再編成されるべきだという。

以上の諸論文に加えて、本書は巻末に、市民社会とアソシエーションに関連する三〇項目の用語解説を付録として組み込んで、全体を構成している。

民主主義がいかに最善の制度を造り上げたところで、その制度下で非・反民主主義的な社会は可能である。その意味で民主主義とは常に動態的な関係とプロセスの中にあってこそその内実を現しうるだろう。市民社会もまた同様である。自由な諸個体の関係として、その諸個体が社会的＝社交的すなわちゲゼリッヒな関係を形成するプロセスとして市民社会はある。本書は、その共通認識を有しながら、しかし時に見解の対立をも含みながら成り立っている。

村上俊介
石塚正英
篠原敏昭

市民社会とアソシエーション◯目次

第1部●構想

第2部●経験

凡例

一　漢数字の表記は、本書では用語解説を含むすべての論稿について独自に統一している（三六〇億円、一一世紀など）。ただし、引用文中の表記は、原則として原文のままである。

二　第1部および第2部では論文の引用・参照文献は、各論文の末尾に算用数字の文献番号を付して並べており、典拠箇所については、本文中の引用の末尾もしくは適当な場所に、（1, p.23）、（4, pp.56-78）のように、括弧のなかに文献番号とページのみを示した。邦語文献と欧語文献の区別はおこなっていない。なかには文献番号のみの典拠指示もある。なお、（9 -X, p.11）のように、文献番号のあとに付したローマ数字は、文献が全集・著作集などの場合で、巻数を示す。

三　論文本文への注の番号は漢数字で示しており、注は各論文の末尾（引用・参照文献のまえ）に置かれている。

【第1部】

構想

日本とドイツにおける市民社会論の現在

村上俊介
Murakami Shunsuke

はじめに

一九九八年に相次いで市民社会に関する議論が提起された。八木紀一郎・山田鋭夫・千賀重義・野沢敏治編著『復権する市民社会論――新しいソシエタル・パラダイム――』、斉藤日出治『国家を越える市民社会――動員の世紀からノマドの世紀へ――』、さらに今井弘道編『「市民」の時代――法と政治からの接近――』、二〇〇一年には今井弘道編『新・市民社会論』がそれである。(一) これらの編著者はいずれも約一〇年前の一九八七年に平田清明のリードによって編集された平田清明・山田鋭夫・八木紀一郎編『現代市民社会の旋回』に執筆陣として名を連ねた論者たちである。

これに対抗するように一九九九年、雑誌『現代思想』(青土社)五月号で、特集「市民とは誰か」が組まれた。その中には山之内靖「日本の社会科学とマックス・ヴェーバー体験」、あるいは中野敏男「ボランティア動員型市民社会論の陥穽」など注目すべき論稿が収められ、明確に上記「復権市民社会論」者たちを批判の対象とした。山之内は一九八二年『現代社会の歴史的位相』において平田の「個体的所有」概念を批判し、一九九六年『システム社会の現代的位相』では、市民社会派は、第一世代に「後続する世代による方法的継承ないし発展という点で、ほとんどみるべきものを生み出していない。……その系統の一部では、海外からレギュラシオン学派という新たな動向を導入するのに忙しいが、このことは、却って、市民社会派の不毛さを暴露しているといわざるを得まい」（8, pp.99-100）と断じていた。

しかし、相容れないかに見える両者の関係の中に、共通する方法的「構え」がある。両者は共に現代の閉塞を突破する要素として、様々な領域で展開される市民運動ないし社会運動にまなざしを向けるのであるが、この市民運動ないし社会運動は、両者にとって共に経済過程から相対的に分離した「場」と「倫理」によって行なわれるものであり、その運動の主体は「自覚」によって形成されるはずのものなのである。

この両者の根底にある「自覚」論は、もともと第二次大戦中に理論形成を行なった大河内一男や高島善哉そして大塚久雄らの中にあった。この「自覚」論を克服しようとしたのが内田義彦だったのだが、「復権市民社会論」の論者たちも、山之内らも、この内田を高く評価するかに見えて、実は内田批判を孕みながら大河内ら第一世代に近づく。このような錯綜する諸関係を概観することは、日本における市民社会論の系譜をもたどることになるだろう。まず第一節では現在の市民社会を主題とする議論を、今少し詳しく見てゆく。

同時期、ドイツでも「市民社会論」が広範に論じられていた。日本では一九八〇年代に沈静化した市民社会論は、ドイツでは八〇年代から一九九〇年の統一を挟んで九〇年代も継続的に論じられていたが、一九九七年国連総会にて二〇〇一年を国際ボランティア年とすることが採択されてから、それまでの学問的領域を越えて広く論じられるようになった。八〇年代、「近代の未完のプロジェクト」の諸要素を市民社会モデルの容器に入れた近代市民社会の規範的モデルが一方で論じられると同時に、他方で、方法的に地方史へ視点を絞り、実態研究を通じて、中世都市市民社会から継続する市民自治の理念が現代に生きていることを見ようとする議論も盛んになされてきた。さらに現代では、市民参加による民主主義の活性化が、政党レベルで論じられている。

第二節では、このような一九八〇年代以降のドイツにおける市民社会論が、いかなる特徴を持っているか、そして現在ではどのように論じられているかを概観する。

一　現代日本の市民社会論

a　市民社会論の復権？

一九八七年『現代市民社会の旋回』（昭和堂）において、平田清明は市民社会を、経済―協同社会空間―政治過程という三層構造に分けた上で、とりわけ協同社会空間を重視し、その「多層的展開」における「諸圏域の再活性化運動たる住民運動・環境保護運動・女性解放運動・生協活動等々」が「政党システムと労働組織という19世紀以来のヘゲモニー装置に新生の活力を与え、議会制民主主義の社会民主主義としての発展を保障する重要エレメントをなすものとなっている」（5, pp.25-26）と主張した[三]。

斉藤日出治の整理によると、「平田は、資本主義経済において私的諸個人のくりひろげる経済活動が、同時に経済のみならず文化、政治、社会生活の諸領域で諸種の共同的・公共的な関係をはぐくむことに着目し、それを市民社会と総称する」（2, p.142）のであり、それは第一に「家族や近隣や地域によって構成される生活と生殖の場として……社会的・文化的な共同空間」として編成され、第二に「経済活動における経済的・政治的な公共空間として」組織され、そして第三に「議会・裁判所・行政機関などの国家的公共空間として」総括される（2, pp.142-143）という。斉藤に従う限り、平田の市民社会は概念が拡散し、むしろ単に「社会」と称する方がわれわれには分かりやすい。

斉藤自身は市民社会を、経済社会空間―共同生活空間――この両空間が「領域化される地域空間・都市空間」（2,

pp.169-140参照）と規定した上で、さらに、「このような空間編成を通して、国家（政治）と市場（経済）のはざまで挟み撃ちにあい閉塞していた市民社会が復権する」（2, p.174）というのであり、市民社会とはかの三層構造のうち、とりわけ社会的・文化的な共同空間に成り立つ諸個人の関係であると解しうる。

斉藤をはじめ、平田の業績を継承するグループは、『現代市民社会の旋回』以来、現代社会を認識するにあたって、平田とともにレギュラシオン理論を取り入れ、二〇世紀の二度にわたる戦時動員体制を経る中で、国家による階級闘争の妥協の制度化の上に資本蓄積体制が築かれていると捉える。斉藤によれば、「この体制が諸個人を生産・消費過程の歯車と化し、社会全般の組織化と管理化を推し進め、ひとびとの自律性を根底から奪いつくすことになる」（2, p.82）のであり、この資本を支える官僚国家による「社会の効率的管理が日常生活のすみずみにまで浸透する」（2, p.89）という。しかし現在、市場経済のグローバル化は国民国家の制御統制能力を空洞化させつつあり、かつ生産・生活領域の国家と資本による支配への反抗が芽生えている中で、従来の統合システムは危機に陥っており、ここに市民社会論がこの現状突破の可能性を提示しうる、と彼らは認識する。

この認識に基づいて、上記『復権する市民社会』における市民社会概念を改めて点検すると、八木紀一郎は「『国家』の『公民』に先立って日常的に経験している **people to people** な関係、それゆえ個体性と同化の格闘のなかで対等な『人間』の感覚を育む自律的な生活世界の営み、この営みにおいてピープルがピープルになるという根元的社会形成の経験が成立する。この経験の過程を『市民社会』という概念で把えておく」（1, p.5）といい、その上で、浅野清と篠田武司は市民社会を国家と市場経済の中間に位置づける。すなわち「『市場経済』の領域＝『ブルジョア社会』と『国家』との中間領域として、『市民社会』を設定した三層構造を最低限、想定する必要がある」（1, p.32）、のであり、こうして「市民社会」は「市場と国家に対するカウンター・ヘゲモニー」（1, p.10）として措定されることになる。この構造をより先鋭的に示すのが『現代市民社会の旋回』にも『復権する市民社会』にも執筆陣の一人として参加してきた今井弘道である。

今井は『現代市民社会の旋回』所収論稿「ウェーバーにおける政治と市民」の中で、「高度資本主義の支配下において『民主主義』と『自由』の存続が実際に可能なのは、『羊の群のように支配されたくないという国民の断固たる意志が背後に存在している場合』だけだという『ロシア革命論』におけるウェーバーの言葉が鍵となりえよう」（5, p.70）と述べて、民主主義にとっての「断固たる意志」の重要性に着目していた。

一方、『復権する市民社会』において彼は、一物一価の法則が支配する領域を「ブルジョアの社会としての市民社会」と規定し、これと「反省的に構えることのできる」「Zivilgesellschaftとしての市民社会」を範疇的に区別した上で、『市民社会と社会主義』（一九六九年、岩波書店）の平田清明の場合、この二つの市民社会の「二重性が明確に意識されないまま、その全体が国家と対抗させられるという構図が浮き上がってくることになった」（1, p.274）と捉え、平田が明確には区別しなかった「ブルジョアの社会としての市民社会」と「Zivilgesellschaftとしての市民社会」の二重性を明確に区別し、後者の側面をこそ市民社会論として考察すべきであると提言した。市民社会の「ブルジョアの社会としての市民社会」とは、彼によれば端的に「一物一価の法則が支配する領域」・「経済的領域」であり、平田市民社会論に含まれるこの領域を後景に退けたうえで、「Zivilgesellschaftとしての市民社会」こそが「気概とか名誉とかいった非経済的動機」としての「市民的特性」を鍛える場であるというのである。

この構図を踏まえ、今井は『「市民」の時代――法と政治からの接近――』で「『利己的で経済的な存在』と『有徳で政治的な存在』という『市民の二重性』」（3, p.ii）の存在を仮定し、あるいは「自己利益を追求する『経済人』としての市民と、公共性に関わる有徳な『政治人』としての市民の間にある種の葛藤が生じていること、その葛藤を、経済社会・産業社会をコントロールする主体という意味での政治的市民とその連帯の可能性を通して解決していく」（3, p.269）ことが肝要であると説くのであった。

二〇〇一年『新・市民社会論』においてそのことがより明示的に現れる。彼は言う、「『ブルジョアの社会としての市民社会』と『国家』の関係の結節点には、『Zivilgesellschaftとしての市民社会』の領域が位置を占めていて、それの在り方が『市民社会』と『国家』の関係の具体的なあり方を決定することになる。そして、公共的なものに自覚的に関わる主体という意味での市民が成熟して、国家的官僚から主導権を奪い取りはじめるなら、……市民社会は、単に『ブルジョア社会としての市民社会』＝『経済社会としての市民社会』であることをやめて、政治社会としての性格をも取り戻し、市民が自己支配する社会、『Zivilgesellschaftとしての市民社会』という性格を回復することになる」（4, p.22）と主張した。

このように市民社会概念を経済過程から切り離し、かつこの市民社会が成立するための主体の形成は市民としての「自覚」によるという、この今井の構想は、平田やその継承者たちの市民社会論を批判してやまない山之内靖への思想的接近を示してもいる。

b　現代市民社会論への批判

平田清明の業績を継承・発展しようとする市民社会論に対して、以前から平田の理論的基盤を批判をしてきた山之内靖は、その問題意識を共有する有力な論者たちと共に、この市民社会論と対抗関係を形成している。彼は一九八二年『現代社会の歴史的位相』において、平田の個体的所有概念が、対他的・対自然的に徹頭徹尾略奪的なものでしかない近代的主体を前提したものであると批判をした。そしてこれに対してフォイエルバッハから「受苦的存在」としての人間類型を読み取り、「自立した諸個人のゲマインシャフトリッヒな関係」を提示した。同時に、近代社会がタルコット・パーソンズの言う意味でのシステム社会であり、経済は全体社会のうちの機能を分担する一下位体系であり、かつ諸個人はもはや自立した近代的個人として理解されるべきではなく「全体社会の価値体系の維持・存続という大前提の中に組みこまれ、その大前提に貢献する機能的因子としてとらえられる」（6, p.239）こととなった。そしてこの一見動きの取れないかのごとき諸システムの相互規定的網の目社会の乗り越えを模索したのである。

さらに彼は、一九九七年『マックス・ウェーバー入門』で、日本のウェーバー解釈による近代の合理的主体とは、人間と自然を道具化する主体であるとして批判する一方、これに対して、近代の合理化が行き着く「鉄の檻」に向かって立ち、「この運命をあえて引き受けること、流れに抗する強靱な精神をもち、その強靱な精神を通して連帯の絆を構築してゆく」(9, p.232)、かの古代ギリシャにおける「軍事貴族・戦士市民層」のごとき主体を想念した。この山之内の問題意識は必然的に、大塚久雄のみならず戦中から戦後にかけての市民社会論の系譜全体を相対化することになる。

一九九五年、山之内は『総力戦と現代化』を編み、一九九六年には『システム社会の現代的位相』を著し、さらに彼の現代認識を進化させた。この二つの書は山之内による次のような時代認識を共有している。彼は言う、「第二次大戦後の諸国民社会は、総力戦体制が促した社会の機能主義的再編成という新たな軌道についてはそれを採択し続けたのであり、この軌道の上に生活世界を復元したのである」(三)(8, p.37)。

このような第二次世界大戦中の総力戦体制による機能的に組織されたシステム社会と現代システム社会の連続性という認識の上で、戦中に生まれた市民社会派の起源について彼は考察する。対象は主として大河内一男である。だが彼の大河内一男評価はアンビバレントである。山之内によれば、「大河内の論理は決して戦争遂行に反対するものだったのではなく、生産活動と消費活動の相互媒介的連関という観点から戦時経済の合理化を目指すものだったことは否定できない」(7, p.35)のであり、戦時動員体制の合理化に積極的に貢献した大河内は、まず批判される。他方、むしろ彼固有の論理から大河内を高く評価もしている。大河内は一九四一年末「生活理論と消費理論」(『スミスとリスト』に所収)を発表し、そこで勤労精神の高揚には、勤労能力を養う消費生活と、消費の場たる家庭もまた重視されるべきであることを論じた。この論点を山之内は高く評価するのである。

「大河内においては、(家族生活は——筆者)企業の生産活動を維持＝保全するうえで欠くことのできない領域として公的な意味を与えられ、社会的総循環のうちに組み入れられている。……家族も国家も、ここでは、市民社会と同一の平面に属する下位体系として社会的総循環のシステム的運行に貢献しているのである。大河内の発想は、事実上、タルコット・パーソンズのそれと大幅に重なっている」（13, pp.36-37）し、レギュラシオン学派が重視する「消費」の視点をすでに含んでいるというのだ。ここにはレギュラシオン理論を導入してきた平田清明らへの彼の批判意識が内在する。

しかしより重要なのは次の点にある。山之内は、戦時統制下で「新しい職能的人間の経済倫理」を説く大河内のこの「自覚」論が、一九四二年『文学界』のあの「近代の超克」座談会における下村寅太郎による「新たな水準にまで達した技術に対応するには、人間類型の新たな鋳造が不可欠」との主張と「きわめて近い軌跡をたどった」ことを「評価」するのである（8, pp.101-103）。それゆえ「大河内にあっては、だから、近代主義は、戦時動員体制の体験とともに近代の超克に向かう志向を内包し始めていた」（8, p.104）と山之内は言う。そして山之内はこのような市民社会論の起源における意義と限界（すなわち近代の超克を孕んだ近代主義という矛盾）を反省的に検討しないままの戦後「市民社会派」を批判するのである。

この山之内の大河内「評価」にとまどいを禁じ得ないのは筆者だけではあるまい。一九四三年、大河内は『スミスとリスト』を公刊した。その中には、一九五四年改訂版では削除される戦時統制経済関連三論文が「補論」として組み込まれていた。「本論」の中で、大河内が力説してやまなかったのは、ドイツ歴史派経済学のように倫理を経済の外側から持ち込むのではなく、スミスのごとき倫理と経済の内在的結合こそ重要であるとの論点であった。スミス分析はそれを解明するためであった。しかし戦時統制関連の「補論」では、本論におけるその営為をいともたやすく放棄し、「戦時統制下に於ける生産活動の遂行を個人の営利的本能としてでなく、経済生活全体の生産力発揮のための意識的計画的活動として理解する人間、この強力な国家意思実現のための全体的統制の一分肢としての自己の社会的職能に対する客観的判断と自覚とを持つ人間でなければならない」（一九四二年「『経済人』の終焉」、13, p.421）と言ってしまう。山之内はこの倫理と経済の内在的結合ならざる、倫理の経済への外在的介入という方向性の方を高く評価し、さらにこの方向性は、かの一九四二年『文学界』「近代の超克」座談会に参画し新たな人間類型を唱えた知識人とも軌を一にするがゆえに、すなわち「近代の超克」という一点において大河内を高く評価するのだ。筆者は逆に「自覚」論ゆえに、あるいはその自覚論がかの「近代の超克」論と重なるがゆえに、戦時統制経済論文における大河内は評価しない。

筆者にしてみれば、山之内の言及しないもう一人のスミス研究の祖、高島善哉の戦時統制下論文の方がよほど興味深い。高島は、一九四二年の「統制経済の論理と倫理」において、だらだらと統制経済の衒学的概念規定をしたあげく、統制経済は自由主義経済の物質的生産力の機構的変革なのだから、この自由主義を内にはらんだままであり、それゆえ自由主義を尊重しなければならないという珍妙な結論を引き出した。沈黙すら「犯罪」であった、かの時代にあって、何らかの「発言」をしなければならないとき、このような「煙に巻く」議論の方こそ、評価されるべきではないか。

戦時統制下のシステム統合と現代社会の連続性を基調とした市民社会論批判は、山之内より、むしろ中野敏男の大塚久雄批判の方がより一貫しており鮮明である。彼は一九九七年「戦時動員と戦後啓蒙――大塚＝ヴェーバーの三〇年代からの軌跡――」(『思想』一二月号)において、大塚久雄のみならず市民社会派全体が戦後だけではなく戦中もまたシステム統合機能の一翼を担ったという興味深い議論を提起した。その上で、中野は先述『現代思想』特集「市民とは誰か」の中で、「ボランティア動員型市民社会論の陥穽」において、ボランタリーな活動が持つシステム統合的機能的側面に警鐘を鳴らすのであった。この彼の視点は、それ自体としては傾聴に値する。

このように、山之内によって経済過程が市民社会の基礎においてではなく、社会システムの中の諸因子の一つとして他の因子と同列に置かれ、さらには現代のシステム社会の起源が戦時動員体制にあったとする認識から、市民社会論の系譜が批判されたとき、どのような社会変革が展望されるのだろうか。山之内の場合、労働者運動はシステム統合要因と見なされており、彼の視野から外れる。それゆえ論理的にはこのシステムを変動させる何かでなければならない。彼は言う、「体制内統合によって獲得される民主主義的権利は、不可避的に排除と差別を構造的に制度化してゆくのである。それにたいして『新しい社会運動』においては、担い手となる特定の社会層を限定することはできない。……典型的には公害や資源の乱開発をめぐって登場した市民的反対運動があげられるであろう。いたずらに延命だけを目指すような近代医療に反対し、個人の選択的可能性を重視しようとする尊厳死への関心の高まりもこの運動の最近の局面を代表している。……フェミニズム運動の一部、エスニックな価値の再評価を掲げる運動の一部、あるいは地域に固有な生活スタイルの保存や開発を目指す運動の一部も、この『新しい社会運動』のカテゴリーに属するであろう」(7, pp.38-39)。

以上の概観から、平田清明の業績を継承しようとするグループと、山之内靖の思想圏に集うグループの間には、現代認識においても、彼らの注目する現代を突破するべき社会的な諸運動においても、大きな差異はないことが分かる。そして、より重要な共通点は、両者が経済過程から相対的に自立した「場」に社会的諸運動のありかを求めている点、そしてかかる運動の主体形成が「自覚」によるところにある。

ここで興味深い議論、すなわち戦後の市民社会派の重要な一環=内田義彦への「批判」に着目しよう。一九九一年『レギュラシオン・パラダイム』において山之内は内田義彦を取り上げ、内田が戦後、大河内と連帯しながら「革新官僚の線に立って日本の近代化を進めていくという立場を表明」(14, p.222)し、それが一九八三年の「最終講義」において、戦後のゆがんだ近代化に直面して、従来の「自己自身を清算」したと理解した。もっとも、筆者の理解する限り、内田の思想は大河内とはじめから断然交わらない。第一に、『経済学の生誕』に見られる本来的重商主義=「上からの近代化」に対抗するスミス像は、戦後すぐに形成されており、内田市民社会論は一貫してこの「上からの近代化」批判を孕むのであり、その意味で革新官僚の線に立って大河内と連帯するなどということはありえない。第二に、内田の営為は終始、「外からの自覚論」を克服し、経済過程の内部でいかに市民社会の主体が形成されうるかを終始求めたのであり、この意味でむしろ一貫して大河内批判であった。そうだとすると山之内の大河内評価は同時に内田批判でもある。

このような山之内の独自な内田解釈（＝批判）は、復権市民社会派である今井弘道に引き継がれている。今井もまた、内田の「最終講義」では、「近代」がかかえもつ負の側面とも戦いそれを超克するべきことが主張されていると指摘し、それによって内田自身が従来の固有の思想を「自己批判」したと解釈する。内田が自己批判したその固有の思想とは、今井によれば、生産力の展開に支えられた「一物一価の普遍的な商品交換社会の中にこそ個人を解放する近代的な規範意識の源泉がある」（『新・市民社会論』三六八頁）という想定とのことである。今井はむしろ「労働過程」において形成される市民社会の主体という、内田にとって最も重要な理論的核心に触れてはいないが、仮に触れていたとしてもそれは「生産力」視点としてやはり退けられるはずであるから、今井の論理は変わらないだろう。今井はこうして内田を幾重にも評価しながら、しかしその生産力視点を批判し、市民社会とその主体を経済過程から引き離すのであった。そしてその上で、かかる生産力に支えられた近代を超克するのは、市場の限界を規範的に確定する「道徳感情」ということになる。だが、内田の理論的苦闘はあくまでも市民社会とその主体の形成を経済過程そのものの中に見出そうとするところにあったことの意味をこそ筆者はここで強調したい。それを日本における市民社会論の系譜の中に見てゆこう。

c　日本における市民社会論の系譜

市民社会論の系譜をたどる場合、高島善哉による『経済社会学の根本問題』（一九四一年）、大河内一男の『スミスとリスト』（一九四三年）に行き当たる。両者がスミス研究を行なう背景には、講座派の「反封建的」な日本資本主義認識があり、両者はこの日本における前近代性を、スミスを媒介としたイギリス近代市民社会認識をもって批判・克服しようとする意図のあったこと、周知の事実である。彼らは「市民社会」を一七世紀から一八世紀にかけての歴史具体的なイギリス社会の中に見て、その意義をスミス分析から析出しようとした。すなわち、「中位・下位の階層」に位置する者が、利己心・自愛心を起動力として自由な生産・交換を行なうことによって、結果として国富を招くという、スミスの認識をもって、近代における社会とその形成主体のあり方を提示しようとするものであった。

その場合、大河内のスミス理解は、経済過程において、利己心の発動が公平なる観察者の同感によって「適宜性」を得る、というものであるが、利己心はこの「適宜性」を逸脱する可能性を持っており、そこで最終的には「一般的規律」としての「正義」が利己心の逸脱をコントロールすると述べる(13)。ここに正義は経済過程から遊離してこれをコントロールするという位置に置かれる。それゆえ彼は、かの戦時統制下で、経済生活における営利活動の外から「自覚せる職能人」たれ、と唱えることができたのである。

他方、高島はこの同感の原理(=内在化された「公平なる傍観者」)が経済過程における利己心の中庸化に資するだけでなく、「仁恵や正義」においても成立すると理解しており、経済過程における主体の二要因(利己心と同感)から正義が切り離されているわけではなく、むしろ正義を経済過程におけるルールと見ているものの、そのより高次な次元に利他心に基づく仁恵・仁愛が置かれる(15, pp.144-145)。このような仁恵・仁愛をそれ相応に重視することが、戦後になって「人間革命」あるいは「新しい愛国心」を唱える彼の理論的源泉になっていると思われる。

経済過程から「徳」を切り離して、経済過程をコントロールするという構図は、何も現代の新しい傾向ではない。市民社会論の起源からあったのだ。これは大塚久雄においても言えることである。大塚における「近代への道」はイギリスにおける局地的市場圏を培養基とする小生産者たちの生産・分業に基づくこと、言うまでもない。そしてこの大塚「史学」と並んで大塚理論のもう一つの重要な軸は、伝統主義と対決し、近代化を推進すべき主体の「エートス」論であったこともまた言うまでもない。この独自のヴェーバー解釈――それは山之内の渾身の批判にさらされることになる――からなるエートス論=人間類型論は、経済過程そのものから内在的に説明されるのではなく、むしろその発生起源においては経済の論理とは全く異質な「倫理」として生じる。中野敏男が鋭くえぐり出しているように、戦中期に大塚は「『生産力』という概念の構成を、その担い手の思想や文化そして倫理的生活態度に着目しつつ根本的に組み替えている」（12, p.52）のであり、かつ戦後には「近代的人間類型」形成の必要を説く数多くの論稿が蓄積されるのである。

伝統主義から脱し近代化を促進することを戦中から戦後を通じて希求し論じてきたこれら巨人たちが、その主体を論じるとき、経済過程から遊離したところでの「自覚」によって形成される構成を内に孕んでいた。この「自覚」の容器には「正義」、「合理的精神」、「新しい愛国心」等、何を入れてもよい。

内田義彦はこの外在的「自覚」論を克服しようとする。彼は、この経済過程から遊離した「自覚」論を、経済過程に内在して論じ、近代化のそして将来社会の主体形成を展望し、市民社会論を一歩深化させたのであった。一九五三年『経済学の生誕』（未来社）は、一九四九年に書かれた「イギリス重商主義の解体と古典学派の成立」の歴史観を基礎に、本来的重商主義＝旧帝国主義と「戦うスミス」像が描き出された。一七〜一八世紀における資本主義の「助産婦」たる近代的形式を帯びた重商主義に対して、その胎内で自律的に価値法則の展開が可能になった資本主義にとって、この「上からの強力」はもはや桎梏となり、これに対抗する。内田はそこにスミスを置き、本来的重商主義＝旧帝国主義に対抗する資本主義の先頭に立たせた。同時代の読者にとって、内田の提示する重商主義の時代像は、単に一八世紀の事柄ではなく、まさに記憶に新しい戦前の日本帝国主義と重ね合わせることのできる鮮烈なものであったに違いない。そして読者たちは、伝統主義への対抗のみならず、「上からの強力」による資本主義への批判を込めた内田スミス像に込められた、戦前と戦後の日本資本主義批判に強烈な印象を受けたに違いない。

この書の中でのスミス分析における高島・大河内との目立った違いとして、内田のスミス「正義」論理解がある。彼はこの「正義」概念をヒュームとの対質において論じた。いわく「国家の強力の発動によってまもらるべき正義の根拠を、それが全体の効用に対してもつ作用から説明する説（ヒューム！――筆者）を否定すること、かくして社会全体の効用に対して加えられる侵害ではなく、直接に他人の生命財産に対して加えられる侵害を防ぐこと」(16, p.100)、これがスミスの立証しようとしたことであった、と。彼によれば、スミス『道徳感情の理論』における「正義」は社会全体の効用において論じられるべきではないし、かつ社会全体の効用の名において国家がこれを強制するべきものでもなく、人々が国家の強制を「是認」する根拠となるのは、具体的な特定の人間に対する直接の侵害に対して持つほどの「正義感」であるというのだ。こうして内田は高島・大河内らの理解するスミス「正義」概念を極力縮小し限定した。同時に彼は、ここから「全体の効用の名において正義を語る」重商主義への批判者スミス像へとつなげていく。

今や、経済過程＝価値法則から遊離した「正義」をもって、人々に自覚を垂訓するという構図を拒否した内田にとって、では近代および将来社会の主体形成はいかようになされるのか。それは経済過程においてでしかありえない。彼はすでに一九四七年「大塚久雄教授『近代資本主義の系譜』」において、大塚のいう「生産倫理は価値論から切り離されている」ことに疑義を呈していた。この経済過程から遊離した自覚論への批判意識が一九六六年『資本論の世界』(岩波書店)の中で、『資本論』に比して異常に不釣り合いなボリュームで労働過程論を書かせることになる。内田はこの労働過程論において、労働する主体の目的設定と対象認識深化による合理的意識の形成を論じ、かつ大工業制度の下で労働の転変・機能の流動・労働者の全面的可動性と協同性の獲得可能性を展望したのであった。この論理はすでに星野芳郎『技術論ノート』(眞善美社)を通じて獲得していた(一九四八年「星野氏『技術論』の有効性」、『内田義彦著作集』第一〇巻所収)。

この地平を踏まえて、平田清明、望月清司らがマルクス『経済学批判要綱』研究を中心に据えた内田市民社会論の「拡大」を行なう。平田は本源的所有概念を生産活動・類帰属・意識関係行為の三側面で捉え、個体的所有の再建をもって市民社会の将来的実現を提示し、他方、望月は内田がその先達から引き継いだ「一物一価」の関係性をマルクスに依拠しながら豊富化し、極論すれば「物象的依存関係」の一貫した拡大・展開過程として市民社会関係「史」を展開し、その第三世界へのグローバルな拡大を展望した。そのとき、両者とも市民社会論は経済過程の中において論じられるのであり、将来社会を担うであろう「市民」たちは、この経済過程の史的展開の中に胚胎すると捉える。それがいかに「煉獄」であろうとも、である。

ここでようやくわれわれは冒頭の現代における市民社会論に立ち帰ることができる。平田清明の業績を継ぐグループは市民社会を国家と市場（ないし経済）の中間に置き、両者をコントロールするものとして範疇化した。そのとき、市民社会成員は「徳」によって国家と市場（の暴走）をコントロールする。彼らはそのような市民運動に注目した。しかしこの「徳」という自覚はいかにして形成されるのか。他方、山之内靖の思想圏に結集するグループは、これら国家・市民社会・経済をシステム構成因子と見て、そこにおける権利運動はむしろシステム統合の働きをなすにすぎず、それゆえシステム外における「新しい運動」に注目した。この場合、新しい運動はいかにして形成されるのか、システム内からでないとしたら、システム外から超然と「自覚」が形成されるのか。

両グループの問題意識は、それを市民イニシアティヴと捉えるか、システム外的な「新しい運動」と捉えるか、用語は異なっていても、見る対象は共通している。人間の生の深部まで介入しようとする現代の超管理社会、市場の世界大的な拡大に伴う資本主義のカジノ化、地球的規模での自然破壊、そして労働者運動の体制内化、こうした現実への正当な危機感が、彼らの立論——すなわち経済過程から相対的に自立したところから現実の打破を展望する立論——を促す。両者はこの点で共通している。しかも経済過程から自立したところで現実の打破を目指そうとするその主体に対して、彼らは「自覚」を促す。この自覚の容器には様々な「徳」を自由に入れることが可能である。この点でも両者は共通している。

だがこれは市民社会論の先祖帰りではないか。たとえそれが「煉獄」であれ、経済過程（生産と交通）を媒介させて市民社会の主体形成の可能性を模索した内田義彦、平田清明、望月清司らの一九六〇年代と七〇年代の知的蓄積を再認識する必要がここにある。

二　ドイツにおける市民社会論

a　市民社会論のドイツ的現在

現在、ドイツで「市民社会」Zivilgesellschaft, Bürgergesellschaft という語が急速な広がりを見せている。もちろんもはやこの語は「ブルジョア社会」という意味ではなく、市民による社会参加を基礎とする社会という意味においてである。きっかけは一九九七年国連総会にて二〇〇一年を国際ボランティア年とする採択であった。ドイツ連邦議会は一九九九年末、「市民参加は社会の統合のための不可欠の一条件である」という指針のもとで「市民参加の将来」調査委員会を設置し、二年後に「ドイツにおける自発的で、公共の福祉を指向する市民参加促進のための具体的な政治戦略と措置」について報告書策定を委任した。さらに政府肝いりで二〇〇二年六月ボランティアの連絡協議団体として「連邦ネットワーク」が設立された。

二〇〇〇年一二月連邦首相シュレーダーは「市民社会は民主主義の培養基」と述べ（http://www.bundesregierung.de/Themen-A-Z/Familie-,7176/Homepage-Freiwilligen-Engagemet.htm）、翌年一二月にはベルリン・ボランティア祭において、「市民的な市民社会 zivile Bürgergesellschaft への歩み、および自らの共同体への個々人の参加は、われわれの社会に将来的にも目前に立ちはだかるものを克服させるような、文明への現実的な進歩であります」と、市民参加の重要性を顕彰した。しかしその一方、彼は同時に「国家」の持つ意義を同様に強調する。彼は言う、「それはただ市民社会の継続的強化によるだけではないと私は確信します。機能する国家、すなわち共同体の諸条件を保証し、男女すべての人々に平等なチャンスを与える国家、安全に気を配り、正当な競争に気を配り、そしてまた市民を後見しようとするのではなく市民自身の能力の発展を喚起する国家、これによって支えられた市民社会の強化によるのであります」(四)

(http://www.freiwillig.de/right/service/reden/index.html)。市民参加の喚起は「社会国家」後退の補填ではない、これが彼の公式見解である。

また「市民参加の将来」調査委員会は二〇〇二年六月、連邦議会に報告書(副題「市民的参加——前途有望な市民社会へ向けて」)を提出し、叢書全一一巻を公刊した。叢書全巻共通の序文で掲げる市民参加の意義は、そのまま政府見解でもあろう。すなわち、「市民社会、自己組織化された自発的なアソシエーションのそのネットワーク——協会、連合 Verbände、非政府組織、市民イニシアティヴ、自助グループ、基金、自発的奉仕活動、それにまた政党、組合など——は、国家、経済、家族の間に固有の活動領域を形成する。……市民社会は、市民的な参加を不必要な官僚的な命令によって規制したり妨害したりせず、むしろ市民参加を守ったり可能にしたりするような、市民社会を支える国家を必要とする」(17-X, p.7)。

ところで叢書第一〇巻は市民運動と従来型政治運動(特に政党運動)との関係を問題としている点で興味深い。調査委員会によれば、投票率の低下、政党党員数減少など従来型の政治運動の後退の一方で、現在の社会 sozial 運動、市民イニシアティヴ、NPO、プロテストなど「新しい社会運動」が生じているが、これらは一九七〇年代には「政治的＝制度的なルーチンの運営の錯乱要因」とみなされており、しかし一九八〇年代以来、政党の活動家たちによっても「政治的諸問題の地震計としてまじめに受け取られるようになった」という。とはいえ、「政治的参加の伝統的形式と非伝統的形式の対立的な関係が広範に解消してきているにもかかわらず、この関係は将来的にもアンビバレントであり続けるだろう。というのも、市民社会の組織を政党政治的に道具化することなしに、市民社会からの衝撃を受け入れることは、将来的にも政党にとって尾根を歩くようなきわどさが必要となるだろう。さらにこの参加のパラドクスは、すべての(政治的)問題の解決が、市民社会によってのみ期待されうるものではないということを示している」(17-X, p.12)のであり、たとえば「若者によって担われている暴力的な政治的プロテスト」への長期的対抗戦略、ないしは政治参加の従来型の形式とそうでない形式の間の「つり合い Verhältnis」が問題であるという。

市民参加の喚起、あるいは国家と経済・家族の中間に位置づけられる圏域としての市民社会の認知による民主主義の活性化という場合、シュレーダー首相から調査委員会、連邦ネットワークに至るまで、国家の厳然たる役割（この場合、社会国家として）を前提に、いかに「新しい運動」をシステム内に統合するのかが大きな問題関心となっていること、同時にシュレーダーがどれほど否定しようとも、従来型の「社会国家」が景気後退や高齢化の現状の中で、むしろ社会国家の重荷軽減の意図が透けて見えること、このことを、中野敏男氏と共にわれわれも確認できる。事実、現在野党であるCDU／CSU（キリスト教民主／社会同盟）も同じく「市民社会」を重視しているが（www.csu.de/home/UploadedFiles/Dokumente/PT01_AktiveBGes.pdf）、彼らが「活発な市民社会 aktive Bürgergesellschaft」という場合、そのモットーの一つは「より小さい国家―より大きいプライベート **Weniger Staat - mehr privat!**」（www.aktive-bürgergesellschaft.de/）であり、それはSPD（社会民主党）型社会国家の縮小を意図しているだろう。

いずれにせよ、与野党ともに「市民社会」に注目する背景には、市民の様々なイニシアティヴ型運動が持ち始めた社会的影響力が無視できなくなったことにあろう。しかも「市民的参加の将来」調査委員会が吐露しているように、「新しい運動」は従来型政治システムと「将来的にもアンビバレントであり続けるだろう」。われわれはこの事実認識を、むしろ肯定的に評価したい。市民イニシアティヴは、もともと体制をはみ出しているものはさておき、そうでないものでも、体制の枠組をはみ出しうる可能性をいつも孕んでいるのである。もちろんその逆もありうるのだが。そのことをドイツにおける政府主導型市民社会論は推論させてくれる。

一方、より学問的なレベルでは、連邦政府とベルリン州政府によって助成を受けた独立研究機関ベルリン「社会研究のための科学センター」（一九六九年設立）で、ドイツにおける市民社会論研究の第一人者ユルゲン・コッカが二〇〇一年にセンター長となり、プログラムの一つとして「市民社会、対立と民主主義」が設置された。この中の研究グループの一つ「市民社会、歴史学的・社会学的パースペクティヴ」はコッカ自身が指導している。そのプログラムでは、「経済の世界的な結合、グローバルなエコロジー的危機と移民の圧力、これらは（ナショナル）国家の行動能力を危うくし、（ナショナルな）社会を断片化している。民主主義のどのような順応が認められるのか、そしてそれは必要なのか。市民社会的自己組織による政治的コントロールはどのような意義を持つのか。人々の民主主義的関与／公共性はどのように実現されるのか。暴力の形式と暴力コントロールの形式はどのように展開するのか」という問題設定の上で、市民社会概念は次のように規定される。すなわち、「一方では、市民参加の非常に自己規制的社会空間としてコンセプト化される。それは国家・経済と私的領域の間に位置づけられるものである。他方では、社会的相互作用の『市民的』形態として理解される。……『市民社会』とは結局、社会の『良き』秩序への理想あるいは道しるべである」（www.wz-berlin.de）。以上のような現代ドイツにおける「市民社会」および「市民参加」という語の隆盛はいかなる経緯をたどってきたのか、現在につながるドイツの市民社会論を整理してみよう。

b　ドイツにおける市民社会論の潮流

一九七二年オットー・ブルンナー、ヴェルナー・コンツェ、ラインハルト・コゼレックを編者とする『歴史的基本概念』（"Geschichtliche Grundbegriffe", Bde. 8, Klett-Cotta, Stuttgart, 1972-1997）事典第一巻が刊行された。これは一九九七年に最後の第八巻が出るという、息の長いプロジェクトだった。この中で、第一巻に「市民」、第二巻（一九七四年）に「市民社会」が項目として立てられ、筆者マンフレート・リーデルは古代から中世さらに近代における「市民社会」概念の歴史的変遷をていねいにたどっている。なお、この事典の中のリーデル担当の諸項目を抽出・翻訳したのが河上倫逸・常俊宋三郎編訳『市民社会の概念史』（以文社、一九九〇年）である。

このような『歴史的基礎概念』事典における「市民社会」概念史研究をきっかけとして、一九七〇年代に特に近代ドイツにおける「市民社会」研究が始まった。この事典執筆陣の一人ロータール・ガルが一九七四年ドイツ歴史家会議のテーマ「リベラリズム」に沿った報告を行ない、それを「自由主義と〝市民社会〟、ドイツにおけるリベラル運動の特徴と展開のために」として収めた一冊『自由主義』（一九八〇年）を編集・公刊した。彼はこの論稿の中で、一八世紀末から一九世紀前半にかけて社会的・政治的改革の可能性と社会的求心力を持ちえた初期リベラリズムと、その将来社会構想としての「市民社会」について考察した。彼によると、「精神的・物質的に自由で自己責任的に行動できる個人」を基礎とした代議制的憲法国家の実現をめざす初期リベラリズムの構想する将来社会像が、「市民社会」であったという（18, p.162）。そしてこの市民社会とは「職業身分的に組織された家父長的な基礎の下での中間身分社会という、階級のない市民社会」（18, p.176）、あるいは「いかなる特権も知らない……『自立的な』家父長のゲマインシャフトによって代表される『市民社会』」（18, p.168）であり、前工業化の時代にあっては、この中間身分の普遍化としての市民社会は、絶えざる経済的発展によって誰もが入場券を手に入れることができると期待しうる。その意味で、身分社会打破の革新力と、階層縦断的な求心力を持ち得た。だがガルによれば、リベラリズムが構想するこの期待モデルは、産業革命によって、ブルジョア階級社会がはっきりとした姿を現すようになるや、従来の革新力を失い、ブルジョアジーの階級的利害のためのイデオロギーとなった、という。

さらに一九八四年『歴史雑誌』付録九号ではオットー・ダンによって「ドイツにおける協会と市民社会」（"Vereinwesen und bürgerliche Gesellschaft in Deutschland"）が編まれ、彼はガルの提起した「階級なき市民社会」コンセプトの歴史具体的形態として「協会組織」を見ようとした。このようなL・ガルやO・ダンの研究に続いて、一九八〇年代後半から、組織的な市民社会研究が本格化する。

まず第一に、一九八五年から一九九二年まで、『歴史的基礎概念』事典編者の一人ヴェルナー・コンツェ主宰の「近代社会史のための研究サークル」が、ハイデルベルク大学において主として教養市民層に力点を置いた研究を行なった。その成果は雑誌『産業世界』（"Industrielle Welt"）に特集「一九世紀の教養市民層」として、四回に分けて発表された。その責任編集にはW・コンツェとユルゲン・コッカが携わっている。第二に、一九八五年ビーレフェルト大学において、同学際研究センター（センター長ユルゲン・コッカ）での「市民性」研究シンポジウム（その成果として一九八七年『一九世紀における市民と市民性』がある）をきっかけとして翌年から「市民層、市民性、市民社会。ヨーロッパ比較の一九世紀」研究グループが設置され、一九八八年にコッカとウテ・フレーフェルト編『一九世紀の市民層、ヨーロッパ比較におけるドイツ』（"Bürgertum im 19. Jahrhundert, Deutschland im europäischen Vergleich", Deutscher Taschenbuch Verlag, München）全三巻が刊行された[五]。この研究は引き続き一九八八年より同大学で「ヨーロッパ比較における近代市民層の社会史」プロジェクトへと拡大した。このプロジェクトは一九九七年まで息長く続き、その研究成果は『市民層、ヨーロッパ社会史への寄与』シリーズとして一九九一年から二〇〇〇年にかけて全一八巻が刊行された。第三に一九八八年から一九九六年フランクフルト大学のL・ガルを中心にディーター・ランゲヴィーシェも協力者として加わった「一九世紀の都市と市民層」研究グループがある[六]。このプロジェクトでは都市市民層とリベラリズムの密接な関連を視野に入れたものであり、その成果はL・ガルが編集する『歴史雑誌』（"Historische Zeitschrift"）において、一九九一年付録第一四号「古い市民層から新しい市民層へ。一七八〇年から一八二〇年の変革期における中欧都市」、一九九三年同第一六号「伝統社会から近代社会への移行における都市と市民層」として結実。また一九九五年同第一九号のガルとD・ランゲヴィーシェ編集「自由主義と地方」、一九九七年特別号第一七巻ガル編集「一八世紀以来の中央ヨーロッパにおける市民層と市民的リベラル運動」もその成果と考えてよい。さらにガル編集『都市と市民層』シリーズが、若手研究者による個別都市研究の成果として、瞥見のかぎり現在までに一三巻刊行されている。

　これらのプロジェクトは研究者が相互に乗り入れており、必ずしも対立的とは言えない。しかし、特にコッカが中心となったビーレフェルト・プロジェクトと、ガルが中心のフランクフルト・プロジェクトは、市民層・市民社会研究において、対立的な相違点を次第にはっきりさせるようになってくる。以下ではその違いをあえて鮮明にするために特にコッカとガル、ランゲヴィーシェの見解を取り上げる。

c　市民社会の規範化か実態研究か

一九八七年ユルゲン・コッカ編集の『一九世紀における市民と市民性』の中で、彼自身は「一八世紀末から二〇世紀初頭にかけてのドイツ史の問題としての市民層と市民性」を書いている。コッカはドイツ語における「市民」という語の多層性を解析し、都市市民、教養市民、所有市民の三つに区分し、その上で、まず都市市民層を近代以前の都市における伝統的システムの成員として、ドイツにおける近代化過程からは一応排除する。それゆえ彼の視野に入るのは「近代」市民社会であり、それを担うのは主に教養・所有市民層である。さらにもう一つの市民概念がある。それは一七〜一八世紀の絶対主義国家の成立によって、諸身分に関係なく王に対する「臣下」化（＝領地一円化による領民の臣下化）が進められ、その後、啓蒙思想とフランス革命の影響下で、この諸身分の差違を廃した「国家成員」理念が「シトワイヤン」を含意する「市民」理念に転化するという。この理念を担うのがかの教養市民層および所有市民層である。

コッカはこの段階でガルの「階級なき市民社会」テーゼを適用する。ただしそれは「近代」市民社会のモデルとして、である。すなわち「いつか国家市民の概念が完全に実現されるであろう将来の秩序のためにふさわしく『市民社会』という概念が生じた。それはユートピアのための符丁として、また経済的・社会的・政治的秩序のモデルのための符丁として生じた。このモデルは、絶対主義・生まれによる身分的特権・聖職者支配の除去によって、個人の自由と平等の原則を実現し、理性に準拠した人々の共生を、正当に規定された競争の原則（経済的領域では市場経済）の下で保証し、リベラルな法治・憲法国家の意味で国家権力を法的に制限し、また世論、選挙、代議制機関について成人市民の意志と結びつけるようなモデルである」（25, p.29）ということになる。さらにコッカはガルのテーゼを受け入れつつ、この「階級なき市民社会」ヴィジョンは一九世紀最後の二五年の間に、工業化と階級社会への移行と共に幻想と化し、信頼性を失い、「市民社会」は「ブルジョア社会」として批判されるようになったという。ただしコッカによれば、それでもなお教養・所有市民層は「市民性」（＝市民文化・市民的規範）を持ち続けたのであり、この理念すなわち「規則的な労働に対するポジティヴな基本姿勢、合理性と生活の方法論への典型的な傾向、……個別的かつ共同的な課題の自立的な形成への努力、協会・アソシエーション・組合・自己管理（権威の代わりに）による共同の課題」（25, p.43）は、現在においても、小市民およびその下層さらに女性をも含めた上で、規範として有効なモデルであるという。

なおコッカの場合、一九世紀ドイツにおいて、このような市民社会モデルに対応した市民性がどれほど欠けていたかを探ること、そしてその欠損が今でも発見されるとすれば、それを埋める実践的提言がなされてこそ、この市民社会研究の現代的有効性を主張しうると考える。その場合の方法的視座が「ドイツの特殊な道」テーゼである。彼によれば「成功裡の市民革命が欠如していること、遅いナショナル国家の形成、権威国家の強さと議会的民主的制度の弱さ、政治文化と支配的理念の非・リベラルで反・多様的な視点、前工業的で前市民的なメンタリティ・生活形態・構造の生存力、全市民的なエリート（貴族、大農業家、将校団、高級官吏層）の力、それらは急速な社会経済的近代化にもかかわらず存在した」（25, p.11）ドイツであればこそその視座が必要だというのである。この彼の問題意識こそ、日本における市民社会論の問題意識と共鳴するところであり、筆者もまた保持すべきと考える。

しかし、この「特殊な道」テーゼは、すでに一九八〇年代から、そして特に現在では支持する者が少なくなっている。後に詳述するガルやランゲヴィーシェらのこのテーゼに対する批判だけでなく、コッカからのイニシアティヴで開始されたビーレフェルト・プロジェクト内部でも同様であり、このプロジェクトを総括した『市民層、ヨーロッパ社会史への寄与』シリーズ第一八巻『市民層の社会・文化史』編者ペーター・ルントグレーンもこのテーゼの採用には消極的である。彼いわく、「西ヨーロッパと北アメリカが比較基準として選ばれるなら、確かに争う余地なく、いくつかのドイツの特殊な諸条件が認識できるだろう。しかしそれら諸条件が一緒に束ねられたとしても、特有なドイツの

『特殊な道』についての話が正当と認められるように見えるほどにはコントラストはそれほど強くない。重要な基本線において、ドイツの発展経路は西側つまり『西欧の』近代化経路に対応している。もっとも特殊な諸条件の影響は争う余地なく残っているが」（27, p.25）。

だが、この流れのなかで、コッカは現在も「特殊な道」テーゼを保持して譲らない。同書に収録された彼の論稿「市民層と特殊な道」ではルントグレーンに答えるかのように言う。「次のことを思い起こしてほしい。……（ドイツの特殊な道テーゼは──筆者）なぜドイツは西側諸国と違って、二つの大戦間の一般的危機においてファシスト的ないし全体主義的に倒錯したのか、という問いと関連していたのである。この比較の枠組──従って西側との比較──の中で、また厳しく上記の問いに限定されてこそ、新しい研究成果の光明の中で修正され、説明要求の中で整復された特殊な道テーゼは、さらなる説得性と分析的力を持つ」（27, p.109）。

コッカの市民社会論のもう一つの特徴は、国家と市民社会の関係についての彼の見解である。彼の最近の論稿「市民社会と政治の役割。テーゼと問題」（"Zivilgesellschaft und die Rolle der Politik. Thesen und Fragen"）によると市民社会は市場経済に基づくとはいえ、市場経済そのものはその競争原理が経済を越えて社会・文化・生活世界に及ぶとき、市民社会を脅かし空洞化させる。それゆえ「社会民主主義的な視点からすると、強い市民社会は強い国家を必要とするのであり、逆もまた言えるということが強調されるでしょう」（26, p.133）。この意見は、すでに見たシュレーダー首相の見解と期せずして一致している。

これに対して、ガルとランゲヴィーシェの市民社会研究は、コッカの方法的視座と大きく異なる。すでに述べたようにガルの「階級なき市民社会」像とは、初期リベラリズム研究の一環であった。彼の場合、コッカのようにはっきりと前近代の都市市民層の社会を視野の外に置き、「近代」市民社会を視野の対象に置くということはありえない。ガルは一九八九年大著『ドイツの市民層』を著し、マンハイムのバッサーマン家の一七世紀から二〇世紀の家族史研究を行なった。彼によればこの場合の市民とは「一部は古い都市市民層から、しかしまた一部は全く別の社会グループから上昇し、身分を越えた個々人の業績と資格という原理を最終的にはすべての経済的・社会的・政治的・精神=文化的秩序の主要原理に高めようとしたのであり、この原理は、多かれ少なかれ伝来の出生身分的=社団的秩序へのはっきりとした反対の立場にあった」（19, p.21）という。その上で、このバッサーマン家は、「リューベックのように強く都市貴族的に刻印されたハンザ都市とは根本的に異なっていた」（19, p.25）諸条件の下にいたのであり、その意味でトマス・マンのブッテンブローグ家とは異なる「新しい市民層」に属するというのである。

一七世紀から説き起こされるバッサーマン一族の歴史は、特に一七九〇年代にハイデルベルクからマンハイムに移り、同地で経済市民層のトップとなった二人のいとこを起点として、以来マンハイムの都市エリートとなり、一八四八年の指導的自由主義者として、あるいは第一次大戦前に国民自由党の議長として、さらに第一次大戦を挟む時代の有名な俳優として、一九世紀から二〇世紀にかけて世代を超えて活躍した。この事例を基に、ガルは教養市民層を重視する市民層研究の傾向に異論を提示している。すなわち「近代的経済社会への実際の過渡期局面のマンハイムにおいて、教養市民層の戦略的指導的役割はほとんど問題にならない。経済市民層、特に商人層が政治的にも経済的にも社会的にも非常に明らかに舞台を支配していた。固有のダイナミズムもこの経済市民層に由来する。彼らの代表者たちが変革のモーターだったのであり、他方、官吏層と教養市民層は、むしろ都市社会の保守的エレメントを代表していたのであった」（"Die Bassermanns. Eine Mannheimer Bürgerfamilie zwischen Ancien Regime und moderne Welt", 初出は一九九二年『産業世界』第四七巻、20, p.61）。

この事例研究を基に、ガルの編集した一九九一年『歴史雑誌』付録第一四号「古い市民層から新しい市民層へ」（"Vom alten zum neuen Bürgertum, Die mitteleuropäische Stadt im Umbruch 1780-1820"）では、前近代的な都市市民層と近代における市民層を分け、前者には停滞性を後者には革新性を振り分けることに反対した。ガルによれば「運動、変革、ダイナミズムは本質的に外からやってきて、都市内部の関係は特に停滞と変化のない状態によって規定されていたというテーゼは、いずれにしてもこの先鋭化した形式においては維持できないということが言える。ほとんどどこでも、その時代にほとんどの都市の内的発展を特徴づける上昇ダイナミズムは、まずはいろいろな形で都市の中に、また都市市民層そのものの中にその基礎があった」(20, p.28) と言うのである。

ランゲヴィーシェもガルのこのバッサーマン家の具体的事例研究を擁護しつつ、伝統的都市市民層と近代市民層を分かつやり方を批判した。一九九七年ガル編集の『歴史雑誌』特別号第一七巻におけるランゲヴィーシェ論文「一八一五〜一八四九年、初期自由主義と市民層」("Frühliberalismus und Bürgertum 1815-1849") によれば、「都市市民について伝統に捕らわれている者としてのみ見ることがいかに誤っているか、このことをガルの家族史は分からせている。ツンフト市民層と経済市民層、文化と商業はガルのマンハイム家族の活動領域においては対立的なものではない。……昔からの都市的領域に限定されたツンフト市民は、地域を越えて活動する商業市民と結びついていた。……経済および政治における自立性、この目標はますますすべての市民を、ますます『新しいタイプの生成しつつある市民社会の一種のリュートリの誓約(団結の誓い——筆者)』へと一つにした」(23, p.83)、というのである。

実はこのランゲヴィーシェのガル擁護は、コッカ(およびハンス゠ウーリヒ・ヴェーラー)への批判の文脈の中にある。一つは近代と前近代の明確な区分への批判、もう一つは特に規範としての市民社会モデル化への批判である。ランゲヴィーシェはコッカの市民社会モデルを引用し、その定義は「当時の市民の将来的希望のすべてのエレメントが理念タイプ的に束ねられている。もっとも、それはドイツ社会にとって世紀中頃まで特徴的だった諸矛盾を一掃するという代償を払っているのだが」(ebd., S.84)、と言い、コッカの市民社会モデルが伝統性と革新性の諸矛盾をぬぐい去った理念化となっている点を批判した。

ガルに戻ろう。フランクフルト・プロジェクトの研究成果である一九九三年『歴史雑誌』別冊第一六巻「伝統社会から近代社会への移行における都市と市民層」(ガル編集) に、同名のガル論文があり、そこでコッカの市民社会の規範的モデル化を批判しつつ歴史具体的なドイツ市民社会の実態研究の必要性を説いている。彼によれば「特にドイツ語圏では『市民的 bürgerlich』という概念は、それを越えて一種のメタ・カテゴリーへと展開し、一定の秩序、あるいは『システム』を目指す概念へと展開した。……なお後者（理想——筆者）の内容がどのように充たされるかは、定義する力のあるそのつどの観察者に強く依存しているのである」（21, p.2）、と述べた上で、その「注」において、「この傾向は特にユルゲン・コッカの場合特徴的である。彼の場合、『市民性』という概念はたびたび理想的な目標観念と希望の可能性のカタログの色彩を帯びている。それはもちろん直接の現代と将来に目をやったものである」（21, p.2）と指摘するのである。

ガルやランゲヴィーシェが、近代市民社会の規範的モデル化に対して、都市史あるいは地方史の具体的な実態研究の必要性を強調するのはなぜなのか。これについてこの二人が共同編集した『歴史雑誌』別冊第一九号特集「リベラリズムと地方」（"Liberalismus und Region"）でのランゲヴィーシェによる同名の巻頭論文が彼らの意図を示唆している。ランゲヴィーシェによれば、なぜ地方史（その場合、特に南西ドイツのそれ）の深化が必要であるかといえば、それは「ドイツ国民史のプロイセン＝中央集権的国家イメージを訂正するため」であり、この訂正のためのアルタナティヴは「連邦的な観念」であるという（22, p.5）。そしてこの地方ゲマインデにこそ、リベラリズムの活力がありえたと彼は想定する。いわく「ゲマインデは、リベラルな国家・社会理論において重要であると同様に、自由主義者の実践において、そして一九世紀全体を通じて重要である。ゲマインデでのみリベラルな環境の社会的統合力が経験的に把握できるし、同様に世紀の経過の中でこの力の遺産を把握できる。地方的な組織網において、どれほど広く『階級のない市民社会』（ロータル・ガル）という理念が、社会的・文化的・宗派的に存在したかということが明らかになるはずである」（22, p.17）。

このガルとランゲヴィーシェの市民社会研究の方法に対して、ガルがコッカを批判した当の『歴史雑誌』別冊第一六号の中に、コッカは短いコメンタールを寄せ、反論を展開した。彼は、フランクフルト・プロジェクトの都市史研究が、プロイセン的観点に支配されていた歴史像、つまり権威国家による近代化の過大評価を修正し、また経済市民層の再評価をしていることなどを肯定的に評価した上で、しかし逆にプロイセン抜きにドイツ史は語れないこと、また近代化の動力としての都市の再評価と国家の評価切り下げは、この書においては、やりすぎであると批判する。すなわち「堅固に積み重ねられた市民都市の政治は、まさに南西ドイツにおいてたびたび偏狭であり、現状維持志向であった」のであり、「国家の政策は、この場合、都市の政策ほど排除的ではなかった」(21, p.419)、と。

もう一点、フランクフルト・プロジェクトは、ガルの提起した初期リベラリズムと「階級なき市民社会」の結び付き、およびこの理念の社会的統合力というテーゼに沿った形で都市の実態研究を行なっているが、コッカによれば、その舞台である「三月前期の市民のリベラルな市民性があまりに美しく、あまりに調和的になっている」(21, p.420)という。市民層以外の様々な階層がおり、かつ市民層内部も統一体として一括するにはあまりに多様であり、階層間・階層内部の緊張・紛争があったはずである。そうだとすると「三月前期の市民たちが、どれほど真面目に階級なき市民社会のユートピアを実際に受け止めていたかは、どのような方法的手段によって見つけ出すのだろう。私は、ガルのバッサーマン家の歴史(『ドイツにおける市民層』)を非常に正確に読んだとしても、あるいはまた読んだがゆえに、このことを問うのである。すなわちこのユートピアは、何人かの少数の理論家の構想として第一次的に定立されたのだろうか。それは一つの狭い社会層の正当化を目的としたイデオロギーとして役立ったのだろうか。あるいはそれは都市の日常においてモチベーションとなる力を伴った信頼あるパースペクティヴだったのだろうか。私は懐疑的である」(ebd., p.421)と述べる。コッカは、彼の市民社会論を「メタ・カテゴリー」、「理想」と批判するガルに対して、ガルの「階級なき市民社会」もまた一つのユートピアであることを突きつけているのである。

以上、コッカとガル(およびランゲヴィーシェ)の市民・市民社会研究の方法的視座を対比的に論じてきた。そこには一見大きな違いがあるように見える。すなわちコッカらの市民社会規範化に対するガルらの市民社会の実態研究、あるいは前者がドイツ市民・市民社会を近代に置き、かつその市民性の「欠損」ないし「遅れ」を注視するのに対して、後者はむしろ伝統的都市市民層と近代(教養・経済)市民層の明確な範疇分けをせず、さらには伝統を背負いつつも、近代への適応力と推進力を積極的に描き出した。だがしかし、いずれの側も旺盛な一九世紀市民・市民社会の具体的事例研究は行なっているのであり、事例研究という点では両者の方法の違いはほとんど埋まっていると言ってよい。さらに、ドイツの「特殊な道」テーゼに関しては、ビーレフェルト・プロジェクトにおいてもフランクフルト・プロジェクトにしても積極的であるかどうかは別にして、ほとんどの研究者がそれをもはや採用していない。ユルゲン・コッカの方が今や少数派に属している。

重要な違いは、コッカがより多くの民主主義的内実を近代市民社会理念の中に入れ込み、これを未完のプロジェクトとして現代に提示し、かつその場合、国家（＝社会国家）と市民社会は相互補完的関係を持つのに対して、ガルやランゲヴィーシェは伝統的性格を内包したまま、伝来の都市市民層が近代においても地方レベルで自治を形成（市民社会）してきたこと、そして産業化の過程において変質しはするものの、初期リベラリズムの有していた「階級なき市民社会」理念を現在に生かそうとするのである。

このような方法上の違いを有しながら、市民社会研究は一九八〇年代から一九九〇年代に急速に進展していった。その途上にあった一八四八／四九年革命一五〇周年（一九九八年）には、この市民社会研究者たちが、その蓄積を踏まえ、同革命をテーマとして一気に研究成果を発表した。厖大な研究書、そして数多くの討論会、展覧会が一九九八年に開かれる中で、コッカはこの革命を近代の市民社会理念が花開いたエポックとして捉え、しかしそれが「未完のプロジェクト」として現在に連なると言い、ガルはこの革命を「自由への道」の出発点であり、それは現在に至る途上で多くの問題を抱えながら、今日実現されている「自由」に連なるものだと言う。この点に詳細に触れる余裕はないが、この一八四八／四九年革命観に潜む両者の現代認識の違いが、市民社会をどのように捉えるかの違いとパラレルであることが分かる。歴史研究をどのように「現代」に連ねるのか、それを両者は示唆している。(七)

[注]

(一) その他一九九八年には青井和夫・高橋徹・庄司興吉編『現代市民社会とアイデンティティ』(梓出版社)、同編『市民性の変容と地域・社会問題——二一世紀の市民社会と共同邸:国際化と内面化』(同、一九九九年)が出されているが、本稿では取り扱わない。

(二) 平田は一九九三年『市民社会とレギュラシオン』(岩波書店)では、「ブルジョア社会」を、社会的文化的共同空間—経済的(政治的)公共空間—国家的公共空間の三層構造に分けている。

(三) 山之内のその問題意識は一九八八年「戦時動員体制の比較史的考察」(『世界』四月号)、一九九二年「戦時動員体制」(社会経済史学会編『社会経済史学の課題と展望』、有斐閣)にすでに現れている。

(四) もっとも、この演説は首相の公式サイトでは国家の役割強調の部分が訂正され、「重要なのは「市民社会」と名付けられたもの、もっともそれは機能する国家によって支えられてもいる社会なのですが、その継続的強化であると私は確信します」(http://www.bundeskanzler.de/Reden-.)、と和らいだ表現に言い換えられている。

(五) この書は、一九九五年コッカによって再編集され、"Bürgertum im 19. Jahrhundert, Deutschland im europäischen Vergleich, Eine Auswahl", Vandenhoeck & Ruprecht, Göttingen. として公刊されている。英語版 Jürgen Kocka/Allan Mitchell (ed.), "Bourgeois Society in Nineteenth-Century Europe, Berg, Oxford/Providence, 1992. はオリジナルから一七論文を、日本語版の望田幸男監訳『国際比較・近代ドイツの市民——心性・文化・政治』(ミネルヴァ書房、二〇〇〇年)は英語版とは違った基準で一七論文を訳出している。

(六) ドイツにおける市民社会研究の現状について、森田尚子「近代ドイツの市民層と市民社会——最近の研究動向——」『史學雜誌』第一一〇編第一号、東京大學文學部史學會、二〇〇一年一月、望田幸男「監訳者あとがき」、『国際比較・近代ドイツの市民——心性・文化・政治——』も参照。

(七) この点については拙著『市民社会と協会運動』(御茶の水書房、二〇〇三年)参照。

[引用・参照文献]

(1) 八木紀一郎・山田鋭夫・千賀重義・野沢敏治編著『復権する市民社会論——新しいソシエタル・パラダイム——』

（日本評論社、一九九八年）

（2）斉藤日出治『国家を越える市民社会――動員の世紀からノマドの世紀へ――』（現代企画室、一九九八年）

（3）今井弘道編『「市民」の時代――法と政治からの接近――』（北海道大学図書刊行会、一九九八年）

（4）今井弘道編『新・市民社会論』（風行社、二〇〇一年）

（5）平田清明・山田鋭夫・八木紀一郎編『現代市民社会の旋回』（昭和堂、一九八七年）

（6）山之内靖『現代社会の歴史的位相』（日本評論社、一九八二年）

（7）山之内靖／ヴィクター・コシュマン／成田龍一編『総力戦と現代化』（柏書房、一九九五年）

（8）山之内靖『システム社会の現代的位相』（岩波書店、一九九六年）

（9）山之内靖『マックス・ヴェーバー入門』（岩波書店、一九九七年）

（10）山之内靖「日本の社会科学とマックス・ヴェーバー体験」、『現代思想』（青土社）一九九九年五月号

（11）中野敏男「ボランティア動員型市民社会論の陥穽」、『現代思想』（青土社）一九九九年五月号

（12）中野敏男『大塚久雄と丸山眞男――動員、主体、戦争責任――』（青土社、二〇〇一年）

（13）大河内一男「スミスとリスト」（初版一九四三年）『大河内一男著作集　第三巻』（青林書院新社、一九六九年）

（14）海老塚明／小倉利丸編『レギュラシオン・パラダイム』（青弓社、一九九一年）

（15）高島善哉「経済社会学の根本問題」『高島善哉著作集　第二巻』（こぶし書房、一九九八年）

（16）内田義彦「経済学の生誕」『内田義彦著作集　第一巻』（岩波書店、一九八八年）

（17）Enquete-Kommission "Zukunft des Bürgerschaftlichen Engagements" Deutscher Bundestag(Hrsg.), *Schriftenreihe*, Leske + Budrich, Opladen, 2003, Bde.11.

（18）Gall, L.,Libealismus und 'bürgerliche Gesellschaft', zur Charakter und Entwicklung der liberalen Bewegung in Deutschland, in: *Liberalismus*, Verlagsgruppe Athenaeum/Hain/Scriptor/Hanstein, 1980.

（19）Gall, L., *Bürgertum in Deutschland*, Siedler Verlag, Berlin, 1989.

（20）Hein, Dieter/Schulz, Andreas/Treichel, Eckhardt（Hg.）, *Lothar Gall: Bürgertum, liberale Bewegung und Nation, Ausgewälte Aufsätze*, Old und Bürgertum enbourg, München, 1996.

(21) Gall, L. (Hg.), *Stadt und Bürgertum im Übergang von der traditionalen zur modernen Gesellschaft", ("Historische Zeitschrift*, Beihefte(Neue Folge), Bd.16), Oldenbourg, München, 1993.

(22) Gall, L./Langewiesche, D.(Hg.), *Liberalismus und Region. Zur Geschichte des deutschen Liberalismus im 19. Jahrhundert*, (Historische Zeitschrift, Beihefte (Neue Folge), Bd. 19), Oldenbourg, München, 1995.

(23) Gall, L.(Hg.), *Bürgertum und bürgerlich-liberale Bewegung in Mitteleuropa seit dem 18. Jahrhundert*, (Historische Zeitschrift, Sonderheft 17), Oldenbourg, München, 1997.

(24) Langewiesche, D. (Hg.), *Liberalismus im 19. Jahrhundert. Deutschland im europäische Vergleich*, Vandenhoeck & Ruprecht, Göttingen, 1988.

(25) Kocka, Jürgen, *Bürger und Bürgerlichkeit im 19. Jahrhundert*, Vandenhoeck & Ruprecht, Göttingen, 1987.

(26) Kocka, J. *Interventionen. Der Historiker in der öffentlichen Verantwortung*, Vandenhoeck & Ruprecht, Göttingen, 2001.

(27) Lundgreen, Peter (Hg.), *Sozial- und Kulturgeschichte des Bürgertums. Eine Bilanz des Bielefelder Sonderforschungsbereichs (1986-1997)*, Vandenhoeck & Ruprecht in Göttingen, 2000.

現代的シティズンシップの構想

グローバリゼーションと国民国家との関係において

工藤豊
Kudou Yutaka

はじめに——問題の所在

一九八〇年代末のソ連・東欧圏の崩壊以後、旧来の国民国家のあり方と共に、国際社会のあり方にも大きな変動が生じている。国民国家にせよ、それを単位とした国際社会にせよ、それらのシステムは共に近代において不可分の結びつきを持って形成されたものであるが、特にグローバリゼーションの進展に伴い、あたかも個々の国民国家の枠組み自体が消滅するかのような言説と共に、主権国家同士の相互関係において成立していた国際社会も大きな変容を遂げ、単一の規範に支配された統合システムへと変化するかのような展望すら示されている。

本稿の対象はそうした展望の当否の検討を基礎として、そこで生じている変容への対応のあり方を探ることにある。それは現在進行中のグローバリゼーションのもたらしている諸状況に対する検討と、それに対するナショナリズムの発現の仕方とに対する検討を出発点とすることであるが、それを現代におけるシティズンシップの構想と関連づけるのは、現在グローバリゼーションがもたらしている諸状況と、それに対応する国民国家ならびにそれを基礎づけるナショナリズムの発現が示す問題への対応に必要な観点として、現代社会に対応したシティズンシップを構想しようとする故である。

したがって、ここで対象とする「シティズンシップ」とは、単に市民権としての内容を意味するのではなく、ある人間集団の構成員としての資格・能力とそれによって規定される構成員の範囲という、より広義の内容から出発した上で、グローバリゼーションの進展やナショナリズムの発現への対応に際して要請され、必要とされる現代人の資質を明らかにしたいという意図に基づいて取り扱われるものである。

一　グローバリゼーションの進展とその功罪

第二次世界大戦以後の国際社会において、さまざまな国際機関や多国籍企業の活動などを典型とする、国民国家の枠を越えた国家関係のあり方や文化交流・経済活動の拡大は、当初国際化（internationalization）や（企業活動の）多国籍化（multi-nationalization）という用語によって語られてきた。これらの概念とグローバリゼーションとは、質的にまったく異なると把握することもできるが、本稿においては、その規模やシステムに関して大きな飛躍を遂げていることは認めるとしても、両者をひとつの連続した過程において捉える観点から取りあげたい。またその連続性は、第二次世界大戦後に限定されるものではなく、後述するナショナリズムの発現と同様に、いわゆる「近代」以後の歴史過程においてみいだされる連続性でもある。

移動領域の世界的な拡大という点では、実態は別として、近代への過渡期を形成する、新世界・新航路発見以後のヨーロッパ人の世界進出とその後の植民地化の背後には、文明圏であるキリスト教的世界が東洋世界・アフリカ・南北アメリカ世界などの野蛮な非キリスト教的世界を啓蒙し、キリスト教という普遍的価値観をグローバル化するという目的が存在していたことは否定できない。

その結果として生じたアジアの大部分の植民地化、ネイティブ・アメリカンの虐殺などによる人口激減とアフリカからの奴隷輸入が南北アメリカやアフリカの双方の世界に大きな傷跡を残し、現在にいたる南北問題の原因となったことも否定できない。それと共に、それぞれの世界に生きる人々の間に、レイシズム的階層秩序を形成してきたことも現在のグローバリゼーションがもたらす影の部分と対照できる。一八世紀の交通革命、一九世紀の通信革命などの結果、人的・物的交流が飛躍的に拡大した後においてもそうした不平等は拡大してきたのである。

現在の状況についても同様の現実が指摘できよう。例えば国際政治の場で「グローバル」といった言葉が公式に用いられ始めたのは、一九九〇年代の先進国サミット以後においてである。その内容は、社会主義体制の崩壊を背景として、政治的・経済的開放体制、民主化、市場経済の進展などの現象が、「地球的規模」で波及・拡大した事実を受け、先進国・発展途上国・国際開発機構などが協調し、政治的には人権・民主主義の導入と普及をめざすこと、そして経済的には市場経済化や民活を中心とした経済開発などを各国が協調して進めることを意味していた。

こうした協調体制は「グローバル・パートナーシップ」や「グローバル・ガヴァナンス」と表現され、後者は特に大規模地域統合での協調的運営をいう。そこでの含意は、国家間の関係、経済、政治、文化などの各分野で、各主権国家・国民国家を越えて行われる諸活動と、その際に適用される規範、例えば経済分野でいえば所有権や税制・投資などに関する標準的ルールを各国家が共有するという、政治的・経済的立場の主張にある。

こうした主張の背後には、議会制民主主義に基づく政治システムの拡大が人間の自由と平等の確立にとって不可欠であると同時に、市場経済とその自由化の普遍化が世界全体の経済成長にとって不可欠であり、またそれに伴う発展途上国の経済開発や貧困の克服にとっても同様であるとの把握が存在している（1, pp.27-48）。

一七世紀に確立したとされる国際社会が、理念的には各主権国家間の平等性を前提としていたように、グローバルという語も、ナショナリティ、ローカリティにとらわれない全地球的規模の視野を伴う対象への接近態度や協調体制という含意を持っていた。その観点からグローバリゼーションの進展に対して積極的な意味を見出す立場も存在する。それは例えば、多様な文化の価値的平等性を前提とするカルチュラル・スタディーズなどの成果を背景として、ジェンダーやエスニックなどについての研究に示されている、従来の欧米中心、白人中心、キリスト教的規範中心の視点への批判の根拠となるものであるし、環境問題も含めた地球規模の共同・共生を実現しようとする視点を「グローバル」という形容詞で表現する立場にもつながることになる。さらにこうした立場は、NGO、NPO等が自らの活動を語る際に、それぞれの国民国家への帰属性を維持しながら、その目的・活動内容・活動領域のあり方等について、地球規模での平等性や幸福追求のための協調を主張する言説とも密接に関連している(2, pp.9-13, pp.155-159)。

一方、日本のように、バブル崩壊後の長期不況からの脱出をめざして行われている、世界に通用する「標準的」な経営手法や財務会計手法、そして政府の金融政策を含む経済過程の「グローバル・スタンダード」の導入をグローバリゼーションと表現する狭義の用い方もある。この用い方は、発展途上国を巻き込んだ財・サーヴィス・資本・労働力などを含む市場統合のプロセスという内容のグローバリゼーションの把握であり、世界的な経済成長に端的に結びつくと同時に、経済格差や南北問題との関連において最も批判にさらされている側面でもある。

こうした多様な把握が存在するのは、グローバリゼーション自体の中に相反する二つの局面が同居しているためである。すなわち、欧米において確立された政治・経済システムとその規範によって世界を統合しようとする普遍性希求の意識が、全体としての成長・拡大の達成をもたらすと同時に、さまざまな格差・不平等をもたらしているという現象である。そして後者への批判は、その普遍性追求の観点自体に存在する、文明と野蛮、東西関係、南北問題などの対立設定において世界を二分して考える思考方法からの脱却を迫る主張へと結びつき、近代及び第二次大戦以後の欧米中心の価値規範への見直しを迫ることになるのである。

その意味で、現在のグローバリゼーションがどのような形で現れ、どのような問題を生じさせ、どのように批判・改善されるべきかを明示する必要があるが、本稿ではそれを、国際経済分野を対象としてみてみたい。

国際貿易の拡大や国民経済相互の結びつきの強化、そして多国籍企業（transnational-corporation or multinational enterprise）の活動の拡大といった意味での「国際化（internationalization）」は、一九六〇年代に入り、日・独の経済成長に伴って米国の国際競争力が相対的に低下した段階で、国際経済上の新たな秩序形成を試みる動向として現れてきた。それは具体的にはＩＭＦやＩＢＲＤを媒介とした開発援助による市場の拡大であり、ＧＡＴＴによる関税一括引き下げ交渉を通じた自由貿易の推進であり、さらに米国の巨大企業の多国籍企業化とその活動の拡大過程において要求された、資本移動の自由化の推進などである。

この過程の利点としては、外国から安価かつ高品質の製品を入手することで国民生活の向上に寄与できたという点、あるいは多国籍企業による技術移転を伴う直接投資が国家間の相互依存関係を拡大させ、国際経済全体の規模を拡大させると共に、進出先である発展途上国の経済的離陸を準備することにつながりうる点などがある。

特にＩＢＲＤ、ＵＮＣＴＡＤなどの国際機関を通じた開発戦略や先進各国の途上国向け政府借款が、東西対立という国際情勢の狭間で開発独裁に陥ったり、国家政策としての他国への経済侵略であると否定的評価を得たりすることが多かったのに対し、多国籍企業の活動は、技術移転を伴う直接投資の形態によって、進出先の国・地域での経済成長や経済的離陸の事例を示し得たことによって、肯定的評価を獲得した事例も存在する。

しかし、こうした経済の国際化は、戦後一九六〇年代初めころまでに独立を果たし、「植民地」という窮状から政治的脱却を果たした国々に対し、旧宗主国が強制する垂直的分業という「新植民地主義」的政策を導入することにもつながる。これは半ば強制的な産業構造の転換であり、現実には自生的経済発展を妨げ、モノカルチャー的生産を受け入れさせることにつながったのである。

また、多国籍企業の活動にしても、世界各国の経済的相互依存関係を拡大・強化し、技術移転や経済開発の基点となる一方で、さまざまな資金移転の操作や企業内取引などの手法で利潤移転や脱税を行うなど、本籍国・進出国双方の主権を阻害するなどの問題点を持っている。さらに、発展途上国における外国企業による産業支配、あるいは排出物規制の差異を悪用した公害輸出などにより、進出国に環境破壊をもたらすなどの弊害も否定できない。

これらの光と影は自由化の次の段階であるヒトの移動の自由化でも同様である。この自由化は、例えば外国旅行の自由化や留学の容易化、あるいは先進国への頭脳流出などをさす場合には国際間の知識・技術・文化などの交流に寄与するという利点が指摘できる。しかし、一般労働力の移動については必ずしもそうではない。すなわち、先進国では一定の経済成長達成後、国内での労働力供給に限界が生じ、労働力市場の硬直化がみられるようになる。こうした不足がちの労働力確保の一環として外国人労働力の導入が行われ始め、それが途上国からの出稼ぎ・移民などの増加につながることになる。

こうした労働力移動は、かつて国民経済において生じた農村から都市への労働力移動という事態が、発展途上国から先進国への移動に転化したことに他ならず、先進国内で確保が困難な安価な労働力の補充にほかならない。しかも発展途上国が経済開放過程で採用した経済特区などの措置は、国家間で現実の労働力の流れを生じさせることなく、先進国・多国籍企業がいながらにして安価な労働力を使用することを可能にし、同時に先進国と途上国間の労働賃金格差の固定化につながったともいえるのである。

さらにいえば、それでも生じる先進国での外国人労働者の増加や、八〇年代から目立ってきたといわれる「移住労働者の女性化」などは、受入国での労働力市場の柔軟化などの混乱と共に家族生活や地域社会の基礎を形成する家事労働や性サーヴィスの分野にまで外国人労働力が関与することにつながり、家庭生活やジェンダーの組換えを含むさまざまな文化摩擦を生じさせていることは、欧州のみならずアジアでも現実となっている（3, pp.11-27, pp.207-231）。

このように、さまざまな分野での「自由化」の進展という現実には、国際化―グローバリゼーションに、利点と弊害の両者をみてとることができる。そしてその過程は、一九七〇年代以後さらに拡大する。例えば、ブレトン・ウッズ体制の崩壊と共に始まる為替投機は資本移動の自由の新たな形態と捉えられるが、八〇～九〇年代の急激な情報関連技術の発達と共に加速度的に増大し、短期資本移動の急増として定着する。特に一九九〇年代以後において、ヘッジ・ファンドと呼ばれる投機中心の投資基金が、株式・債権・金利その他さまざまな金融派生商品を対象として行っている、従来とはまったく異なった金融・資本取引活動の広がりが典型的である。現在では、こうした世界規模での二四時間体制での金融取引などが、「グローバリゼーション」という用語からまっさきに連想される事態の一つであることは否定できない（4, chap.1, 2; 5, chap.2）。

こうした投資・投機活動が可能となったのは、九〇年代以後経済体制が資本主義・自由主義経済体制へ収斂した後、IMF・IBRD・GATT（WTO）・ILOの国際四機関を中心として、貿易・価格の自由化、国営企業の全面的民営化、開放経済化などが急激に進められたことによる。同時に一九八〇年代半ばの米国における製造業分野での停滞を背景に、米国巨大資本の活動分野が金融・資本分野へとシフトし、米国政府も「通商」から「資本」「金融」へと自由化交渉の中心を移し、国際機関もその動きを後押ししたことも影響している。

一九九〇年代全体として全世界で年平均二・五％の経済成長を示した事からも、グローバリゼーションに全体としての経済成長をもたらす可能性があることは否定できないが、現実に世界経済において生じたことは、外国為替取引の二・五倍の増加であり、その影響下で生じた一九九七〜八年のアジア通貨危機および翌年にかけてのロシア、ブラジルへの危機波及などにみられるように、特に金融・資本の自由化が相対的に小規模な開放経済に対して及ぼした破壊的な悪影響であったことも否定できない。

さらに、西アフリカなどの重債務貧困諸国のように、経済進出のメリットが小さい地域では、そもそも前記のようなグローバリゼーションの対象ともされず、ほとんど見捨てられて最貧国のままにとどまる諸国・地域すらも存在する。国連統計などによれば、九〇年代にアフリカを中心として、一日あたり二ドル以下で生活する極貧人口は二七億人から二八億人へ増大したとされる（世界の人口増により、割合では減少）。こういった経済的格差の拡大とその固定化こそ、グローバリゼーションがもつ最大の問題点といえるであろう（6, chap.2; 7, chap.3）。

こうしたグローバリゼーションの持つ問題点の原因としては、特に一九九〇年代以後の金融部門中心のグローバリゼーションを推進した米国の政界・経済界の協調下での政策と、それを後押しした国際機関の姿勢が挙げられることが多い。そこで示されていた政策原理は、米国財務省を中心とする米国政府、IMF、IBRDなどの国際機関、さらには米国の金融・産業界の有力シンクタンクなどの政策形成ネットワークによって決定されたという点で、「ワシントン・コンセンサス」と総称される。その内容は自由主義的市場経済の原則の厳守とそれを阻害する可能性のあるあらゆるものを除去するものであり、それを端的に市場原理主義と呼びうる。IMFなどは、旧社会主義圏の開放経済への移行や、各国が八条国へ移行する際には、そうした開放経済を実践し得るファンダメンタルズを実際に備えているか否かに拘わらず、これらの原則の順守を強力に指導していたのである(8, pp.20-55)。

それゆえにグローバリゼーションの結果への直接の不満は各国際機関へ向けられることになったし、それを受けて国際機関の中からも改善・改革を訴える主張が登場することになる。その改革内容については後述するが、これらの点から、グローバリゼーションに対する以上のような問題点は、「ワシントン・コンセンサス」、換言すれば市場メカニズムへの過度の信頼に基づく「市場原理主義」とでもいうべき立場への疑問に帰結する。

それに対して、「ワシントン・コンセンサス」を形成するグループ内部でも、九〇年代末からは相互批判や改革案が示され始めている。例えば一九九九年一二月にサマーズ米国財務長官は、IMFに関して、政策決定過程の情報開示の拡大や緊急の通貨問題に関する選択的・短期的融資の重視、債務救済よりは貧困緩和と成長支援の重視などと共に、他の国際機関との業務分担の明確化と協力体制の形成などを提案している。そうした提案を受けて、二〇〇〇年八月には、ケーラーIMF新専務理事が、①途上国向け融資の使途・目的設定を、マクロ経済の安定に寄与するものに限定し、貧困対策・開発融資に関する分野はIBRDにゆだねる、②経済構造・調整に関する計画立案に関しては、当事国のownership(当事者としての立場=主体性)を尊重する、などの改革案を公表している。さらには、開発指導にせよ債務返済にせよ、IMFが行う場合にはいずれの場合にも自由化・民活の活用・開放経済の推進などの市場万能主義に基づく唯一の対応しか示さないことの限界を批判したスティグリッツ前IBRD上級副総裁の主張も同様の内容を持つものと考えてよいであろう（9, pp.34-44, pp.73-86）。

これらの批判は、いずれも途上国の主権国家としての統治能力・運営能力を疑い、それらの国の主体性や独自の条件などを考慮に入れない点に向けられたものである。グローバリゼーションへの批判や対応の場合も同様に、国家権力＝政府の統治能力の弱体化とグローバリゼーションの進行との並行性に着目し、政府能力の回復によって特に投機的な金融・投資基金の活動の規制などを行うことによる弊害の除去が主張されることがある。この主張は、換言すれば「グローバリゼーションの進展に際して、現在の国民国家はどうなるのか」という問いに帰結する。その問いに答えるために、次に主権国家・国民国家とグローバリゼーションとの関係を考えてみたい。

二　グローバリゼーションと国民国家

前記したように、国民国家（nation-state）という国家形態も、国際社会の構成単位という意味では、近代の産物である。同時にこのネーションという存在もまた、グローバリゼーションと同様に、民族・国民・国家など多様な用いられ方をしている。とりあえずこの「民族（nation）」を、最も広義の「言語・歴史・文化を共有する人間集団」であり、それが一定の領土を確保して存在する形態を「国民国家＝民族国家」と仮定し、その国民国家があたかも明白な実体であるかのように人間のアイデンティティの基礎となり、相互に平等な存在として自立し、国際社会を形成するようになることを理想とするイデオロギーをナショナリズムと理解しておく。

そうした国民国家の最も初期の形態は英国にみることができる。英国では一一世紀のノルマン・コンクェスト以来、征服王朝として他の欧州各国に先駆けて中央集権体制を構築し、一六世紀を中心に対外戦争を目的とした権力・資源・財源などを中央に集中した主権国家を形成した。その後、一七世紀の二度の市民革命の経験を経て国家構成の主体としての国民＝人民（people）の観念を形成すると共に、身分的秩序に基づかない人民に主権を委ねる国家形成と、封建的・重商主義的拘束を取り払った国民経済システムを歴史的に最も早く実現したといえる。すなわち、

同様の試みは、恐怖政治となって挫折したとはいえ、一八世紀末のフランス革命時にも試みられている。すなわち、旧体制に独占されていた参政権を含めた諸権利が第三身分に拡大されようとしたことは、英国と同様の国民国家の成員としての国民形成の試みであり、明確な国境の策定、中央集権体制の強化と地域的個別性の衰退、法治主義的統治体制の形成、国民間の平等性の規定などを特徴とする国民国家の形成を意図していた。ただ、フランスに特異なことは、その後の展開が英国的国民経済の創出ではなく、周辺国からの革命への干渉に備えて、単なる義勇軍でなく徴兵の実施によって当時最大規模の「国民軍」を形成したことである。フランス革命の経験を経て、ヨーロッパの各国が試みた強兵政策は、こうした「愛国心」によって結びついた国民軍形成の試みであった。

こうした事例からいえることは、身分的秩序のような不平等が存在する場合、そうした拘束の打破には、権利上平等な存在である国民の創出が不可欠であり、対外的な脅威に抗して自国を守る主体としては、国民に勝る存在はないということである。すなわち、明確な国境によって他国と区別された主権国家が形成されている場合、「国民」形成を訴えるナショナリズムは、内部的統合のための最善のイデオロギーであったといえる。ナショナリズムは、主権国家成立後のイデオロギーとして最も有効性を発揮するのである。したがって近代以後は、革命への干渉に対抗しようとした米・仏、対外的国境紛争の頻発に対処しようとしたプロイセンのように、富国強兵のために国民を構成単位とする国民国家を理想とするナショナリズムが大きな勢いを持つことになったと把握できる。

そして一九世紀に欧州列強が帝国主義的膨張を行う際に示された人種的・文化排他主義的・攻撃的ナショナリズムも、国民軍形成に結実する国家への貢献意識と一九世紀ロマン主義的歴史意識が、国民としての責務と愛国心形成へと結びついたという点で、近代以後のナショナリズム形成の延長線上にあるといえるのである。

それではそうした「国民」はいかにして形成されたのであろうか。ネーションの語源であるnatioは、「生まれ」を

意味し、A・D・スミスの指摘するように、種族的共同体（ethnic communities）とも多くの点で共通性を持つが（10, Chap.2）、近代以後のnationにはそうした、自然的な種族的集団（ethnic-group）という含意は薄い。ヨーロッパでの歴史的経過からも、ネーションとは内的不平等の克服や外的脅威への対処といった特定の目的のための人為的形成物と捉えるべきである。そこにB・アンダーソンのいう、自らを特定の民族（nation）との一体性の中の存在とみなすナショナリティを「文化的人造物（cultural artefact）」とし、ネーション自体を統合のための威力を認めつつも、「想像された（imagined）共同体」とする把握に妥当性が発生する（12, p.4）。

アンダーソン自身は、ナショナリティの形成に向かう人為性・人造性の担い手を、近代において新たな言語的統一をもたらした出版印刷メディアに設定しているが、特定の国家目的への協調体制の形成という側面からナショナリズムの発現を考える場合、そこでの啓蒙的内容の発信者とシステムという点からは、より広義な「国民教育システム」として捉える必要があろう。そうしたシステムの下で共通の言語を話し、歴史を共有し、共通の文化的伝統の中で生きていることを「国民」は実感し、国家と自らの自律と平等性を主張して共通の目的に邁進できるのである。この点に「国民」と古代ギリシャのポリスの市民とは同一の資質を保持しているとみなすことができ、国民国家も、自民族の優越性の誇示であれ、対外進出であれ、防衛であれ、あるいは経済成長の達成であれ、特定の目的のために国民を総動員するシステムとして働き得ることになる（13, pp.9-12, pp.38-40）。

現代において、アメリカ合衆国のような多民族融合国家が一つの「国民国家」として存在し得るのは、アメリカの市民権（citizenship）を確保する際に要求されるアメリカの国家目的と理念への同調教育の成果といえよう。

しかし、二〇世紀に入るとこうした意味でのナショナリズムは、典型的な形ではみられなくなるといってよい。それは、第一次大戦が、欧州で成立が一段落した国民国家同士によって戦われる形式をとったこと、民族自決の適用が欧州に限定される一方で、アジア地域の植民地が欧州列強の支配下からの脱出を図る際のスローガンが「反植民地主義」「反帝国主義」という形をとったこと等に示される。さらに第二次大戦後は社会主義圏の拡大により、民族よりは

「階級」が重視され、AA諸国の「民族独立」運動はナショナリズムの発現の特質を持つとしても、東西対立の影響が戦後の国際社会ではより強く、さらにいくつかの分断国家の存在が、同一種族内部の抗争という事態をもたらし、ナショナリズムでは割り切れない情況を呈していたことによる。

そしてグローバリゼーションの時代に入り、ナショナリズムの基盤である国民国家の終焉を指摘する議論も多くみられる。例えば核兵器が登場・拡散した時代の国防については、集団安全保障体制という超国家的体制が有効であるし、二〇世紀的人権といわれる社会権に関しては、その財政的負担の大きさから七〇年代の市場原理主義の導入以来、多くの先進国で保障内容の縮小へ向けての見直しにいたっている。その結果、国民の生存と安全などの、本来国民国家の管掌領域であった分野に、多くの民間組織・機関が入り込んできている。経済分野でも同様に、国際的な経済紛争の調停は、それぞれの国家では困難であるし、企業活動の評価に関して大きな影響をもつ格付け機関の活動も、国家主権を越えた別の権威となっていることも否定できない（11, chap.2; 14, chap.19）。

その意味で、グローバリゼーションの時代における国民国家のあり方を確認しておく必要があるが、それをここでは国際経済の分野と国民教育の分野で確認しておきたい。

例えば、金融グローバリゼーションに先立って一九八〇年代には、先進国からの資本進出を促すために、途上国では経済特区や輸出加工区の設定を積極的に行っている。その結果、特に製造業分野では、安価な労働力や低税率、ゆるやかな環境規制等を求めて移転・進出が加速され、さらに情報技術の発達によって本国の中枢が全体を統括することも可能となっている。

こうした経済特区はたしかに地理的に所属する主権国家の各種規制から離脱している点で脱国家化しているが、特区内で働く労働者は「脱国家化」しているわけではない。各経済特区は、進出した企業の経営中枢が存在する主権国家・国民国家とは別の経済的辺境の中に存在するがゆえに、進出企業は両国の間に存在する賃金・税制・各種規制などに関する「差異」を利用することで「利潤」を確保できているとみるべきである。いうまでもなく、国境などの消滅に基づいて世界が一市場化した場合には、原則としてそうした差異は存在せず、「進出」のメリットは存在しえない。その意味で、多国籍企業などの経済活動の脱国家化と併行して、先進国からみて「辺境」として存在し、明確に国家主権が作用する領域を保つ存在が、グローバリゼーションに関しては不可欠なのである。

同様な条件は、金融グローバリゼーションに関してもいえる。国際的な通貨・証券・債権投資などが成立・成長するためには、各主権国家がドルを基軸通貨と認め、しかも自国通貨に変動相場制を採用するという現行の国際通貨体制へ参加すると共に、金融・資本の自由化を積極的に導入し、その上で少なくとも短期的には自国の通貨・証券・債権などの価値保証のための経済政策上の努力を実行する（あるいはその保証を行う）必要がある。国際投資基金の持つ短期資金は、通貨・証券・債権その他の金融デリバティブを対象として各国金融市場に出入りを繰り返すものであるが、例えば通貨に関していえば、政府が短期的な自国通貨価値維持の努力を果たす一方で、中長期的には（市場メカニズムによって）価格変動が生じる場合にのみ、投資基金は利潤をあげることができる。すなわち、固定相場制であったり、全世界が統一された通貨・クレジットを使用したりする場合は、通貨および関連金融デリバティブの発生の幅と短期的投機による利潤確保の可能性は大幅に狭まるであろう。

こうした点からいって、グローバリゼーションと主権国家・国民国家（ナショナルとしての枠組み）はゼロサムの関係にあるのではなく、密接な相互補完の関係にあるというべきであり、先進諸国にとっては主権国家的な法的・制度的・文化的枠組みは、グローバリゼーションによる利潤をもたらす「差異」形成のために温存されなければならないことになる。したがってアフリカ諸国のいくつかのように、未だ国民国家としての政治・経済の基礎的ファンダメンタリズムを備えていない部族国家的状態にあり、眼前の飢餓などに対してもほとんど手をつけ得ない諸国・地域の場合は、その状態のままで他の主権国家と平等に国際社会への参加を強制され、さらにグローバリゼーションの悪影響にさらされるという二重の脅威を受けかねないのである。

こうした国際経済分野の問題と共に、国民国家形成に不可欠な「国民教育」がグローバリゼーションの下でいかなる影響を受けているかの問題が存在する。

情報化とグローバリゼーションの進行を背景として、少なくとも表面的には各国独自の伝統的生活スタイルや共同体が崩壊の危機にさらされ、外国からの文化流入により各国・地域の文化的要素の多様化・断片化・過剰化が進行している（15, chap.8）。もしそれに対応して、旧来のような国民的統一性が失われ、グローバリゼーションに対応する教育や生活も生じているのであれば、その時代にふさわしい教育や文化のあり方が各国に存在するはずである。

例えば国民的統合を維持するための伝統的・国民的文化が、世界の文化へのアクセスを通じて統一性を失うのであれば、「国民教育」の担ってきた国民的・伝統的文化の次世代への伝達は無意味になる。また、グローバリゼーションと共に国民国家が衰退するとすれば、政府が維持しようとしてきた、国民国家とその内部社会の再生産に資するための教育、という目的もまた意味を失うことになる。そうした場合の教育は、国家が定める画一的な内容とシステムを放棄して、例えば複数の言語の習得や情報アクセスの技術習得などの、グローバリゼーション時代に必要な能力や資格の付与という技術面を対象とする情報ネットワークと化するはずであり、自国の文化継承よりは世界の民俗習慣や宗教などの異文化に関する教養や寛容性の付与などが大きな比重を占めてくるはずである。

そうした教育の脱制度化、教育に関する国家・政府の介入度合いの縮小・情報ネットワーク化のような教育制度の世界的収斂、等は目に見える形で進行しているであろうか。例えば欧州では、ＥＵの形成に伴って、国家単位でなくＥＵ全域で共通教科書の編纂が行われている。しかし、例えば共通通貨を巡っての英国の決定にみられるように、ＥＵは各主権国家全体を統括する主権を持っているわけではなく、離反・離脱は常に可能である。そうした状況下で、共通教科書も、いまだ副読本としての扱いにとどまっているといわれる。

日本においても、一九八七年に出された臨時教育審議会の「教育改革に関する報告」の中で、今後進展する「国際化」に対応し得る教育内容の充実をうたっているが、それがその後十数年で特に進展した気配はない。そのこと自体が政府の教育への不熱心さの現れと捉えることもできるが、日の丸・君が代の法制化や、道徳教育の強化や愛国心の涵養等を内容とする「教育基本法」改正の試みなどをみれば、国民教育に対する意志はゆるぎないように思われる。グローバリゼーションが、例えば国際経済のある分野において国民国家としての規制力や政策決定力を弱めているという事実は否定できないが、教育分野において、国際経済分野のような明確なグローバル・スタンダードが存在しない以上、国民教育の比重低下の有無は、政府の意思と熱意にかかっているといえるだろう（16, chap.7）。

また、例えば学校教育の内容を国際化・グローバル化へ対応可能なものに変化させる場合も、転換政策の統一的実施や転換後の教育システム維持を考えれば、国民国家単位での実践がなければそうした変化は不可能かつ無意味である。それを可能とするのが政府の集権的統制であることを考えれば、教育分野でも現在の主権国家＝国民国家とグローバリゼーションとは相互依存関係にあるといえよう。これらの意味で国民国家は、グローバリゼーションの進展と共に、「縮小」や「退場」を行うのではなく、単に現れ方が「変化」すると考えるべきである。

三　現代的シティズンシップの構想

これまでみてきたグローバリゼーションのもたらす弊害および国民国家とグローバリゼーションとの相関関係を考えれば、それらの弊害への対応や克服を国民国家に期待することは困難であろう。国民国家は現代にあってはむしろ、グローバリゼーションを推進するために国民の統合と総動員を行うシステムとして作用しているといえる。そこで、それらの弊害への対処の主張には、端的にグローバリゼーションの全面的否定を主張する立場と、ナショナル＝主権国家中心ではなく地域社会（ローカル）の再生を念頭に、グローバリゼーションの動向に対抗しようとする立場とが存在するように思われる。

多様な国際分業関係の下に存在する現在の国際経済のあり方と、国際社会自体が平等な国民国家の相互依存関係で成立している以上、前者は論外である。後者に関してもその構想内容は多様であるが、大別すると各種の組合、NPO・NGOなどの団体、ボランタリーな集団など、各人の利害関心に密着した活動と結びついた諸団体を媒介とするものと、伝統的地域社会の再建を構想するものが指摘できる。

こうした地域社会の再生とそれに基づく共生の主張は、例えば地域通貨を媒介とした「貨幣共同体」の構想や、その種の共同体を、ボランティア・ネットワークを通じて構築していこうとする主張に拡大しうるものであるが、グローバルな企業・資本の持つ経済力に比べ、そうした「地域」の対抗力は経済力の上では極小なものに過ぎない。しかし、本来グローバルな場とローカルな場との媒介として作用することが期待されるナショナルというレベルがグローバリゼーションの推進装置としてあるかのように思われる現状では、自分の生活基盤と密着したローカルな立場をナショナルの範疇に還元することなく、グローバリゼーションの弊害に関するある種のセーフティ・ネットとして作用させようとするのはある意味で当然のことである。そうした思想・立場の構築に結びつくものとしてここではシティズンシップ（citizenship）の問題を取り上げたい。

「シティズンシップ」とは、一七～一八世紀ころに、欧米の市民革命を媒介に、自然権を保持する権利主体であると同時に、ある共同社会の構成員としての「市民（citizen）」の持つ資格と権利という形で明確化されたものである。その後、参政権の獲得層の拡大と共に、権利自体の内容も二〇世紀的人権である社会権の主張・擁護を含むものへと拡大してきた概念であり、「市民権」と訳されることが多い（17, chap.2, 4; 18, pp.22-30）。しかしこうした内容のシティズンシップでは、例えば「社会権」の保障主体として「福祉国家」が想定されるように、その内容は主権国家・国民国家の枠を越えうるものではなく、グローバリゼーションへの対抗軸に直接結びつくものとは捉え難い。

ここで考えるべきシティズンシップとは、主権国家・国民国家の枠を越え、「国民」として規定されない人々をも包摂しうる概念でなければならない。その意味でここではシティズンシップを、「市民」としての資質・資格全般を意味する「市民性」という内容において、しかもグローバルな関係を形成し得る資質として考察したい。それを仮に、現代のある面で排他性を持つ国民資格（nationhood）と結びついたナショナルなシティズンシップに対して、グローバル・シティズンシップと呼んでおきたい。ここでの「グローバル」の内容は、例えばかつて国民としては二流の存在とされた女性のように、ジェンダーの上で差別されてきた人々や、移民、外国人労働者、少数民族集団などのように、何らかの形でナショナルな枠組みから排除された人々全体を包括する、という意味である。

例えばグローバリゼーションに伴うヒトの移動の拡大は、必然的に国民国家内部に多数の人種集団を抱え込むことになる。グローバル・シティズンシップとは、それらの、移動によって到来している「国民」以外の人々をも含みうる概念として形成されなければならない。それは、自らの帰属性の基盤としてのナショナリティを否定することではなく、外来の他者の立場あるいはマイノリティ・社会的弱者として存在する人々の立場に呼応しうる想像力を持つ資質を保持するということにほかならない。

第二に、国民資格と結びついたシティズンシップを構成する重要な要素であった二〇世紀的社会権の保障は、七〇年代後半からの新自由主義および経済的グローバリゼーションの流れの中でその実質を失いつつある。代わって要求されているのが「自己責任」を全うし得る存在としての社会的主体であるが、この「自己責任」という概念自体は明らかに「近代人」に要請されていた理性的能力・主体性・自己責任という資質のひとつに他ならず、市民社会・市民のあり方を考える際に単純に否定するわけにはいかない。また、福祉国家の後退を考え合わせれば、自己責任・自助などの要素は今後特に、人間の生存にとって不可欠であることも否定できない。

しかし市場原理主義に基づくグローバリゼーションの進行は、経済的敗者と化し、かつ従来の福祉的救済策の恩恵にもあずかれない存在を倍化させることが予想される。すなわち、本来国民資格を有しているにもかかわらず、国民の範疇から脱落させられていく階層が発生しうるのである。そしてナショナリズムは、その際にそうした階層をあぶりだす装置としても作用しうるのである。と同時に、前記の外来者のようにそもそも「国民」の範疇に入らず、初めから国家的保護の対象外におかれる存在を含めて考えれば、グローバル時代の「市民」の範疇は、国民資格とは無関係に、標準的社会生活を送るために連帯・共同を構想しうるものでなければならない。現在人間の存在基盤として国民国家以上の存在がない以上、ナショナリズムの克服とはこうした範疇で考えられねばならない。

第三に、そうした国内的範疇と同時に対外的関係における資質が問題となる。それは、環境規制の相違を利用した工場進出、モノカルチュア経済や各種輸出用生産物の集中的生産などによる環境破壊、それらに加えて今なお拡大しつつある経済的格差や情報化社会への移行の中で生じているデジタル・ディバイドなどに表出する「南北問題」を出発点とする数々の問題点である。

かつて市民革命期においてシティズンシップは、従来その保有層に数えられなかった第三身分への拡大と共にその内容を確定した。「南北問題」に現れる現状は、近代以前の身分関係が示していたさまざまな格差の現代版とみることもできる。環境問題であれ、南北問題であれ、先進国とされる国に存在する者にとっては、そのほとんどは自らが属す地域社会や国家から遠くはなれた場で発生し、存在している諸問題に過ぎない。しかし、グローバリゼーションが進む状況下でそれを推進する国民国家の構成員として存在することは、それらの諸問題について何らかの形で加害者の立場に立つことにほかならない。同時にその同一の人間が、国内においてはグローバリゼーションの進行に対応する経済的自由競争の中で、被害を被る立場に立つ場合もある。特に先進国側に属す一般の「市民」が、そうした加害―被害の錯綜関係の中にあることがグローバリゼーションに関する相互依存関係の実態と捉えるべきである。

したがって、これらの問題に対処するシティズンシップとは、国家の枠を越えて存在する相互依存関係の自覚のうえで他者との連帯・共生を、さらには環境を構成する「自然」との共生を可能にするような資質でなければならない。最も広範囲な意識としては、人間が自らを、自然を構成する他の全生命体との平等な関係の中で捉え、かつ人間自身が生命連鎖の中では「消費者」として「生産者」である他の生命体に依存している以上、自然および他の生命形態との共生関係を確保する義務を負うという意識を共有することが前提として必要となる。

その後に初めて、現実に生じている環境破壊や南北の格差是正への態度と行動、あるいは「他者」「マイノリティ」

「社会的弱者」に対する態度と行動に一定の原則が生じてくるはずである。それをここでは、自らの属するローカリティ、ナショナリティを離れて存在する問題に対する当事者意識、換言すれば他者の問題であっても自らの問題として捉え得る想像力の保持であり、問題解決のために自らの価値規範を押しつけることのない態度として挙げておきたい。本稿で取り上げた概念の中でこれに最も近いものは ownership である。この概念は、経済的グローバリゼーションを推進する、いわゆるワシントン・コンセンサスへの批判という内容をもちつつ、かつそのコンセンサスに属する人々の中核から反省を伴って生じてきたものであるという点で、グローバリゼーションとそれがもたらす問題への対処において共通の地盤に立つ一歩として、現状では最も適当と考えられる。

さらに付け加えるならば、伝統的な共同社会や帰属集団の中に本来自然に存在していたと思われる人間関係の基底には、病人や幼児の甘えを積極的に許容するような、弱者の依存性に対する寛容な意識が存在するといわれる。これは自立性を重視する近代人の資質には含まれないものであるが、右記の共同性・帰属性が希薄化している現代社会、あるいは眼前にはない差別・不平等が存在する辺境の地を抱え込まざるをえないグローバリゼーションの時代においては、弱者・少数者への視点として vulnerability（自らを弱者の立場におく）という資質・態度を提示しておきたい。この言葉は、介護・福祉関係やボランティア活動の実践の際に不可欠な態度として提示される場合が多いが、グローバリゼーションがもたらす加害—被害関係が錯綜する問題の中で、弱者は多くの場合一方的に結論を押しつけられ自立性を失っていく。そうした弱者の立場に自らを常におき得る感覚と態度が、存在する諸問題との密着性を保障することになるはずである（19, pp.103-113）。

理念的なあり方としては、グローバリゼーションに関しては国家的・地域的差異を越えた「地球規模での共同・共生」の実現を、ナショナリズム—国民国家に関しては「国民の平等性」の実現をめざすことが可能であった。その際、右記の資質を包含するシティズンシップの存在が、全体としての成長の陰の不平等や国民の形成に伴う異質なものの排除に向かわせず、それぞれの理念内容の現実化に結びつくと思われるのである。

［引用・参照文献］

（1）小林誠・遠藤誠治編『グローバル・ポリティクス』（有信堂、二〇〇〇年）
（2）佐藤慶幸『ＮＰＯと市民社会――アソシエーション論の可能性――』（有斐閣、二〇〇二年）
（3）伊豫谷登士翁『グローバリゼーションと移民』（有信堂、二〇〇一年）
（4）Strange, S., *Mad Money*, Manchester University Press, 1998.
（4ａ）ストレンジ（櫻井公人他訳）『マッド・マネー』（岩波書店、一九九九年）
（5）Ｓ・サッセン（森田桐郎他訳）『資本と労働の国際移動』（岩波書店、一九九二年）
（6）George S., *The Lugano Report : On Preserving Capitalism in the Twenty-first Century*. London, 1999.
（6ａ）ジョージ（毛利良一監訳）『ルガノ秘密報告――グローバル市場経済生き残り戦略――』（朝日新聞社、二〇〇〇年）
（7）――and Fabrizio Sablli, *Faith and Credit*. 1994.
（7ａ）ジョージ／サベッリ（毛利良一訳）『世界銀行は世界を救えるか』（朝日新聞社、一九九六年）
（8）毛利良一『グローバリゼーションとＩＭＦ・世界銀行』（大月書店、二〇〇一年）
（9）Ｊ・Ｅ・スティグリッツ（鈴木主税訳）『世界を不幸にしたグローバリズムの正体』（徳間書店、二〇〇二年）
（10）Smith, A. D., *National Identity*. Penguin Book, 1991.
（10ａ）スミス（高柳先男訳）『ナショナリズムの生命力』（晶文社、一九九八年）
（11）――*Nations and Nationalism in the Global Era*, Cambridge Polity Press. 1995.
（12）Anderson, B., *Imagined Communities*. Revised Edition, Verso, London, 1983.（Revised：1991）
（12ａ）アンダーソン（白石隆・白石さや訳）『想像の共同体』（リブロポート、一九八七年、増補・ＮＴＴ出版、一九九七年）
（13）山之内靖、Ｖ・コシュマン、成田龍一編『総力戦と現代化』（柏書房、二〇〇〇年）
（14）Hobsbawm, E. J, *The Age of Extremes: The Short Twentieth Century*., 1914-1991. London, 1994.
（14ａ）ホブズボウム（河合秀和訳）『二〇世紀の歴史・極端な時代』（三省堂、一九九五年）
（15）Ritzer, G., *The McDomalidization of Society*, Pine Forge Press, (Revised Edition) 1996.

（15a）リッツア（正岡寛司監訳）『マクドナルド化する社会』（早稲田大学出版会、一九九九年）
（16）Green, A. *Education, Globalization and the Nation State*. MacMillan Press, 1997.
（16a）グリーン（大田直子訳）『教育・グローバリゼーション・国民国家』（東京都立大学出版会、二〇〇〇年）
（17）Marshall, T. H. / Bottomore, T. *Citizenship and Social Class*, Pluto Press, 1992.
（17a）マーシャル／ボットモア（岩崎信彦・中村健吾訳）『シティズンシップと社会的階級』（法律文化社、一九九三年）
（18）工藤豊「現代社会における『市民』の構想」（駒澤大学『仏教経済研究』三一号、二〇〇二年）
（19）金子郁容『ボランティア――もう一つの情報社会――』（岩波新書、一九九二年）

市民社会論におけるアドルノ言語哲学の意味

「理想的言語観」から新しい市民社会像を求めて

天畠一郎
Amahata Ichiro

はじめに

思想史を通して、古典古代の思想家群の言説以来、市民社会における公私をめぐる諸問題が中心的な問題対象として扱われ続けていることを否定する者は誰もいないであろう。ある意味で思想史とは、公私それぞれの定義と、その定義に基づいた公私間の関係性についての理論化のための概念整備の歴史であった、とも言えるかもしれない。公共的利害を基礎とする公共的領域と、私的利害を基礎とする私的領域との連関と相克の具体的な事例を挙げれば、思想史上、無数に存在すると言えよう。何をもって公共的利害とし、何をもって私的利害とするかという点についても、論者によってその定義は多種多様である。

たとえばプラトンは、私的利害をポリスという公共的領域に包摂しようとした。ホッブズは、仮定としての自然状態における私的利害の相克に対して国家権力による秩序を与えようとした。ロックは、私的利害としての所有権を保護するため、国家に一定の役割を認めた。ルソーは、私的利害としての特殊意志に対して公共的利害としての一般意志を対置した。

また、ヘーゲルは、市民社会を欲望の体系として捉え、国家がその分裂性を止揚し克服するものと考えた。マルクスは、生産と交通の組織体としての市民社会の上部構造に国家を位置付け、前者による後者の弁証法的な吸収を提唱した。トックヴィルは、自主的協同体としての中間団体を公共的領域として規定し、私的利害を追求する場としての市民社会に対する国家の介入を防ぐ、いわば防波堤としての役割をそこに与えた（1, pp.339-348）。

更に、ここでは、本稿の議論と極めて関連の深いアーレントとハーバーマスを取り上げてみよう。ハーバーマスは、周知のように、公共的領域を構成する契機として、コミュニケーション的合理性という概念を提起した。コミュニケーション的合理性は、端的に言えば、国家と市場からのシステム命令に抵抗する拠点としての生活世界（Lebenswelt）を背景としてなされる、言語を介した主体と主体との間の了解と合意を目指す理性を意味する（2）。したがってハーバーマスにとって、公共的領域とは、いわば言語が支配する世界である、といってさしつかえない。

ハーバーマスがその思想を形成する上で大きな影響を受けたと伝えられているアーレントは、周知のように、ネオ・アリストテリアンとして、古代ギリシャのポリス社会をモデルとし、ポリスでの「活動」と家政での「労働」とを明確に区別した。「活動」とは、自由で平等な諸個人が、公的な関心を抱きつつ、公的な事柄について議論を闘わす、いわば言論「活動」を指す。こうした意味での言論「活動」において、個人は、一方で、他者との差異を前提にして、言葉を介して自分の独自性をかかげ、自らの卓越性を示そうとする。また他方で、他者との同一性を前提にして、言葉を介して意志疎通しようとする。こうした言論「活動」で用いられる言葉には、単なる伝達の媒体としての、道具としての言葉ではない、いわば（政治的）「表現力」が求められることになるだろう。アーレントにとって言論「活動」が執り行われる場とは、自由で平等な諸個人が表現力を駆使して競技する、いわば闘争の場である、といって過言ではない（3, pp.286-294）。

このように考えてくると、アーレントにとってもハーバーマスにとっても、公共的領域とは言語の支配する世界である、と言っていいだろう。したがってまた逆に言えば、言語を介していない世界は私的領域である、とも言える。ハーバーマスの場合、コミュニケーション的合理性の網の目からこぼれ落ちる領域、すなわち、こう言ってよければ、「言語の他者」の領域は決して公共的なものではありえないし、言論「活動」に徹底的に価値をおくアーレントにとって、「労働」の領域は徹底的に私的領域である。生命と自然に拘束された「労働」の領域において、必要を満たすための自然支配にとって必要な言語、道具的な言語が存在するとしても、それは、言論「活動」におけるような言葉とは全く性質を異にするものであり、極論すれば、アーレントにとって言語とは認められないはずである。

したがって、アーレント・ハーバーマスの議論において、あるべき公共的領域の内実がいわば「理想的言語」によって支えられていることは明らかである。こうした意味での理想的言語とは、たとえばハーバーマスの場合、了解や合意を可能とするために、真・善・美をめぐる妥当要求を掲げうる、したがってまた批判可能な形式的言語であり、アーレントの場合、言論活動における「闘争」に耐えられる表現力を兼ね備えた言語である、といえる。

このように考えてくるならば、市民社会論における社会的次元での公共的領域と私的領域の相克と連関の関係性の問題は、見てきたように、少なくともアーレント・ハーバーマスの場合は、実は言語の問題なのである。そしてこのような事態に際して、決して見逃すことができないのが、アドルノという思想家なのである。

以上のような問題意識のもと、本稿では、フランクフルト学派第一世代のリーダー的存在であったアドルノを取り上げ、その言語哲学に内在してその論理に限って検討する。主な論点は以下の二つである。第一に、アドルノが理想とする言語のあり方とは何か。むろん、この論点は、私自身の研究関心に惹きつけたものであるため、アドルノ思想全体を鑑みれば、公平さを欠く部分もあるかもしれない。しかしながら、アドルノの言語観を通じた社会像、理想的言語を通じた市民社会像を浮かび上がらせるためには、不可欠な論点である。第二に、理想的言語を探求するためにアドルノがとった方法論は何かを考察する。

したがって本稿は、例えばホッブズ・ロック・ルソーの社会契約論が議論した、私的利害を統制するための政治体と諸個人の自然権との関係性の問題、カント・ヘーゲル・マルクスの論点であった国家と市民社会、または国家と市場との関係性の問題、さらにトックヴィルや丸山真男が提起した自主的協同体としての中間団体が公共的領域として果たす重要な役割、といった従来の市民社会論の主要な諸論点などはあえて捨象して、彼の理論の骨格を抽出することを目的とする。こうした作業は、近年盛んな市民社会論の意義を損ねることになるかもしれない。しかしそれと引き換えに本稿は、アドルノの言語観を通じて、市民社会論の伝統的論点であった社会的次元における公共的領域と私的領域の相克と連関の関係性の問題が、実は言語の問題に還元されるということ、またアーレント・ハーバーマスらの理論構成とは異なった、言語をめぐる別の理論構成を提示することをも目的とするものである。

一　アドルノ言語哲学は何を問題にしているのか

a　概念の成立

アドルノの概念論によれば、概念は、目的—道具の連関にのみ奉仕する道具的理性がまかり通って（gelten）、分業が極限まで進行した社会、つまり近代市民社会において成り立つ。概念は、言語が主体と主体との間でコミュニケーションが可能であるように理解可能性の要求をかかげた結果、伝達の媒体としての役割を社会によってあてがわれ、伝達に最も適したいわば記号の体系となる。こうしたものとしての概念は、記号体系として伝達という役割を遂行するために、自然的・経験的対象を、いわば権力を要求しつつ暴力的に、また構成的に、画一化し、同一化し、そして抽象化する。よって、概念こそが、決して同じではありえない無数の対象の区別を抑圧し捨象するのである。

……言語を理解することが可能でなければならないという要求、言語の社会的交通（gesellschaftlichen Kommunizierbarkeit）の要求は、必然的に言語の恣意的な性格を出発点とし、同一の対象がさまざまな方法で適切に与えられ得るように、言語は対象から引き離されたものであるということを想定している（4, p.367）。

経験的対象に表現を与えるための方法論を探求することがアドルノ言語哲学の目的であるから、対象から切り離された記号体系としての概念は、当然アドルノの目指す言語ではありえない。アドルノは、分業が極限まで進展した社会で言語が理解可能であるとすること自体が一種の欺瞞であり、いわばロマン主義的である、としている。

原子化され崩壊した社会（分業体制の支配する社会――筆者）において、聞き取られ得ること（Vernommensein）への配慮とともに言語を形成することは……ロマン主義的な装いである。……閉鎖的な社会でなければ、どんな客観的な、それゆえ、真に理解できる（Verständliche）言語もあり得ないはずなのである（4, p.367）。

b　「批判」の立脚点

概念によって捨象された一回限りの個別具体的対象に表現を与えようとするアドルノの言語哲学は、それゆえ、概念「批判」という形をとる。概念は、道具的理性のまかり通っている社会のあり様を、すなわち分業が極限まで進んだ近代市民社会を沈殿させているのであるから、概念「批判」は同時に社会批判を意味することとなり、したがってまた概念化をもたらす公共的領域における公共性を批判することをも意味するものである。では、概念「批判」の立脚点はどこか。アドルノは次のように言っている。

哲学における科学的契機とミメーシス的契機あるいは経験的契機との間には、ある緊張関係が支配している。哲学がこの拮抗関係を逸する瞬間に、また哲学がいわゆる原理というものにしたがって定義され、そこにおいて固定されるまさにその瞬間に、哲学は非真理となるのである（5, pp.91-92）。

ここで言っている「哲学における科学的契機」とは、概念の記号体系としての側面であり、対象を構成的に画一化するという意味での定義的振舞い、いわば概念の同一化原理そのものをさすと考えていいだろう。また「ミメーシス的契機あるいは経験的契機」とは、概念の網の目からこぼれおちるもの、概念化されえないもの、概念によっては同一化されえないもの、マテリアルなもの、アドルノの表現でいえば「非同一的なもの」（Nicht Identisch）であり、いわば「概念の他者」（と当面想定されるもの）を指しているといってさしつかえない。したがってアドルノにとって概念「批判」の拠点は、哲学の媒体である概念と概念の他者、概念と概念なきものとの拮抗関係そのものの絶えざる維持である、とひとまず言えよう。

c　概念「批判」を通じた理想的言語

アドルノは、概念に着目し、概念の成立の経緯の分析を経て、概念「批判」を遂行する中から、自らの理想的言語観を通じて、我々に、自ら垣い間見ようとした理想的社会像をも示唆してくれている。それでは、アドルノが理想とする言語、こう言ってよければ、「理想的言語観」とはいかなるものであろうか。

これまでの本稿の分析から明らかなように、アドルノの理想的言語観とは、概念「批判」が目的とする個別具体的な生や経験を含み込むような言葉のあり方である。対象としての生や経験は概念化されるや否や、すなわち公共的領域に侵入するや否や、捨象される。しかしアドルノによれば、生や経験を救うのもまた概念でしかありえない。とすれば、生や経験を生き生きと表出するような、すなわち、生や経験に表現を与えうるような言語[二]とは、概念化と概念の他者との往復運動そのものをさしている、とも言えるかもしれない。この往復運動について、アドルノは次のように言っている。ここでは、「概念の他者」は、「模倣」である。

> 概念は、概念が模倣に自らを失うことなく、自らの振舞いにおいて模倣のうちの何ものか（Etwas）をわがものにすることによって、概念が抑圧したもの、模倣を弁護することができるのである（6, p.26; 6a, p.22）。

しかしこの「模倣」は、具体的にはどのような事態を指すのか。「ミメーシス」を訳出したものであるが[三]、簡単に定義しておくと、ここで言っている「模倣」とは、対象と認識主体とが一体となり、いわば身体を通じてまた身体において、対象を対象の内側から、概念なきものとしての自然的対象を概念を経由することなく、こう言ってよければ、肌で知るようなあり方である。

したがって、すべての対象を概念化して概念へと回収してしまうのではなく、また逆に概念を概念の他者へと埋没させるのでもなく、概念と概念なきもの、具体的には概念と模倣との、概念と経験との、あるいは、概念と自然との往復運動、拮抗・相克の関係そのものを概念において絶えず維持すること、このことが、当面、アドルノが理想とする言語のあり方、いわば「理想的言語観」であるといっていいだろう。

つまり、理想的言語観は、概念「批判」という作業そのものを指すといって過言ではない。概念「批判」は、概念なきものとしての経験的・自然的契機を概念という媒体に移すべく、概念の側から概念において、概念を絶えず運動させるものなのである。

二　理想的言語からみた市民社会像

a　理想的言語を通じた社会像

こうした理想的言語観から見えてくる社会像とはどのようなものであろうか。文字通り、概念化と概念化の他者との往復運動を概念において絶えず繰り返し、その緊張関係を絶えず維持する社会のことであると、ひとまず言えよう。概念化だけで成り立つ社会においては、個別具体的な対象は徹底的に捨象される。近代市民社会は、目的―手段の連関に絡めとられた道具的理性によって支配された、したがって概念によって概念化された社会である。他方、概念の他者である生や経験そのものは、ハーバーマスの言うコミュニケーション的合理性であれ、アドルノの批判する道具的理性であれ、その定義上、理性を欠いており、概念の他者であると同時にいわば理性の他者でもある。理性の他者によって支配される社会とは、アドルノにとって、いつなんどき盲目の自然連関に巻き込まれるか分からない単なる野蛮な社会である。

では、概念化と概念の他者との往復運動を繰り返す社会とは、具体的にはどのような社会なのであろうか。まず、概念化された領域とは、概念の成立の経緯から、いわゆる公共的領域である、といっていいだろう。概念は、言語がコミュニケーションの媒体となるとき、はじめて概念となるのである。他方、概念の他者が存在している場とは私的領域をさしているといえよう。あるいはそのようにここで定義する。したがってこの往復運動は、社会的次元では公共的領域と私的領域との往復運動である、と言いかえることができる。ここで再び、アーレントとハーバーマスの議論を参照してみよう。

b　アーレントの大衆社会批判

周知の通りアーレントは、公共的領域に関心を向け、この領域を政治的領域と規定した。公共的領域としての政治的領域において、「人間の条件」としての複数性を根拠にした言論「活動」が徹底的に擁護される。前述の通り、言論「活動」において、自由で平等な諸個人が、公共的事柄について関心を抱きつつ、他者との差異性に基づいて自らの卓越を示そうと努めると同時に、他者との平等性と同一性とに基づいて相互に理解しようと努める。そうしたいわば政治の言葉が、公共的空間で闘わされるのである。しかし、アーレントによるなら、近代という時代において（アーレント言うところの）「社会」が勃興したために、かつてのような政治と経済、政治と労働との明確な区別が失われ、したがってまた公共的領域と私的領域との区別が失われ、社会全体が経済と労働に蔽われる結果となった。それではアーレントの言う「社会」とはどのようなものか。

社会というものは、いつでも、その成員がたった一つの意見と一つの利害しかもたないような、単一の巨大家族の成員であるかのように振舞うよう要求する。……社会の場合には、家族より人員が多いので、それでなくても共通するただ一つの利害と全員が認めるただ一つの意見が当然もっている力が、さらに強められる（3, pp.62-63）。

社会とは、ただ生命の維持のためにのみ存在する相互依存の事実が公的な重要性を帯び、ただ生存にのみ結びついた活動力が公的領域に現われるのを許されている形式にほかならない（3, p.71）。

つまり「社会」は、生命の必然によって規定された経済的領域であると同時にそれが画一性を帯びているという点、さらにその結果支配が官僚制という「無人支配」（3, p.63）に置きかえられる点に特徴がある。そうして公共的領域としてのの政治的領域における言葉も、こうした事態にひっぱられ、言語の道具化、言語の労働化が起こった、とするのである。アーレントにとって、「社会」の勃興以来の大衆社会という時代は、アドルノの分析視角でいえば、指示機能としての、記号体系としての概念だけが残り、言葉がその表現力を失った時代なのである。とすれば、アーレントが批判的に分析し、アドルノも「管理社会」として徹底的に批判したいわゆる大衆社会は、そもそも公共的領域と私的領域との区別が存在していないゆえに概念化の必要さえ存在していないのであるから、逆に言えばすべてが概念化されているのであるから、アドルノが理想とする社会とは対極に位置するものである、と言えよう。画一性に支配される経済的領域としての大衆社会において、公共的領域と私的領域との往復運動は原理的に不可能なのである。

c 「概念」としてのコミュニケーション的合理性

ハーバーマスの議論を見てみよう。ハーバーマスが公共性確保のために提起したコミュニケーション的合理性という概念は、周知のように、言語が理解可能性の要求をかかげ、また批判可能な（真・善・美をめぐる）妥当要求をかかげ、合意と了解に向けて意志疎通することそのものを目的とするものである。こうした言語観は、本稿の定義によれば、言語が伝達の媒体となっているがゆえにまさに「概念」であり、アドルノによって批判される言語のあり様の典型である、といってなんらさしつかえない。ハーバーマスのコミュニケーション的合理性という概念において、言語以前のもの、言語を超えるもの、言語の他者は、具体的には生や経験は、完全に捨象される。ハーバーマスにおいては、漠然と「生活世界」という表現で残っているのみである（2）。アドルノの理論構成からみれば、コミュニケーション的合理性という概念は、いわば、あらゆる対象の概念化への一方通行なのである。

アーレントであれ、ハーバーマスであれ、公共的領域における公共性確保のために、アドルノと同様に言語に光をあてた。しかし（アーレントにしたがって）大衆社会の勃興が公共的領域から表現力を奪い、（ハーバーマスが提起する）コミュニケーションへの圧力が、経験的世界としての私的領域を捨象するように機能するとすれば、公共的領域と私的領域との往復運動はいかにして可能であろうか。以下では、アドルノ言語哲学に再度内在しながら、まず第一に私的領域は公共的領域に支えられているという意味での公共的領域から私的領域へのベクトルを、第二に私的領域による公共的領域の活性化の必要性という意味での私的領域から公共的領域へのベクトルの内実を考察する。

三　アドルノ言語哲学における公私の往復運動

a　概念の原理

概念「批判」の作業は、前述の通り、まずさしあたり、概念の他者が概念をその外部から批判するのではなく、概念と概念なきものとの拮抗・相克の関係性を概念において絶えず維持することにおいてなされる。すなわち、概念「批判」は逆説的にも概念においてまた概念を通じてなされるのである。こうした言語のあり方がアドルノが理想とする言語のあり方であり、したがってまた社会の次元で言えば、概念が担う公共的領域と概念の他者が存在する場としての私的領域との拮抗・相克そしてその連関という形での往復運動がなされる社会こそが、アドルノが理想とする社会と考えることができよう。おおまかに言って以上が、互いに連関している認識のレベルと社会のレベルにおいてアドルノが理想とするあり方である。

それにしても概念を通じた概念「批判」という矛盾した作業はいかにして可能であろうか。こうした点を考えていく中で浮かび上がってくるのが、概念の原理性という観点なのである。アドルノによるなら、概念の原理性は、次の二点から構成される。まず一つは、繰り返し述べてきたように、言語がコミュニケーションの媒体となって概念となる結果、伝達としての役割を遂行するために記号体系として、また指示機能のみを有する言語として、対象を構成的に抽象化し画一化し、そして同一化するという点である。これはいわば概念の同一化原理と呼ぶことができる。いま一つは、概念なきものと常識的には想定されている非体系的なものの中にも、たとえば経験や生にも、実はすでにして概念的なものが媒介されているという事態である。この点についてアドルノは以下のように述べている。ここでは概念なきものと想定されているのは「経験」である。

経験の分散・経験の多様性・経験の総体は、そのようなものとしては完全に与えられず、十分に与えられていないという苦悩がある。つまり人は概念に対置されるものをそれが概念にいたるまで概念的に整えざるをえないのである（7, p.25）。

こうした事態を本稿では、概念の媒介原理と呼ぶことにしよう[三]。概念の媒介原理を踏まえると、概念「批判」のあり様も当然変化してくるだろう。つまり概念「批判」の文脈において、あらゆるものが概念的媒介を経由しているのであるから、アドルノの意図は、概念「批判」という作業を、概念と概念なきものとの拮抗・相克の関係性の絶えざる維持から、概念そのものにおける概念（体系）と概念（体系）との拮抗・相克の関係性の絶えざる維持へと変換する、という点にあったのである。

b　公共的領域から私的領域へ

ここで再度アドルノの概念「批判」の作業が意味するところを考えてみよう。概念とは、繰り返し述べてきたように、分業の支配する社会においてコミュニケーションの媒体となったところのものであるから、公共的領域における公共性を担うものである。よって、認識次元における概念「批判」とは、（近代市民）社会批判であると同時に、公共性批判でもある。そうしてこうした作業を通じての私的領域の救出をアドルノの言語哲学は当面の目的としているといっていいだろう。本稿が言う私的領域とは、もちろん生（Leben）であり、経験（Erfahrung）であり、自然（Natur）であり、総称して概念の他者である。しかしながら、前述の通り、概念の媒介の原理性ゆえに、概念の他者とされるものもまた概念的媒介を経由しているとすれば、概念「批判」を遂行する主体は概念以外にはあり得ない。概念の外部に「批判」の拠点を置くことは物理的にできない。それゆえ、概念なきものとしての私的領域を目指す概念「批判」という作業に取り組む主体が当の公共性を担う概念であるとするなら、論理必然的に、私的領域は公共的領域にその多くを負っていることになるだろう。

このことは何を意味しているのであろうか。考えられるのは、私的領域は公共的領域の支えがあって初めて存在する、という事態である。言ってみれば、生や経験という個人的主観の問題でさえ、公共的領域としての歴史的社会（本稿の場合市民社会）という客観に条件づけられている、言い換えれば、純粋に個人的領域と考えられる生や経験でさえ、歴史的社会という社会的・公共的領域の存在があって初めて可能となる、ということである。「特殊な個人は、その実存の可能性を公共のものに負っている」（8, p.155）。

こうした事態は、再度確認すると、アドルノ言語哲学において、本稿が概念の媒介原理と呼んだ事態とパラレルである。概念なきものと常識的には考えられている非体系的契機（生や経験そのもの）でさえ、概念的媒介を経由しているという事態が、概念の媒介原理であるからである。

さて、個人的主観の問題が、歴史的・社会的に条件づけられているというこうした事態は、アドルノによる「客観の優位」の主張、逆に言えば、構成的主観性批判へと接続してゆくこととなるだろう。アドルノが言うところの構成的主観とは、自らもまた歴史的・社会的に条件づけられていること、したがって認識のあり方そのものが歴史的・社会的産物であることを忘却し、対象をゼロから構成しようとする、あるいは構成的に同一化しようとする、「概念」と同様に傲慢な、主観性である。

一度客観から徹底的に分離すると、主観は客観を自らへと還元する。主観は客観をむさぼる。それは、いかに主観自身が客観であるかということを忘却することによってなのである（8, p.152）。

私的領域での出来事である経験という観点から考えた場合、こうした主観性は、そもそも私的なるものとしての経験さえ、経験することはできない。自らもまた客観であり、客観に支えられ、客観による媒介を幾十にも経由していることを忘却しているために、時と場所を超えて自分の基準を適用しようとするからである。逆に言えば、客観に媒介されていることを認識すればするほど、経験への突破の可能性は高くなる、とも言えるのである。

アドルノは自らの「客観の優位」の主張とかかわらせて、構成的主観性と深く結びつく主観的理性と客観との関係性について以下のように述べている。

そこにおいてその都度理性の使用が調節される客観への依存は、理性概念が哲学自身におけるその使用においてもまた変化するということに通じるのである（7, p.127）。

経験とのかかわりで言えば、主観性がその構成的契機を自立化させることなく、自らの使用方法においてその都度、時と場所に応じて変化し得るかし得ないか、ここが経験する能力の程度と比例する、と言っていいだろう。

c　私的領域から公共的領域へ

他方、公共的領域を活性化するための私的領域の影響・貢献という観点から、考察してみよう。公共的領域においては、前述の通り、すべてが概念化されている。概念は原理的に経験を抑圧するのであるから、概念化された世界としての公共的領域に主観が適応すればするほど、経験への突破、あるいは経験のとり込みは困難となる、と考えてさしつかえない。

ここでは公共的領域の具体的な例として文字通り概念的世界である学問的言説、たとえば統計学という言説をまず取り上げてみよう。フーコーが分析してみせたように、近代国家のミクロな権力は、生を管理する権力として、たとえば住民の出産管理・健康管理・衛生管理・死亡率の軽減対策といった形で統計学の成果を利用する。そうした際には、権力にとって、個別具体的で一回的な諸個人の生と経験は全く問題とならない、いや無視されるのでなければならない。「人口」の頭数だけを問題とするのでなければならないからである。この場合、公的空間としての統計学という言説は、近代市民社会と同様に、専門分化が極限まで進んだ学問経営（Wissenschaftbetrieb）の世界にあって、一個別科学としてのコミュニケーションの役割と責任を着実に果たしているといえるだろう。だがたとえば政治学であれ、経済学であれ、社会学であれ、歴史学であれ、とりわけ一般に社会科学、また人文諸科学においては、諸個人の生きた経験や生こそがとり込まれるのでなければ、生きた学問にならないはずである。

そこで次に哲学という公共空間における言説を題材としてアドルノが実践した公共的領域の活性化をみてみよう。アドルノの言語哲学によれば、前述の概念の（同一化・媒介）原理が拮抗・相克の関係としての概念性（Begrifflichkeit）を生み出し、この概念性が、拮抗・相克の関係なのであるから、概念の同一化原理を崩壊させ、構成的概念が捨象した対象を一瞬垣間見させる。したがって概念化された世界としての公共的領域を差異化することで活性化する。この概念性が生み出されるあり様と、それによる公共的領域の活性化を、ここでも私的領域を「経験」に代表させ、公共的領域を哲学体系としての経験論に代表させて例証してみよう。まずアドルノは哲学体系としての経験論について以下のように述べている。

ある原理からは生じない思考内容あるいは哲学的形態もある程度、体系的傾向に染まっている。なるほど経験が説かれてはいる。しかしそれは、経験自身をその内容にしたがってありありと持っているわけではないので、本来的に常にただ経験の原理だけを取り扱っているにすぎないのである（7, p.26）。

つまり、経験論は、もともと言葉や特定の原理、たとえば概念や理性のような公共性を担う主体によっては捉え切れない経験そのものを捉えることを目的としている。にもかかわらず、経験論もまた概念的世界という公共空間にあるために、たとえば「経験とはこういうものである」とか、またたとえば「体験（Erlebnis）談」という形で、不特定多数（たとえば大衆）に向かって伝達することをも目的のひとつとせざるをえない。それゆえ、本来主体によってまた同一の主体においてもその時間軸に沿って無数に存在するはずの経験を抽象化し、体系化し、経験というひとつの原理を概念でもって体系的に追求することとなる。いわゆる経験論は個別具体的な生をではなく、経験の原理だけを概念的に語らざるを得ない。よって経験論はその意図とは反対に、言説という体系性ゆえに概念的世界に埋没し、主体によってさまざまに異なる経験の根源を捨象せざるを得ないのである。

ところで、私的領域における経験的なものを捨象する主体は、本来、述べてきたように、（道具的であれ、主観的であれ、コミュニケーション的であれ）理性であり、構成的言語としての概念であり、また構成的主観性であるだろう。ならば、経験論はそれでもなお経験そのものに迫ろうとするなら、同一化原理に巻き込まれている理性、概念、そして主観性をも批判的に分析対象とするのでなければならない。ここにおいて経験論は、理性・概念・主観を伝統的に分析対象としてきた（ドイツ）観念論をほぼ自動的に呼び込み、観念論が用いる概念群（Konstellation）との連関と相克の関係に入ることとなるのである。

概念体系と概念体系（この場合経験論と観念論）との相克・連関の関係性の生成が、概念性と呼ばれるところのものであり、経験論という概念化された公共空間を活性化することに通じるのである。同様にして、拮抗・連関、拮抗・連関との拮抗、それとの連関……の抽出を意味する概念性をアドルノは哲学史全体にも適用し、公共的領域としての哲学体系の言説を内在的に差異化すること、このことこそが、アドルノが最も重視する研究目標である。アドルノは以下のように述べている。

さまざまな哲学の間ではむしろ、相当の程度においてある哲学は他の哲学への応答であるということ、ある哲学は他の哲学において解決されなかった問いを立てるということ、ある哲学は他の哲学において見出されなかった答えを与えるということ——それが本来的にそもそもある哲学から他の哲学への哲学の歴史の運動の原型なのであるが——ある哲学は根本的な意味において他の哲学への批判なのである（5, pp.91-92）。

具体的には、アドルノは、たとえばカントとヘーゲルとの理性概念をめぐる批判的接続の関係性、またたとえばヘーゲルの体系に対するマルクスの概念的態度にそのあるべきあり様をみてとっている。アドルノは次のように言っている。

自由な思考は、しかし、体系とは一致しない。それはしかし恣意や偶然でもない。まさにヘーゲルにおけるマルクスのように、理論的意識においてもまた弁証法を追求し、それ独自の仮象的性格に気がつくために、体系自身をそれ自身の弁証法において追及しなければならない（7, p.266）。

言説としての哲学全体という公共空間の活性化もまた、拮抗・相克の関係性によってなされる。哲学史という公共的領域もまた概念化された世界であり、その活性化・差異化（Differenzierung）のための拮抗関係の抽出は、具体的には、哲学史におけるある特定の概念体系と別の特定の概念体系との批判的接続の歴史を、経験論と観念論（合理論）とにおけるように、またたとえばヘーゲルの体系とそれに対するマルクスの実践とにおけるように、私的領域にその場を占める読み手という経験的・主観的個人が、哲学のテクストに即して内在的に「解釈」してゆくことなのである。(五)

ところで、このように見てくると、アドルノにとって、観念論のみならず、私的領域としての経験的世界を捉えようとする経験論もまた、いわば概念的世界としての観念論である。観念論「批判」としての経験論もまた観念的・構成的概念に絡めとられる結果となるのである。同様にして、たとえば、アーレントが一つのモデルとして提起した、ポリスにおける二つの言葉の使われ方、つまり、自分の卓越性や独自性を示そうとして言論を闘わす表現力を兼ね備えた言葉と、他者と意志疎通しようとするコミュニケーションの言葉との区別もまた、アドルノの言語観からみれば無効となる。というのは、自分の独自性をかかげようとする、一見したところ私的領域における経験を担っているかのようにみえる主体の言葉もまたそれが言葉である限り、ましてポリスという文字通り公共的世界で交わされる言葉である限り、他者の存在を前提とした他者との共同行為である。したがって、これもまた概念的なものであり、その本質においてコミュニケーションの言葉との差異が存在しないからである。

アドルノが、概念の他者、私的領域としての経験的・自然的世界を捉えるためにこそ、それらを原理的に捨象する概念とその全体性をあえて分析対象とし、したがってまた概念を成立させる歴史的社会としての公共的世界とその客観性の優位性を説くのに対し、たとえばアーレントは、そもそものはじめから、公共的世界としてのポリスを自然に支配される家政に対して価値的に優位に置くことから議論を出発させる。社会的次元での公私の相克・連関の関係性の絶えざる維持の解釈こそがいわゆる「市民社会論」の伝統的論点であるとするなら、アーレントの議論よりもアドルノの議論の方が、市民社会論の伝統に、たとえ認識論という形をとったものであれ、忠実であると言っていいだろう。

道具的理性批判を志向しているアドルノの言語哲学は、認識の次元では、概念の他者をいかにして概念に取り込むか、いわば概念の生（Leben）をいかにして確保するかを目的にして展開されている。その方法論として概念の原理性が利用され、概念における拮抗・相克そして連関の関係性が、すなわち概念性（Begrifflichkeit）が、同一化原理に支配される概念的世界、したがってまた公共的世界を差異化という形で活性化するのである。

おわりに

アドルノは、その言語哲学を通して概念に注目することによって、認識のレベルと社会のレベルとの相互補完的・相互反映的な関連性を見い出すことに成功するとともに、社会的次元における公共的領域と私的領域との相互補完的・相互反映的な関連性をも理論化していた。アドルノが行った言語哲学における概念の考察は、こうした図式を我々に提供してくれる。

そしてこうした図式を通して、我々は従来の市民社会論が考察の対象としてきた社会的次元における公共的領域と私的領域との相克・拮抗と連関の関係性の問題を、どこに焦点を絞って捉えかえせばよいのか、という点について多くのことを知ることができるはずである。本稿が分析してきたように、社会的公共性を具体的に担うのは、究極のところでは概念という主体なのであり、したがって概念の成立の経緯、概念の機能、概念の役割を分析することが、公私の問題を分析することになるのだ。概念という場に公私の問題が集約されているのである。

ところで、アドルノは、『否定弁証法』をはじめとする著書の中で頻繁に歴史的なるものとしての「所与性（Gegebenheit）」について言及している。また、本稿の分析の通りアドルノは、社会的なるものとしての「公共的なもの」に関心を向け、「客観の優位」を主張する。とすれば、公私が相克し連関する場としての、こう言ってよければ「理想的言語」としての言葉は、歴史的社会とともにあると見ることができるだろう。そしてこのように考えてみるならば、そうした公共的領域としての歴史的社会が、私的領域における個別具体的で一回的な経験（Erfahrung）や生（Leben）を再度救い出すことになるのである。

その確認のための作業は、前述の通り、社会的次元における公共的領域と私的領域の相克・連関の問題と認識の次元における概念と概念の他者の相克・連関の問題とを接合するという課題を伴うものである。本稿は、この作業を概念「批判」を媒介にして前者の後者への吸収という形式で行ったものである。

こうした作業の手立てとなる言論「活動」という概念やコミュニケーション的合理性という概念は、アーレント、ハーバーマスといった論者の議論の文脈において提示されているのであるから、そうした文脈から切り離してアドルノによる概念「批判」の作業に使用できる部分とそうでない部分とを、厳密に腑分けしなければならないという課題をも伴うものである（10, 11）。こうした作業は決して容易なものではありえない。

しかしこうした作業にも取り組むことが我々に、市民社会論の伝統的論点である社会的次元における公共的領域と私的領域の相克・連関の関係性の問題が、概念と言語に焦点をあてることによって概念の側から逆照射されることを指し示すことであるように思われるのである。

［注］

（一）アドルノは、一見したところ経験を生き生きと表出するような表現方法として、いわゆる芸術作品についてしばしば言及している。しかし、哲学と芸術、概念と概念の他者との関係性においてあくまでも前者を価値的に優位におくアドルノにとって、芸術作品がもつ意味は、アドルノ独特の概念論にむしろ利用されるべきものである、と筆者は考える。

（二）ミメーシスという概念をどのように訳出するかということについては議論の分かれるところである。本稿では、暫定的に「模倣」と訳出したが、たとえばプラトンにおけるように、「類似性」、「分有」といったいわば存在論的術語において捉えた方がふさわしいケースもある。あるいはフェティシズム分析の文脈に配置するケースもある（9）。ミメーシスという術語の使われ方の詳細の探求は別稿にゆずりたい。

（三）本稿が概念の媒介原理と呼ぶ事態は、構造主義の登場以来のいわゆる言語論的旋回（linguistic turn）が意味するところと一致する。その意味でアドルノの言語哲学は、近年盛んな言説分析とも呼応するように思われる。

（四）「主観性という概念の主観的契機の自立化は、それ自身、その意味を失う」（5, p.245）と言われているように、アドルノが批判の矛先を向けるのは、もちろんその構成的契機が自立化したところの主観性に対してのみであって、主観性そのものを批判の俎上にのせているわけでは必ずしもない。

（五）たとえば、アドルノは概念の他者としてのマテーリエを「力の場」、「身体」、「特殊なもの」、「質料」とも捉え、これらの表現が意味するところを探求しつつ、たとえば、「実体」概念と普遍性との関係性を捉えようとする唯名論（Nominalismus）をめぐってのホッブズの哲学体系とスピノザの哲学体系との批判的接続の関係性を解釈することも行っている（7, pp.250-251）。

［引用・参照文献］

（1）エーレンベルク（吉田傑俊他訳）『市民社会論』（青木書店、二〇〇一年）

（2）ハーバーマス（徳永恂他訳）『コミュニケーション的行為の理論（上）〜（下）』（未来社、一九八五〜一九八七年）

（3）アーレント（志水速雄訳）『人間の条件』（ちくま学芸文庫、一九九四年）

（4）Adorno, T. W., *Thesen über die Sprache des Philosophen*, in: Gesammelte Schriften, Bd.1, Frankfurt am Main, Suhrkamp Verlag, 1973.

（5）Adorno, T. W., *Philosophishe Terminologie, Bd.1*, Frankfurt am Main, Suhrkamp Verlag, 1993.

（6）Adorno, T. W., *Negative Dialektik*, Frankfurt am Main, Suhrkamp Verlag, 1966.

（6 a）アドルノ（木田元・徳永恂・渡辺祐邦・三島憲一・須田朗・宮本昭訳）『否定弁証法』（作品社、一九九六年）

（7）Adorno, T. W., *Philosophishe Terminologie, Bd.2*, Frankfurt am Main, Suhrkamp Verlag, 1994.

（8）Adorno, T. W., *Stichworte Kritische Modelle 2*, Frankfurt am Main, Suhrkamp Verlag, 1969.
（9）石塚正英『フェティシズムの思想圏』（世界書院、一九九一年）
（10）ハーバーマス（細谷貞雄訳）『公共性の構造転換』（未来社、一九九四年）
（11）アーレント（志水速雄訳）『革命について』（ちくま学芸文庫、一九九五年）

市民性を通じての統治

フーコー統治性論と市民社会論

山家歩
Yamaka Ayumu

はじめに――問題の所在

近年、相反する主張を含む多様な立場に立つ論者によって市民社会が注目を集め、政治的情熱にとって大きな求心力を持つようになっており、「21世紀は市民社会の時代」(8)である、という主張もなされている。たとえば、一九七〇年代以来の新自由主義の勃興は、ソ連型の全体主義体制とともにいわゆる社民リベラル型の福祉国家体制を批判に曝してきたが、新自由主義者は、グローバル化が急速に進展する経済をはじめとする様々な領域における国家の統治能力の限界、無能化、副作用を強調し、国家の統治を市場や能動的な市民の活動によって置き換える必要性を主張している。アメリカでの(福祉への依存者の象徴的人物と見なされている)黒人のシングルマザーに対する批判に顕著な形で見られるように、新自由主義者たちは、福祉への依存者達を非難し、自律的で、能動的な市民的主体となることを徳とする。あるいは、グローバル化する市場が社会に対して及ぼしている破壊的な効果を前に、理想的な過去において存在したとされる市民社会(そこに存在していた人種や性別による差別等の問題は無視されており、こうした理想化された過去が、あり得ない過去であるのは言うまでもないが）が北米のコミュニタリアン達によって参照されている。そして、ソ連・東欧の全体主義体制を崩壊させた民主革命において、市民社会という西欧において永らく「忘れられていた」概念への信頼が表明されたことは、多くの人々の目をあらためてこの概念に向けさせることとなった。

日本においては、内田義彦、平田清明——また市民社会という言葉は用いなかったが、大塚久雄や丸山真男——といった人々によって五〇年代から七〇年代にかけてなされた、日本ファシズムを産み出した伝統的な社会構造と文化の克服を急務とする戦後啓蒙主義による市民社会論が存在していた。彼等の議論は、現在の市民社会論の復興というコンテクストの中で、肯定的な市民社会論の先駆として再評価されるようになっている（8, 15）。

以上駆け足で見てきたが、このように、活性化された市民社会が福祉国家の役割を肩代わりすることによって、グローバルな立地点競争を勝ち残ろうという新自由主義や、コミュニティ等の強調によって新自由主義的な市場主義に微調整を施してみせる第三の道の立場に立つ論者を経て、新自由主義的な市場至上主義と国家への抵抗の場を市民社会に見いだそうとする論者まで、その主張は様々であるが、市民社会の活性化や市民的主体の自己統治能力の強化が諸問題の特権的な解決手段と見なされている点に、一致を見ることができるだろう。「近代の終わり」を喧伝したポスト・モダンのお祭り騒ぎを後にして、市民社会や市民的主体の促進という近代の未完の課題は、改めて、数多くの政治的情熱を惹き付けるものとなっている、ということもできるのかもしれない。

だが、われわれが本稿において行うのは、各陣営で、このように多様な意味を込められ流通している市民社会や市民的主体に対して、われわれが考える市民社会と市民的主体の理想像や解放の約束の地を対置してみせることではない。市民社会に関する議論の多くは、統治の諸問題に対する特権的な解決手段として、あるべき市民社会や市民主体の姿を提示する、という語りの型を取る。そうすることの意義を全面的に否定するわけではないが、本稿において問うこととしたいのは、市民的なものへの政治的情熱がどのような統治の戦略や諸問題とむすびついてきたのか、そして、現在、官民、左右を問わず、あらためて高まりを見せているこの情熱がどのような統治の戦略やシフトと結びついているのか、である。すなわち、市民社会や市民的主体が権力や支配とどのように結びついているのか、を問うことである。

ところで、市民社会をめぐる政治的情熱が高まりを見せているこのときに、どうしてこうした問いをたて、冷水を浴びせ掛けるようなことをするのか、と考えるむきもあるかもしれない。こうした試みは、この国に蔓延した非政治的な態度や政治についての諦念と親和的で反動的な性格（しばしば中立的で科学的であると自称したりもする）のものなのではないか、と思われるかもしれない。しかし、本稿の議論は、市民社会や市民的主体に関する政治的情熱について、そのようにシニカルな観察を行うことを目的とするものではない。規範的な市民社会論は、市民性の促進を通じて実現される理想的な市民社会を描き出す反面、市民社会に内在する権力や支配の問題に注意を向けることが少なく、その結果、これを温存するものとして働いてしまう危険を抱えているように思われる。われわれの考えでは、市民的主体や市民社会が肯定されるべきであるとすれば、これらが無条件に解放的なものであり、近代のプロジェクトの約束の地だからではなく、支配や権力とのせめぎあいの中で解放へと向かいうる多種多様な肯定的力がたち現れてくる場を生じさせうる空間だからである。こうした力は、市民的主体化や市民社会の孕む抑圧や服従化の契機にも抗うものである。本稿の目的は、この解放的な力を肯定すること以外にはない。

本稿では、こうした考えにたって、M・フーコーの統治性論の議論に依拠しながら、市民社会や市民的主体について検討することとしたい。後で詳しく見るように、統治性論の議論は、市民社会や市民的主体を、統治に関わる諸問題の特権的な解決の手段、解決の場として見なすよりも、近代的な統治のあり方に関わる問題の場であると考える。また、市民的主体の存在を前提とするのではなく、それが権力の諸テクノロジーを通じて構成される、主体化＝服従化の産物であること、を強調する。この市民的主体を構成するテクノロジーは、法＝権利に関わる諸問題のみならず、習慣に関わる雑多な問題を通じて、市民各人の自己統治を政治的諸合理性へと結びつけるものである。市民であること、市民となることは、法＝権利の問題に限定されない雑多な事柄——たとえば、市民的徳、習慣、等——に関わる。われわれは、B・クルックシャンク（2）にならって、市民的主体の構成に関わる、このテクノロジーをシチズンシップのテクノロジーと呼ぶこととしよう。

以下において検討するのは、市民性に関わる権力の諸テクノロジーが、どのようにしてわれわれの現在性を形作っているのか、これらのテクノロジーに関わる可能性と危険とがどのようなものであるのかである。こうした目論見にたって、第一節ではフーコーの統治性論の主張がどのようなものであるのかを見ることにする。そして、第二節では、統治性論の見地から、市民社会の復興と言われる現在の事態がどのような統治様式のシフトと関連するものであるのかを検討する。その上で第三節では、市民社会論において言及されることの少ない非市民的主体（uncivil subjects）の問題について取りあげる。第四節では、現在能動的な主体の構成において重要な役割を果たすようになっている、セラピー的なものにおいて、排除と包摂がどのように関連しているのかを検討する。

一　統治性について

フーコーは、『監獄の誕生』の中で、法的表象においては、自由な主体と見なされる近代的諸個人が、学校、工場、病院、軍隊等の制度における、規律の諸テクノロジーによって構成されたものであると主張した。こうしたフーコーの規律権力論に対しては、おもにマルクス主義の論者達から、権力のミクロな次元を明らかにした一方で、権力をそうしたミクロな権力、社会的権力の次元に還元してしまい、国家権力の固有性を捉えることができなかった、という批判がなされた。一九七〇年代末、フーコーは、こうした批判を踏まえながら、同時に自由主義やマルクス主義に見られる国家権力の過大評価（権力は国家に局在すると考える、あるいは、国家を冷酷無比で超絶的な力を有する怪物と見なす）を避けうるようなマクロな権力分析として統治性研究に着手した。

フーコーの用いる統治性（gouvernementalité Governmentality すなわちGovernment統治＋mentality心性）という言葉は、大きく分けて二つの内容を表している。まず、広義の統治であり、これは自己の統治、子供の統治、魂や良心の統治、家政の統治、国家の統治などにおいて、人々の行動を管理する「諸制度、諸手続、諸分析や諸反省、諸計算や諸戦術からなる総体」である。これに対して、狭義の統治とは、『性の歴史Ｉ：知への意思』で述べられている生―政治、すなわち、人口＝住民の統治である。人口＝住民の統治は、「人口＝住民を主要な標的とし、政治経済学を知の重要な形態として持ち、安全性の諸装置を必要不可欠な技術的道具とする」。近代において国家は、こうした人口＝住民の統治の諸テクノロジーを自らの中に組み込み、彼らの生に細かに配慮するようになっていく。また、そうすることによってのみ国家の存続は可能となる。フーコーは、こうした趨勢を、国家の統治化と呼ぶ。「中世の司法国家（l'Etat de justice）は、一五、一六世紀に行政的な国家となり、少しずつ、《統治化された》」（6, p.655）。このように、統治性研究は、一般に議論される国家の社会化ばかりではなく、国家による統治への生―政治の浸透（国家の統治化）の趨勢、およびこの趨勢と結びつく諸テクノロジーの発展に分析の焦点を合わせている[二]。

ところで、重要なのは、統治化のプロセスの中で、法的権力が、規律、次いで、統治的権力（＝生―政治）に置き換えられたということではなく、これらの重層的な結びつきが、近代的な権力の特徴をなしているということである。順次姿を現す権力の諸様式は、すでに存在するものとの間に重層的な関係を結んでいく。まず、一七世紀末、一八世紀に、身体に関わる規律的テクノロジーが成立し、普及する。次いで、これとは区別される、集合的な水準で生に関わる調整を行うテクノロジーとしての、生―政治のテクノロジーが一八世紀末に成立する。

伝統的な法理論が認識するのは、契約を行う法的主体としての個人とそうした主体の自発的ないし暗黙の契約によって構成される主権（国家）である。また、規律的な諸テクノロジーは、細部の水準において個人を捕捉する。そして、個人の身体が持つ諸力を最大化し、この力を引き出すべく規律を課す。これに対して、生―政治のテクノロジーは、(国家の学としての統計学(statistics)の発展と密接に結びつく)人口=住民や社会といった、国家とは区別される、固有の集団の水準、「人口=住民という新しい身体」、において個人を捕捉し、この水準に固有の不確実性に対処すべく「安全性の装置」を張り巡らし、最適の状態を得る調整的な介入を行う。たとえば、罹病率を修正し、下げる、寿命を長くする、出生率を増進させる、といった介入である(5, p.176-177)。このように規律と生―政治は、異なる水準に働きかけるが、これらの作用域は、明確に切り離されている訳ではなく、規律のテクノロジーと生―政治のテクノロジーは、互いに排除し合うのではなく、重なり合い、互いに連動し、機能する。そして、両者を結びつけるよう働くものとして、規格=規範(norme)が存在する。

規範=規格は、規律―身体から、調整―人口=住民へと循環し、両者の水準を結びつける。『監獄の誕生』で言われている「規律社会」とは、社会において規律がたんに一般化したこと、規律に関わる諸制度があらゆる空間を覆ったこと、を意味しない。規律と規範=規格とは同じものではない。近代における規律の一般化とは、規律の規範=規格化に他ならない。規律の規範=規格化を通じて、それまで孤立したものとして独自に発展してきた諸制度は一定の同型性を獲得することになる。そして、諸制度間に一定の間制度性が生じたことによって、生―政治の諸領域がたち現れることとなる。「規律社会」とは、規律を通じて、規範=規格化することが一般化した社会であり、規律に関する規範=規格と調整に関わる規範=規格が直交した社会である。そして、こうした規範=規格化を行う規律は、諸個人の身体を対象として、主権と生―政治を接合するべく働くものである。

二　市民的主体と統治戦略の結びつき

ここでは、現在におけるどのような統治様式のシフトとの関連で、市民社会があらためて統治の諸問題の特権的な解決の場としてたち現れているのかを、統治性論の見地から検討していくこととしよう。フーコーによれば、一八世紀後半、一九世紀初頭に登場する自由主義的統治においては、主権とは区別される人口＝住民や（市民）社会に関わる統治の問題圏が出現する点で、それまでの国家理性やポリス学の下で発展してきた統治様式との断絶が見られる。一六、一七世紀の国家理性は、人口＝住民の統治と主権の接合をはかる試みだった。ここでは、富と人口＝住民の最大化が追求されるものの、これは国家の経済や軍事力の増大の追求と一致する、と見なされており、人口＝住民や社会は、なお固有の問題圏としてはたち現れていなかった。そして、この統治の合理性においては、統治は常に過小なものと見なされ、絶えざる統治の拡大が目指されていた。

　これに対して、自由主義的統治においては、国家から区別される固有な規則性を持つ自然な領域としての諸人口＝住民、（市民）社会、そして自律的で自由な権利主体、といったものに関わる統治の問題圏が出現する。自由主義的統治は自律的で自由な社会や主体の存在を前提として、それらの自律性を損なう恐れのある統治の過剰に対する批判と見なすことができる。同時に、それは、責任能力のある、自律した諸主体の自由と、諸人口＝住民や社会の固有の規則性を最適化する統治の実践としても見なされる。このように、統治批判かつ最適な統治を追求する諸実践、という二重性を帯びたものとして自由主義的統治は捉えられている。

　ところで、フーコー以後、統治性論を引き継いだ、英語圏のN・ローズやM・ディーンのような論者達は、フーコーが比較的ラフな形で論じるにとどまった、自由主義的様式について議論を精密化している。彼らは、自由主義的統治を、一八、一九世紀の狭義の自由主義的統治（liberal government）、一九世紀後半、二〇世紀前半の社会的統治（socail government）、一九七〇年代以降の進化した自由主義の統治（advanced liberal government）に分類している。以下では彼らの議論を見ていくこととしよう(12)。

　一八、一九世紀の狭義の自由主義と区別され得る、社会的統治は、国民福祉国家を特権的な担い手とする（13）。一九世紀後半、資本主義経済の進行が社会や諸個人の生活に及ぼす破壊的効果を前に、もはや、市民社会や市民的主体、市場といったものの自然な自律性や調節機能に依拠することはできず（たとえば、マルクスたちが強調したように、階級対立によって引き裂かれ、恐慌、そして、革命という払い除けることのできない脅威に憑かれた社会！）、経済は自然に任せていれば人々の生や社会の存続に破滅的な効果を及ぼすと見なされるようになった点で、社会的統治においては、経済の統治という課題が改めて固有の重要性を帯びるに至った、と言うことができるかもしれない。

ここでは、資本主義的市場経済のもたらす損害を管理するために、経済や市民社会に介入する諸技術を、国家を重要な中心として、配備することが目指され、福祉国家によるリスク管理政策とケインズ主義的な経済政策とが二つの柱を構成する。福祉国家政策においては、社会保険の技術に見られるように、失業、疾病、等のリスクを社会＝国民の次元で管理する諸技術が発達を見せる（リスク管理の社会化の促進）。ケインズ主義的な経済政策においては、おもに国民経済の需要サイドへの介入がなされる。このように、社会的統治においては、市場経済や産業社会のもたらす損害を管理するために、社会化された福祉国家的なリスク管理政策とケインズ主義的な経済政策とによって、社会的なもの、経済的なもの、国民的なものが重ね合わされていた。社会連帯（デュルケム）、連帯主義といった言葉によって表現されていた、社会的なもの（あるいは国民的なもの）とは、統治の戦略や諸技術と結びついたもの、あるいは、その産物なのである（3, 13）。

フーコーにおいては、福祉国家へと至る国家の統治化のプロセス、そして生に配慮する権力体制の悪魔的な側面を、分析することに主眼が置かれていた。英語圏での統治性論の議論が重要なのは、国家の統治化（福祉国家化）というフーコーの設定した観点からでは明確に捉えきれない事態に焦点が当てられている点にある。

全体主義による惨禍や福祉国家の危機、六〇年代末の世界的な革命運動の盛り上がり、またこれに対する保守主義による反―対抗運動、などの経験を通じて、一九七〇年代以降、社会的統治とは区別される統治の新たな様式が出現することになる。ローズはこれを進化した自由主義の統治と呼んでいる。ここでは、フーコーが分析の焦点を置いていた、国家の統治化の諸プロセスに、別のプロセスが接合される事態を見ることができる。それは、国家による統治を別の多様な担い手によって多元化し、脱中心化する「遠隔統治化」のプロセスや、国家の統治それ自体がＩＭＦなどの超国家機関や格付け会社などによって統治の対象とされる「再帰的統治化」(3)のプロセスである。

進化した自由主義の統治では、社会的な次元を素通りして諸個人や諸集団を統治する多様な諸技術（例えば会計学）の繁殖、活性化が見られる。福祉国家という比較的統一性を保つ保証者による、社会的なものを通じての統治は、その画一主義の様々な弊害、福祉国家の行き詰まりや国際市場に対する管理能力の欠如、といった観点から、その無能性が問題化される。その一方で、消費者、市民、コミュニティ等の（再）活性化、等によって統治的介入は、多元化され、これらを媒介としたものとなる（「遠隔統治化」）。このとき市場および擬似市場モデルが重要な役割を果たす。八〇年代および九〇年代を通じてなされた先進諸国での社会福祉制度の改革に見られるように、社会化されたリスク管理は後退し、個人化や私営化が促進される。社会的なものは、市民やコミュニティ、複数の市場ないし擬似市場へと解体されていく。また、国家の統治は、超国家ないし間国家国家的諸制度による統治の対象とされ、その一方でグローバリゼーションは国民の統治の道具とされることになる。

ここでこれまでの議論を市民社会や市民的主体と関連付けながら整理し直すこととしよう。自由主義的統治体制においては、市民社会という自然ないし擬似自然的な秩序、また市民的主体の自然な権利や自由、徳といったものを前提として、最適の統治様式の追求が行われた。社会的統治体制においては、市民的主体やその自由は社会的連帯と関連付けられ理解される。市民社会は、社会諸問題によって引き裂かれた場であるとともに、国民＝市民の紐帯の場であると理解され、市民的自由と社会的連帯をともに促進する最適の統治様式が追求される。ここで、主権と生―政治を接合すべき規律は、規範＝規格化によって、社会や国民を均質化しその統合を促す働きを担う。ここでは、市民的主体を構成するシチズンシップのテクノロジー(2)も規律的な性格を強く有しており、規律権力の中にはめ込まれ、密接に結びついているのである。

これに対して、「進化した自由主義の統治体制」の下では、市民やコミュニティ、複数の市場ないし擬似市場を活性化するような最適の統治様式が追求される。市民の自由は、もはやたんに自然なものであると見なされるのではなく、介入によって積極的に促進されるべき能力のようなものと見なされ、かつ統治の介入のための重要な手段と見なされる。このとき市民的主体を構成するシチズンシップのテクノロジー(2)は、規律への従順さを求めるよりも(完全にそうしなくなるわけではないが)、諸個人の能動性やイニチアシヴを強化するエンパワーメントのテクノロジーとしての性格を強く持つようになる。その範例は、文科省が積極的に推し進めている、学校におけるボランティア活動の導入に見ることができるだろう。こうした活動は、自発性や能動性、健全な人格の成長を促すものとして、少年犯罪や学級崩壊など、学校や子供たちの抱える諸問題への対応策となるものと見なされ、調整される。適切な形でボランティア活動に従事することは、子供たちの「魂」の自己統治能力を高めるとともに、彼らの身体の有用性を向上させる。その結果、家庭や学校といった規律的な諸制度の抱える問題が解決され、地域社会が活性化され、そして国家も!というわけだ。ボランティア活動への従事が、自らの魂を適切に統治し、幸福を手にする上で必要な市民的徳を子供たちに養わせ、彼らの身体を有用なものとする、という認識は、現在、学校におけるボランティア活動の義務化をめぐる議論で論者の立場を超えて見ることができる(9)。いまや、硬直し、融通が利かず、必ずしも機能しなくなってしまった規律を、能動性、フレキシビリティ、自発性といったものの強化(エンパワーメント)によって、補う、あるいは、置き換えることが促進されている。融通の利かない規律は、容易に反抗を招く、しかし、自発性は、自発性と自発性の欠如という分割をもたらす。規律への反抗が規律を課す教師や親に向けられるのに対して、自発性の欠如は、自己と自己の関係の不全とされ、自己統治の側に差し向けられる。問題は、何よりも、自発性を持たない、あるいはもてない生徒の「魂」にあるとされる。そして、学校カウンセラーをはじめとする、生徒のエンパワーメントをはかる様々な「援助」が用意される。

前節で見た、法的権力、規律権力、生—政治という近代権力の重層構造に関連づけて考察するならば、こうしたことは、主権と生—政治を結びつける規律(こうした規律の働きは社会的統治において最も顕著な形で見ることができた）による統合＝均質化の作用の衰退ないし変調として、見ることができるだろう。図式化して述べれば、フォーディズム的な比較的均質化された（従順な）労働者の生産から、ポストフォーディズム的な、多様に差異化され、しかもフレキシブルな（意欲溢れる）労働者や（賢い）消費者の生産へと、規範＝規格化の戦略が重点を移しているということができるのではないだろうか（22）。様々なコミュニティ、市場ないし擬似市場からなる市民社会の活性化、市民の賢明な自己統治の促進は、統治の目標であると同時に、能動的な市民的主体性と従属性とを結びつけるテクノロジーを通じて、統治の重要な手段となっている。現在のコミュニタリアンや第三の道に関する議論においては、市場の行き過ぎを是正するものとして、コミュニティや能動的な市民主体、またそれらが位置づけられる市民社会への言及がなされる。しかし、統治性論の観点からは、これらの議論に見られるのはむしろ、「遠隔統治化」のプロセスにおける市場や擬似市場とコミュニティの接合として捉えることができる（13, 14）。

三　市民社会の「他者たち」の統治

前節では、「進化した自由主義の統治体制」においては、市民社会の活性化、自己統治的な市民主体化の促進が統治の目標であると同時に統治の重要な手段となっていると述べた。こうした考えは、市民社会の発展を市民社会の理想の発展と同一視する議論、市民性の欠如や不足を問題の原因と見なし、その獲得を問題解決の特権的手段と見なす議論から距離をおくことを可能にする。しかし、こうした主張に対しては、市民社会を統治によって構成されるものへと切り詰めてしまい、市民社会においてなされている国家や市場の専制に対する市民の異議申し立てを軽視することにつながるのではないか、という批判が予想される。だが、こうした予想される批判に応える前に、ここでは市民社会論において論じられることの少ない非市民的主体の統治の問題について検討することとしよう。

すでに見たように、広義の自由主義的統治は、市民の権利や自由を前提とした統治の過剰への批判であり、そうした自由を通じての統治の実践として理解される。しかし、自由主義的統治体制は、自由を通じての統治の諸テクノロジーのみからなるものではない。自由主義的統治は、民主主義革命を経て、封建的桎梏から「解放され」、民主化されたリバイアサンを構成するようになった市民たちの自己統治能力を強く必要とする。たとえばJ・S・ミルは、代議制民主主義の統治体制が永続するための社会的条件として次の三つの条件をあげている。

「一、国民がすすんでそれを受け入れようとしていなければならず、二、国民がそれの保持に必要なことをおこなう意志と能力を、もっていなければならず、三、国民が、それがかれらに課する義務を履行し、職務を果たす意志と能力をもっていなければならない、ということである」（10, p.100）。興味深いのは、ミルが「その国民が文明において前進するために、ある教科をこれから学ばねばならず、ある習慣がまだ獲得されていず、これらを獲得するには代議制統治が障害となりそうな場合」には権威主義的な統治が適している場合があると述べている点である（10, p.104）。よく知られているように、彼は、フェミニズムの先駆者としても評価される一方で、植民地支配については、文明国の国民が植民地化された国の国民に文明を教えるという見地から肯定的に評価することで、当時進行していた帝国主義的な植民地分割の現実を正当化していた（もっとも、こうした考えは、当時広範に、マルクスにさえも！見ることのできる、比較的ありふれた考えである）。

ここで重要なのは、この時代の市民社会論の議論に連なる論者達が、コロニアリズムの問題について、たんに鈍感であったということではなく、この問題が、市民的主体たる意志と能力を持つもの／持たないものという分割に関わるものであったことである。加えて、この文明／非文明の分割は、ミルが行ったように、列強と植民地の国民の間になされていたばかりでなく、国民内部においてもなされていたことに注意する必要がある。

一九世紀は、国内において、民衆という文明の「他者たち」を発見した時代である。このとき重要なのは、この「他者たち」が、ブルジョワたちにとって他者でありながら、同時に自分たちとまったく無縁なのではなく、同じ国民＝市民に属するものとして、密接に関わる存在であったという点である。彼らは、時として、騒擾や暴動、革命を引き起こすことから、そして、自堕落で節制を欠いた生活が社会を構成する将来の世代に悪影響を及ぼすことから、危険な存在であると見なされていた。であればこそ、彼等の内で、文明化され市民的生活を営みうる能力と意志をもった者と、そうでないものとを、分割する努力が進められることになったのである。正常と異常、徳と不徳、秩序と無秩序、規律に従うものと規律に抗うもの、といった分割線を引こうとする努力がなされ、こうした分割をさらに細かく分類することが推し進められるとともに、こうした分類に関わる諸問題に介入するための、精神医学、心理学、社会学といった科学、雑多なテクノロジーが繁殖することになる。また、その一方で、ジャーナリズムや文学は異様なあるいは悲惨な民衆の姿を描き出し、世論の関心を惹き付けていたのである。

ミルが述べているように、文明の他者たちについて、文明＝市民化を促進するためには権威主義的で抑圧的な手段がとられることもある。また、自由の主体たらざる者たちに対しては、彼らを自由の主体として包摂するためにエンパワーメントするテクノロジーのみならず、あからさまに排除するテクノロジーが使用されることもある。われわれは、市民的主体を標的とするシチズンシップのテクノロジーと区別して、包摂のためにエンパワーメントを行うテクノロジーを包摂のテクノロジーと呼び、排除するテクノロジーを排除のテクノロジーと呼ぶことにしよう。ただし、これらは明確に区別されるものではなく、複雑に入り組んだ形で諸個人に対して働きかけている。

四　セラピー的なものの浸透について

ここで特に現在におけるセラピー的なものの浸透を取りあげて、見ていく理由は、社会的なものを経ない新たな統治様式の発展において、精神医学や心理学と結びつく、人々の魂へのセラピー的介入が重要な役割を果たしているからである。[三] 進化した自由主義の統治体制の下では、流動化し、不安定化した生活状況のもたらす諸リスクに対応できるような高度な再帰性を有する自己が求められるが、この時、少なからぬ領域において、規律がその厳格さへの従順な服従を要求するものから個人のイニシアチヴや自己責任を求めるものへと、変容している、あるいは置き換えられているのを見ることができる。たとえば、われわれが別稿（19, 21）において検討したように、「意志の病」としての依存症や「自己であることの疲労」としての鬱病の流行は、規律の内在化および自己の自由の責任主体と責任主体たらざるものの分割の問題と関連付けて理解することができる。

ローズ（12）がセラピー複合と呼ぶこれらの領域においては、この分割はあいまいなものとなっており、ここで用いられるエンパワーメントのテクノロジーは、ごく一部のマイノリティに限らず、広範なグレーゾーンに位置づけられる人々をも対象とするようになっている（シチズンシップのテクノロジーのエンパワーメント化）。すなわち、「正常な」人々が自己のよりよい生のために、日常生活において直面する諸問題を解決し、自己を強化するためにもこうしたテクノロジーを活用するのである（20, 21）。このとき、セラピー的介入は、自己選択、自己責任、自己評価といった能動的な市民が身に付けるべき徳を人々へと伝達する役割を果たしている。

こうした介入は、各種の自助グループ、あるいは非常に雑多なセラピー産業の提供する商品の消費を通じてもたらされ、自発性を促す形のエンパワーメントによる包摂が促進されている。規律の内在化、セラピー産業の浸透、自己の自由の責任主体と責任主体たらざるものの分割の曖昧化によって、シチズンシップのテクノロジーと包摂のテクノロジーの境界は曖昧なものとなってきている。セラピー的なものの浸透は、（規律の変容との関連で）セラピーを自己解放的なものとすると同時に、（社会的諸問題との関係で）解放をセラピー化する側面を併せ持っている（20）。

拒食症の治療から失業者の再就職のためのカウンセリングまで、各種のセラピー市場あるいは福祉政策を通じて、能動的市民＝賢慮ある消費者という目標へと様々なエンパワーメントのテクノロジーによってエンパワーメントされることによって、排除者は包摂化されうる。こうした包摂の過程において用いられる、エンパワーメントは、諸個人の自由を統治の合理性と結びつけ、強制と自発性を混ぜ合わせるテクノロジーとして捉えることができる。とりわけ興味深いのは失業のような、かつてであれば、集団的な交渉によって扱われるべきだと見なされていた諸問題が、諸個人の自己責任において対応すべき問題とみなされるようになってきていることである。

また、象徴的な例としては、ブッシュ一族の牙城としても知られるアメリカのテキサス州で、一九九〇年代後半に、裁判所によって州立大学でのアファーマティヴ・アクションが廃止された際に、それに代えて大学では、自己評価（self-estime）の強化のためのプログラムが導入されたのをあげることができる。これによって、学生たちは、人種差別や性差別、貧困といった問題に対して自己評価の問題として対応することを強いられることとなった。こうした問題に対処できないものは、幼児期のトラウマなど、何らかの理由で、低い自己評価しか持ちえてないと見なされ、問題解決のために自己評価を向上させるための「援助」がなされることになる（1）。

ただし、排除→包摂という過程を経ない、そこからも脱落し、あるいはさせられ、包摂されることへの意志を欠いている、あるいは持ちえないと見なされる人々が存在する。自由の責任主体たりえない人々は、包摂と排除の間で分割されることになる。自由主義的統治は、自由を目標とし、そして自由を通じて働きかける統治のテクノロジーだけではなく、自由を適切な形で行使できないと見なされる人々に対しておもに適用される、自由を経ない非自由主義的な統治のテクノロジーをも必要とする。「進化した自由主義の統治」体制の下でのエンパワーメントのテクノロジーによる能動的な自己統治主体の促進は、他方でそうした能力を持とうとしない、あるいは持ち得ないとされる諸個人の不徳や危険をクローズアップし、彼らを標的とし管理する知やテクノロジーの繁殖と複雑に結びついている（3, 19）。彼らの存在はリスクと見なされ、予防措置を含む様々な管理の対象とされる。

市民達の市民性への要求には、国家の抑圧機関による対抗暴力を正当化する側面がある。社会的なものを通じての統治が後退している現在、こうした対抗暴力は予防の名においてある種の非市民的主体たちをあからさまに標的とするようになっている。中野敏男は「国家の機能上の重心を『社会福祉』から政治的―軍事的、経済的な『システム危機』への対応に大きく移行させた『システム危機管理型国家』とでも言うべき方向」へのシフトを見ることができると指摘している。重要なのは、「システム危機管理国家」が、安上がりに公益へと向けてボランティアとして市民の自発性を動員する国家戦略と結びついている点である。「『国民』の自発的意思をより多く必要」とするボランティア動員体制は「そこから外れたアウトサイダーやマイノリティに対するレイシスト的な異者排除と『福祉』や『保護』を要求する『弱者』の存在の軽視、『二流国民化』に進」む抑圧的な「システム危機管理国家」と表裏をなしつつあると彼は主張している[四](11, p.253)。

このような中野の議論に付け加えて次のように言うことができるだろう。「システム危機管理型国家」は、自助グループをはじめとする「自発性に基づく」セラピーの経路の繁殖を促す一方で、それと相互補完的なものとして、社会的に危険な存在に対する医学的―軍事的な社会防衛の領域を改めて前面にせり出させつつあると。

たとえば、二〇〇一年六月に起こった大阪池田小事件とそれに関するマスコミのセンセーショナルな報道を通じて、「危険な精神障害者が野放しにされている」ことへの市民達の不安が喚起され、それに呼応する小泉内閣によって「心神喪失者等医療観察法案」が二〇〇二年五月に国会に上程された。そして、少なからぬ精神医療従事者や精神障害者の諸団体が再犯予測の困難を主張し、その施策の有効性に疑問を投げかけ、人権侵害をもたらすものとしてこの法案への反対を表明していたにも関わらず、また制度面での日本の精神医療の貧弱さが問題の根源にあるという主張にも関わらず、平和な市民の暮らしとそれを脅かす「野放しの精神障害者」というワイド・ショウ好みの物語が繰り返される中で、市民達の目立った異議申し立てや論議もないままに、法案成立へと向かった経過を見れば、このことは了解されるだろう(5)。

ところが、市民社会論においては、高度の再帰性を獲得した市民的主体については雄弁に語られる反面、非市民的社会(uncivil society)や非市民的主体(uncivil subject)に関する議論が欠落してきたか、先に見たミルの場合のように、市民性によって克服されるべき前―文明=市民的なものとして言及される場合が多かった。J・キーンの議論は、市民社会論の立場から非文明的社会や非市民的主体の問題に取り組んでいる数少ない例外の一つであるが、彼においても、市民社会が非市民的社会や非市民的主体を包摂し、文明＝市民化していく過程への信頼が確認されるにとどまる(8)。諸問題はあくまでも市民性の欠如によるものと見なされ、市民性の獲得を通じて問題解決がなされるという基本図式そのものが揺らぐことはない。

しかしながら、非市民的社会や非市民的主体を、市民性によって克服されるべき前—文明＝市民的なものとして捉えることは、市民的主体の構成が非市民的主体の構成を伴っていることを見えなくさせてしまう。そして、「封建的遺制」が存在するとしても、それはたんに新しいものに置き換えられるだけのものではなく、新たな権力の布置の中で固有の役割を担っていることが見えなくされる恐れもある。たとえば高度の能動性と従属性とを接合させたトヨティズム的労働主体は、たんに遺制という観点からは捉えることができないだろう。加えて、市民的主体化が統治の道具としての側面を持っていること、またこの主体化が時として抑圧的な介入によってなされること、を的確に捉えることができない。だが、これまで見てきたように、自律的で能動的な市民性の促進は、「進化した自由主義」の統治の重要な戦略となっているのである。

したがって、キーンに代表されるような見解とは異なって、文明＝市民化の作用を、市民性を促進する権力の諸テクノロジーの諸問題から切り離して、自律的な市民的主体の解放という側面からのみ捉えることはできない、とわれわれは考える。市民社会や市民的主体、そして様々な公的空間は、様々な解放の可能性と権力の働きの捩れ合い、せめぎあう場として捉えられるべきである。

おわりに

本稿の冒頭で述べたように、われわれは、文明化＝市民化の欠如こそが諸問題の原因でありその促進こそが諸問題を解決する特権的な手段であると見なさずに、市民性は統治に関わる諸問題の場となっていると見なすことが、市民社会や市民的主体の孕んでいる可能性を捨て去ることになるとは考えていない。われわれが手にしている自由や能動性、欲望、意思といったものがことごとく権力の作り出した幻影であると言いたいわけではない。

たとえば、先に言及した保安処分についてであれば、市民社会の平和を脅かす危険な個人と市民たちを分割し、前者を抑圧的な措置の対象とするという点で市民的主体の構成は抑圧的な含意を持っている。市民社会の空間は、こうした市民社会の他者たちの排除と管理によって成り立っている権力の空間である。しかし、予防拘禁法に対する反対運動の中で見られたように、精神障害者たちが地域において市民として生きることが要求されるとき、この要求は「市民的主体となること」に対してある種の解放的な効果を付与しうる。また、この要求に対して、市民として連帯に応答しようとすることもまた、「市民的主体となること」に対して同様の効果を付与しうる。ただし、いわゆる「包摂の政治」で主張されがちなように市民社会へとその他者たちをたんに包摂すればよいというわけではなく、むしろ、それ以上に、「包摂」と呼ばれるこのプロセスの中で市民性の排他性や抑圧性が厳しく問い直され、またこのプロセスそれ自体の帯び得る抑圧的なものが徹底的に批判されることで、包摂するものたち自身の変容の可能性が開かれることが重要なのである。

したがって、権力とのせめぎ合いの場に見ることができる、解放の潜在的力を、市民化一般へと解消してしまうことは、この市民化に含まれる支配や権力の契機を見過ごすことにつながるように思われる(6)。どのような戦い、抵抗の場で、どのような力が現れているのかを、それぞれの場に即して、見ていかなければならないだろう。とはいえ、紙片も尽きたことであるので、市民性に関わる両義性の問題へとアプローチする上で重要なこうした課題を確認したところで、本稿の議論を終えることとする。

［注］

（一）フーコーの統治性研究について、紙幅の都合もあり本稿の議論に関わる内容にしか言及することはできないことを断っておく。また、ローズ等に影響を与えている、フランスにおけるフーコー以後の議論の進展についても、議論の簡略化のために、ここでは一切言及しない。また独自の展開を見せているイタリアでの議論についても触れない。なお、フーコーの統治性論についてはフーコー（6, pp.635-657）、ゴードン（7）、酒井（14）、米谷（23）、山家（16, 17, 18）の諸議論を参照してほしい。

（二）ローズは北欧からオーストラリアまで様々な先進諸国において統治様式のシフトが見られるとしているが、その軌跡は国によって、分野によって、異なった様相を示している。日本における統治様式のシフトの問題についてはこれから研究がなされていかなければならない課題である。ドラッグの統治については別稿（19）で概観を行っている。また、ここではローズ等の議論が段階論的なものとなりがちな点について批判的に検討している。

（三）ここでは現在におけるセラピー的なものの浸透を理解する上で重要な、その系譜に立入ることはできない。なおローズ（12）にならってセラピー複合という言葉を用いているのは、次の理由による。セラピー的な介入は、非常に雑多な目的や分野に適用され、複雑に入り組んだ効果を生み出している。またセラピー的なものに関わる言説は精神医学や心理学のような専門家の言説に限られず、これと入り組んだ関係を結ぶ、ワイド・ショウ、ドラマや小説、漫画、等の雑多な言説からなるからである。この点については、別稿（21）で検討している。

（四）中野は、戦後啓蒙主義を引き継ぐ現在の日本のグローバル市民社会論の主張がエンパワーメントへの意思をボランティア主体＝能動的市民という形で安上がりに公益へと向けて動員する国家戦略に無自覚であるばかりか積極的にこの動員の役割を果たすものとなっている点を批判している。また、彼は、日本型ファシズムの問題を日本の近代における封建制の未克服の問題として引き受ける、戦後啓蒙の立場は、戦時動員体制と戦後の体制とが地続きであることに無自覚であるというにとどまらず、むしろその持続を積極的に担うものであった、という批判を行っている。

（五）もちろん保安処分導入への動きは絶えず見られたものであり、それ自体新しいものではないが、ここで強調したいのは、かつてであれば強固な反対にあって阻まれていた保安処分法があっけないともいえる仕方で成立したことである。これは専門家知識の発展という観点からは説明することができない（こうした主張に対して反論はあるだろうが）。

（六）こうしたことは市民社会と関連づけられる公共圏についても当てはまる。この点については、用語集の対抗公共圏と親密公共圏の項を参照して欲しい。

［引用・参照文献］

（1）Cloud, D., *Control and Consolation in American Culture and Politiques：Rhetoric of Therapy*, SAGE, 1997.
（2）Cruikshank, B., *The Will to Empower democratic citizens and other subjects*, Cornell Universitiy, 1999.
（3）Dean, M., *Gevernmentality*, SAGE Publication Ltd, 1999.
（4）M・フーコー（田村俶訳）『監獄の誕生』（新潮社、一九七七年）
（5）M・フーコー（渡辺守章訳）『性の歴史Ⅰ：知への意志』（新潮社、一九八六年）
（6）Foucault, M., Dits et ecritsIII IV, Gallimard, 1994.
（7）Gordon, C., Govermmental Rationality: intoroduction, in: Burchell, G.(ed.), *The Foucault Effect*, The University of Chicago Press, 1991.
（8）Keane, J., Civil Society: Old images, new visions, Polity Press,1998
（9）楠原彰・西尾幹二「対論　奉仕活動の義務化で社会性は育つか」『朝日新聞』二〇〇〇年一一月二七日号
（10）J・S・ミル（水田洋訳）『代議制統治論』（岩波文庫、一九九七年）
（11）中野敏男『大塚久雄と丸山真男――動員、主体、戦争責任――』（青土社、二〇〇一年）
（12）Rose,N., *Inventing our Selves: Psychology, Power and Personhood*, Cambridge University, 1996
（13）Rose, N., *Powers of Freedom: reframing political thought*, Cambridge University, 1999.
（14）酒井隆史『自由論』（青土社、二〇〇一年）

（15）高畠通敏「『市民社会』問題――日本における文脈――」（『思想』９２４号、二〇〇一年五月、岩波書店）
（16）山家歩「自由の転位」（『社会研究』法政大学社会学専攻委員会、二〇〇一年）
（17）山家歩「リスク社会論批判：統治性論の立場から」（『関東社会学会年報』二〇〇一年）
（18）山家歩「権力の戦争モデルから統治モデルへ――フーコー権力論の展開――」（『現代社会理論研究』現代社会理論研究会、二〇〇一年）
（19）山家歩「ドラッグの統治――自由主義的統治技術と非自由主義的統治技術の接合――」（『法政大学大学院紀要』二〇〇一年）
（20）山家歩「１９６８年革命とフーコー権力論についての一考察」（『情況』二〇〇一年一〇月号）
（21）山家歩「依存を通じての統治――ＡＣや共依存に関する言説についての検討――」（『ソシオロジ』47―3、二〇〇三年三月）
（22）山家歩「リスク・予防・国家」（『社会研究』法政大学社会学専攻委員会、二〇〇四年）
（23）米谷園江「ミシェル・フーコーの統治性研究」（『思想』８７０号、一九九六年五月）

アソシエーショニズムとは何か？

アソシエーショニズムの指針確立と自己点検のために

桑野弘隆
Kuwano Hirotaka

はじめに

一九八九年一一月九日のベルリンの壁崩壊、そして一九九一年一二月二一日のソヴィエト連邦の解体という出来事を受けて、冷戦の終わりだけでなく「歴史の終わり」が喧伝された。すなわち、自由主義と市場経済の勝利によって歴史にある画期が記されたというわけである。マルクス主義は「死んだ犬」とされ、もはやマルクスその人の理論にたいしても歴史的期限の到来が告げられるという状況のなか、廣松渉はマルクスを擁護するという論陣を張ったのだった（1, pp.13-36. 2, pp.193-222)。しかしながら、この際の廣松の議論によって、社会主義諸国家の過誤にたいするマルクスの「無実」を弁明するにとどまらない、一つの理論的な問いが立てられたといえる。その問いとは、アソシエーショニズムならびに国家にたいするマルクス主義の立場をあきらかにしようとするものであった。

そもそも、マルクス主義は、国家主義とアソシエーショニズムにたいして、きわめて微妙な立場にある。通俗的には、マルクス＝レーニン主義は、プロレタリアートによる国家権力の奪取というテーゼに代表されるように国家主義的傾向があると見なされている。しかし、廣松は、そのような傾向にマルクスが与したことはないと主張する。廣松は、いわゆるナチズム（Nationalsozialismus）と区別された「国家社会主義」（Staatssozialismus）という用語を再導入し、ワーグナーやラッサール派に由来し、旧ソ連や東欧諸国の体制を典型とするような、生産手段の国家所有と中央計画経済を核として国家運営を進めようとする考えを表現した。そのうえで、マルクスやエンゲルスは、国家社会主義にたいしてはつねに批判的であったことを廣松は強調する（1, pp.13-36）。もちろん、廣松の主張には反論もありえよう。『反デューリング論』のエンゲルスは、生産手段の国家所有が資本制生産様式を解体するものではないことを強調しながらも、そこに「解決の形式上の手段、手がかりが隠されている」（3, p.288）と述べたのであるから、二人が国家社会主義にいささかもコミットしていないという主張によって「公判を維持する」のは難しいかもしれない。

しかし、廣松の試みの核心は、マルクスやエンゲルスの弁護というよりも、マルクス主義理論をアソシエーショニズムの理論として再組織するところにある。マルクスは「『国有・国営経済』、『中央計画経済』とはおよそ異質の『協同的生産様式』（Assoziierte produktionweise）を構想していた」と廣松は述べる（1, p.30）。たしかに『ゴータ綱領批判』は、生産協同組合を国家援助によって育成しようとする態度——ラッサール主義——を批判していた。

> 労働者たちが協同組合的生産の諸条件を社会的な規模で、まず自国に国民的な規模でつくりだそうとすることは、彼らが現在の生産諸条件の変革をめざして働くことにほかならず、国家補助をうけて協同組合を設立することとは何の共通点もないのだ。今日の協同組合についていえば、それらが価値をもつのは、政府からもブルジョワからも保護をうけずに労働者が自主的に創設したものであるときにかぎって、である。（4, pp.50-51）

政府からもブルジョワからの保護を受けない協同組合、これは国家からも資本からも独立した運動体＝組織であり、晩年のマルクスは、このような組織に「階級なき社会」へのモメントを見いだしているのである。晩年のマルクスはアナーキズムに「再」接近しているかのような印象すら受ける。

ところが、廣松はマルクス主義とアナーキズムとの差異もまた強調している。その目標においては、マルクス主義とアナーキズムの目標は同じである。すなわち、国家の消滅である。その差異は、アナーキスムが「国家の（即時）廃止」を説くのにたいし、マルクス主義は「国家の死滅」を主張するというところにある、というわけである。「無政府主義がいわば即時に国家を廃止しようと企てるのにたいして、――貨幣の廃止に関しても類似の論理構造になるのだが――、国家をいきなり廃止するのは不可能であること（いったん廃止したとしても再生が不可避であること）」（1, p.20）を認識しているか否かが、両者の分かれ目となる。廣松が見いだしたマルクス主義の構えとは、国家社会主義にたいしても、そしてアナーキズムにたいしても、緊張を伴った距離をとるという点にあるというものだ。廣松の論証から読みとれるのは、マルクス主義の可能性を、大衆によるアソシエーショニズムに見いだそうとするものであり、他方で、アナーキズムとの差異を明らかにしようという構えである。廣松は、アソシエーショニズムがアナーキズムの専売特許ではないこと、いやむしろ、アソシエーショニズムこそが、マルクス主義の理論的・実践的支柱とならなければならないことを主張しているのだ。ここから、マルクス＝廣松に拠って、アソシエーショニズムを、生産協同組合・消費協同組合などの連合――アソシエーションのアソシエーション――を通じて資本制生産様式を揚棄し、協同的生産様式を打ち立てようとする、国家と資本への抵抗運動として定義することができるだろう。

現在、大衆的抵抗運動としてのアソシエーショニズムはおおきなうねりを見せている。これにたいして、理論は、協同的生産様式に向かう諸運動が実践的な指針を打ち立ててゆくにあたって、有効な理論的用具を提供するだけでなく、運動が自己点検をなしうる術を提供する必要がある。したがって、本論は、アソシエーショニズムが参照すべき幾つかの機軸的目標を明確にすること、そして、アソシエーショニズムが陥ってはならない隘路を照らし出すことによって、その発展に寄与することを目的とする。このことはアソシエーショニズムへの批判を含みうる。しかしながら、勢いに「水を差す」ことをおそれるべきではない。急がば回れという「弁証法」が示すように、危険を知れば知るほど、結果的には得るところは大きいので。

そもそも、マルクス主義の優位性は、その絶えざる自己吟味、すなわち、運動や理論が自らに惑溺しないための自己批判を厭わない点にある。『共産党宣言』が、哲学・理論史においてほとんどはじめて、理論が自らの誤謬可能性を認め、たえざる修正の必要性を認めた理論的事件であったことを思いだそう。それは、神や君主の護教論が、つねに自らの全体性と無謬性を喧伝していたなかに起こった理論的革命である。マルクス主義理論とは、マルクスやレーニンにたいして最も仮借ない批判をおこない、そこから理論的可能性を引きだすものの謂いである。ひるがえって、そのような理論的な構えによるもの以外はアソシエーショニズムの理論たりえない。そして、このような吟味に耐え抜いたマルクス主義理論の最良の遺産は、アソシエーショニズムの展開とその自己点検にたいして、有効な理論的枠組みを提供してくれるだろう。

本論は、アソシエーショニズムという運動体の機軸目標となるべき指針を三つとりあげ、その重要性と必要性を論証する。また、これら指針は、反照的にアソシエーショニズムが陥ってはならない陥穽をも示唆してくれるはずである。三つの機軸目標とは、(一) 精神労働と肉体労働の固定的分業の揚棄、(二) 国家装置の物質性との理論的・実践的対質、(三) 資本主義的諸力と諸条件への対抗、である。

一 第一の指針——精神労働と肉体労働の固定的分業の揚棄

現在、さまざまな形態をとった「市民」レベルの運動が活発な活動を行っている。ここで市民という言葉が使われるのは、ポリスにおける政治的動物からも、さらに、市場におけるホモ・エコノミクスからも距離をとった諸個人の連帯という意味合いが込められている。つまり、ブルジョワジーでもなく、公民(civic)でもない、国家にたいしても資本にたいしても自律性を保った市民（citizen）というわけである。

だが、皮肉なことに、新保守主義的諸政策にしたがって国家自身がこの傾向を推進しているという事態がある。市民運動が高コスト事業の単なる「下請け」や、時には失策の後処理役になり下がってしまう場合すらある。さらには、国家からの自律をめざしていた組織が、それ自体で官僚化してしまうことも多い。他方、生産組合や消費組合が、資本主義的競争のなかで、ほとんど資本主義企業と選ぶところのない組織になってしまう例にも事欠かない。合衆国に顕著に見られることだが、ＮＧＯなどの活動家が政府や大企業に「ヘッドハンティング」され、また、ネグリ＝ハートが記述したように、国際的なＮＧＯ諸団体が、「帝国」（empire）というグローバルな権力のエコノミーにとりこまれ、その「出先機関」として機能してしまうという事態がある（5, pp.55-59）。すなわち、市民レベルで始まった草の根的運動とて、いつのまにか国家や資本に飲み込まれないという保証はどこにもないのである。

すなわち、あらゆる体制への抵抗運動、オルタナティブな運動には、国家そして資本への積極的かつ戦略的な理論的・実践的対質が要請されるのである。そして、マルクス主義の理論蓄積と実践の経験は――その負の遺産をも含めて――、アソシエーショニズムが、国家そして資本への絶えざる抵抗を通じてのみ存在しうることを教えている。このことを忘れたとき、あらゆる運動体は反動化するか既存の権力に取り込まれること必定である。本章では、資本主義国家における支配形態への抵抗としてのアソシエーショニズムという位相に焦点を当て、精神労働と肉体労働の固定的分業の揚棄がこの運動の機軸的な目標となるべきことを論証する。

まずは、資本主義国家がまとう正統性について考えてみよう。資本制生産が支配的な社会は、もはやそれ以前の社会のように、独占的な暴力や権威に依拠した支配、そして神的かつ「自然」とされる位階・身分などに依拠した支配を正統化することを許さない。また暴力による支配は、国家による暴力の寡占化が進めば進むほど、逆説的にその正統性を失う。資本制社会における支配の正統性は、合理性へと訴える必要があるのであり、露骨な暴力を恒常的に用いた支配が存続することは難しい。支配は、合理的計算に適う「合意」や「契約」として諸個人に受け入れられる必要がある。政府と「治安契約」を結んでいるかのようにわれわれが振る舞うようになって久しいのであり、現在ではそれに加えて「経済成長の保証」という契約が生きられているかのようである。どんなに苛烈で剥き出しの暴力が行使されたとしても、それが契約違反や逸脱に対する「ペナルティ」として受け入れられるようになること、支配がそれとしては人々にはもはや意識されないほどになること、これが資本主義国家の存続の条件である。だが、「合意」や「契約」というような諸表象による巧妙な懐柔が波及しているにしても、支配が存在しないということにはならない。そして、イデオロギーの分厚い層でもって覆われた、資本主義的国家の支配を可能にしている物質的諸条件へと到達するためには、資本制生産においてその十全な展開を見る特殊な分業、すなわち精神労働と肉体労働の分業に注目する必要がある。

ところで、マックス・ヴェーバーは、資本主義国家の支配形態を官僚制支配と定義していた。ヴェーバーによれば、資本主義的な競争が支配する社会においては、政府においても企業においても、軍隊的・官僚的組織による支配は避けられないことになる。なぜならば、量的生産性や指揮命令系統の効率性において、それ以上の組織はないからだ。また、ヴェーバーは、官僚制の進展と社会の階級分裂の激化とが連動していることを、「官僚制支配の徹底的貫徹は、身分的『名誉』の平板化を意味し、したがって、市場の自由の原則が同時に制限されるのではない限り、『階級状況』の全面的支配を意味する」(6, p.93)と分析している。さらに、「生産手段からの労働者の分離」という唯物論的分析を引き合いに出しながら、このテーゼを国家ならびに資本主義的諸企業の双方にまたがる「全般的官僚制化」という支配の問題と結びつけるとき(7, p.36)、ヴェーバーは資本制生産が実現する支配形態の歴史的種別性を見抜いていたと言えよう。ヴェーバーの採用した「全般的官僚化」という用語は、なるほど資本主義的な支配のある位相を明らかにするものであるに違いない。しかし、官僚制は「合理的な」性格をもつとし、官僚制の成立と普及を合理主義一般の進展と重ねるとき(6, p.140)、ヴェーバーの理論は曖昧かつ危ういものとなる。ヴェーバーの図式にしたがえば、われわれは官僚制支配＝近代合理性か、もしくは野蛮＝非合理性かという選択を迫られるだろう。

たいして、マルクス主義理論は、資本主義的な支配の解明を許す一つの概念を手中にしている。すなわち、グラムシをはじめとして、アドルノとホルクハイマー、ゾーン＝レーテルのフランクフルト学派、そしてアルチュセール、プーランツァスのアルチュセール学派などによる理論的仕事は、資本主義社会における支配が、職階的な技術的分業という擬制をもって現れることを明らかにしてきた。そして、資本主義的な職階的技術的分業は一つの種別的な形態をもつ。すなわち、精神労働と肉体労働の分業である。

精神労働と肉体労働の分業を、肉体を駆使して労働する人々と頭脳を利用して仕事をする人々の間の分裂として、経験主義的に捉えてはならない。マルクス主義理論の伝統は、『啓蒙の弁証法』のアドルノとホルクハイマーによる考察に見られるように、精神労働と肉体労働の分業が支配―服従関係と不即不離であることを明らかにしてきた（8, p.81）。つまり、この特殊な「分業」は、命令する者と服従する者への社会の分裂と不可分のものである。この分業は一つの支配形態に他ならない。

たとえば、ゾーン＝レーテルは、資本による労働過程の包摂は、生産過程における有効な支配権が直接労働者達から奪われることによって可能になると考えていた。「労働それ自体、『生きた労働』、『流動状態にある労働』は、それ固有の過程にすぎず、その過程は、行われるか停止されるかで、取られたり売られたりされない」（9, p.173）にもかかわらず、労働者から生産過程を掌握する諸権力が奪われ、生産過程を計画・管理・指導する者達が現れる。結果として、労働という過程から、肉体労働の担い手の「持ち分」として労働力が切り取られ、商品として売り買いがなされる。精神労働の担い手＝職能的管理者達による生産過程の超越的支配は、直接労働者にたいする搾取と支配を可能にするのである。資本制社会を、「簒奪者官僚階級」が労働者階級を支配する社会としてゾーン＝レーテルは捉えたのだった（9, pp.237-243）。こうして、ゾーン＝レーテルによって、資本制社会における支配関係は、職階的な技術的分業の関係に他ならないことが論証されたのである。

このうえで、資本主義国家に立ち戻ろう。ニコス・プーランツァスが次のように言うように、資本主義国家は精神労働と肉体労働の分業形態を典型的に具現している。

> 国家はその諸装置総体において、すなわち、イデオロギー的国家諸装置のみならず抑圧的諸装置や経済的諸装置においても、肉体労働から分離されたものとしての精神労働を具現しているのである。（中略）資本主義国家の骨格は、そのごく細部についても、まさに精神労働の中枢において導出され、内在化されている、肉体労働と精神労働との間の資本主義的分業の再生産を具現している。（10, pp.56-60）

国家装置とは社会の「命令中枢」を僭称する実在であり、精神労働の典型的かつ絶対的な担い手である。そして、国家装置が社会の「頭脳」として振る舞えるのは、その装置の内部において、職階制とツリー状の支配・命令系統とが「鉄の掟」として機能し、再生産されているからである。ひるがえって、国家装置という絶対的な精神労働の担い手の存在は、社会全体が命令する者と服従する者へと分割される事態を肯定する。国家は、精神労働と肉体労働との分業の帰結であるとともに、その再生産に介入している。

また、プーランツァスは、資本制労働過程において肉体労働から引き離された精神労働の要素が、資本主義国家の基礎をなしているという論証から、生産諸関係に国家＝政治的なものが内在するというテーゼを導き出している（10, p.34）。こうして、資本主義国家の支配構造の分析は、必然的に、資本制生産諸関係への問いへと導かれるのである。

資本制社会において、生産諸関係とは、政治的なものと経済的なものの接合される場として捉えられるべきであろう。しかし、マルクス経済学によって、生産諸関係は優れて経済的なカテゴリーとして解釈されてこなかっただろうか。

これにたいしては、ルイ・アルチュセールが、マルクスの理論的構えを次のように明晰に敷衍している。

> 彼〔マルクス〕は一方に生産と交換の活動を、他方に社会階級、政治闘争、などなどを念入りに分離するブルジ

ヨワ的幻想を根底的に批判しようとした。マルクスは資本主義的な生産、循環、分配のあらゆる条件（したがって自称経済学のすべての領域）は社会諸階級と階級闘争の存在によって支配され浸透されていることを論証しようと望んだのである。（中略）純粋な経済的生産は存在しない。純粋な循環は存在しない、純粋な分配は存在しない。これらすべての経済的現象は、最終的には、すなわちそれらの外見の下では、階級関係であり、敵対的な階級関係、したがって階級闘争の関係である社会的諸関係の下に行われる諸過程である。（11, p.63）

生産諸関係における階級闘争の諸効果は、支配構造にまで到達する。もはや、経済主義・還元主義の限界とイデオロギー性は明らかである。それらは、資本制生産諸関係が経済的関係のみならず、政治的・権力的関係でもあることを隠蔽する。そして、権力関係に他ならない階級関係を単なる「経済的格差」に還元するのだ――階級とは、一義的には政治的カテゴリーに他ならないにもかかわらず。

したがって、資本主義国家の支配形態への抵抗運動が真っ先に置くべき賭金は、生産過程における精神労働と肉体労働の固定的分業の揚棄を目標とする生産諸関係の革新である。すなわち、アソシエーショニズムは、個別なアソシエーションにおいて支配の固定に繋がるような固定的分業を揚棄し、資本主義的な分業システムとは異なる技術的分業システムを発明・開発していかなければならない。また、諸生産協同組合、消費協同組合、ＮＧＯなどが広範囲な連帯をすすめてゆくうえでの諸組織の連合の原理としても、この指針は貫かれなくてはならない。

アソシエーショニズムが採用すべき技術的分業システムについての鋭い分析として、柄谷行人の『トランス・クリティーク』が挙げられる（11, pp.240-273）。柄谷がアソシエーショニズムの組織原理として提唱しているのが、選挙とくじ引きの併用である。柄谷は、官庁や企業の官僚制にたいして、そこに民主主義――つまり、組織内での民主主義的選挙――があるかと問うている。アソシエーショニズムには、まずは民主主義的選挙の導入が不可欠である。だが、それだけでは十分ではない。選挙は、多選による管理部や指導部の固定化をもたらす可能性を排除できないからだ。

そこで、柄谷はくじ引きの併用を唱えるのである。選挙過程においてくじ引きを部分的に導入することによって、選出過程に偶然性が持ち込まれる。それによって、組織における支配の固定化をさけることができるというわけである。固定的分業の揚棄のための手段・技術として、くじ引きや輪番制の導入は真剣な議論に値する。

もちろん、くじ引きという技術の導入がそれ自体で、組織の民主主義的運営を保証するものではない。技術は、あくまで道具・手段でしかない。そして、手段が目的へと本末転倒してしまうのは世の常である。したがって、われわれはアソシエーショニズムの機軸目標に何度でも立ち返るべきである。国家装置の解体に向けての一つの方策として公務員の輪番制を考慮したレーニンが、ボリシェヴィキの指針として打ち出した次のような言明は、アソシエーショニズムの理論的・実践的機軸を示している。

> われわれは空想主義者ではない。どの雑役労働者でもどの炊事婦でも、すぐさま国家統治に参加する能力があるわけではないことを、われわれは知っている。（中略）しかしわれわれは、金持や、金持家族出身の官吏だけが、国家を統治し、日常の、日日の行政活動をはたすことができるように考える偏見と、ただちに手を切ることを要求する点で、ちがっている。われわれは、自覚した労働者や兵士が国家行政の仕事の訓練をおこなうこと、この訓練がただちにはじめられるべきこと、すなわち、すべての勤労者、貧民全体を、ただちにこの訓練に参加させはじめることを、要求する。（14, p.104）

このような構えに立ったときにはじめて、アソシエーショニズムは、輪番制やくじ引きをその発展に真に寄与するテクノロジーとして我がものにすることができる。そして、アソシエーショニズムがその長く険しい戦いを耐え抜き、国家の仕事・機能を大衆の手に取り戻したとき、レーニンが予言したように国家は死滅への過程へと入るであろう。

また、精神労働と肉体労働の固定的分業の揚棄は、マルクス主義理論の根本的テーゼの一つであるが、ひるがえって、マルクス主義や共産主義を名乗る組織や政党が、果たして、このテーゼに適うものであるのかを問うべきである。

二　第二の指針――国家装置の物質性との理論的・実践的対質

すでに触れたように、アソシエーショニズムとアナーキズムの関係は微妙なものを含む。そして、『ゴータ綱領批判』のマルクスが警告したように、アソシエーショニズムが、国家に庇護をもとめて国家社会主義のなかに包摂されたり、最悪の場合は、国家主義や権威主義に陥ったりする怖れがあるのであり、アソシエーショニズムは、アナーキズム的な構えを一面においては保持する必要がある。しかしながら、アナーキズムが、国家権力への欲望から自分だけが醒めており、ドロドロした権力争いから超然としていられるというような僧侶的・マンダリン的禁欲やある種の特権意識――「竹林の七賢」のごとき――に拠っているとすれば、アソシエーショニズムにとっても障害になりかねない。

アソシエーショニズムの発展は、将来必ず、その内と外における国家的なものとの対決へと到らざるをえない。国家の弾圧にあう危険だけではない。抑圧からの解放者として登場したはずの諸勢力が、いつの間にか国家装置と癒着し、ときには、最悪の抑圧装置の担い手となってしまう可能性もある。ゆえにアソシエーショニズムは、この最悪の回路を解明し、先に手を打っておかなければならない。国家が解放者を抑圧者へと変質させてしまう特殊な装置であること、また、「革命」によって国家の政治的立役者たちが入れ替わったとしても、そのまま平然と機能しつづける特殊な装置であることを認識しておく必要があるのだ――レーニンもまたツアーの官僚機構を破壊することに失敗したのだった。つまり、国家装置は、階級諸闘争や時には戦争すらもかいくぐって自己保存を遂行しうる特殊な物質性をもった装置なのである。前章では、資本主義国家の支配形態の基礎が、精神労働と肉体労働の分業によって特徴づけられる生産諸関係にあることを確認した。だが、これによって国家装置の物質性を解明したことにはならない。精神労働と肉体労働の分業が資本主義国家の内実の全てではない。それだけでは、なぜ資本主義国家がここまで強固であるのかを説明することはできない。

マルクス主義理論には、そのいくつかの誤認や偏向にも関わらず、国家装置の物質性についての理論的蓄積がある。では、国家装置の物質性とは、いかなる事柄を表現するものなのか。スヴェルドロフ大学での講演のなかで、レーニンは、国家が特殊な機関であることに、なんども繰り返し言及していた。つまり、社会的諸組織の「全般的官僚化」（ウェーバー）という表現によっては隠蔽されてしまう、ある特殊性が国家装置には備わっているのである。レーニンはそれを、「階級支配の機関、一階級が他の階級を抑圧する機関」（14, p.19）と表現した。これは、いわゆる国家の道具説として知られているテーゼである。しかしながら、「道具」という概念に注意を払わない限り、このテーゼはイデオロギーへと陥る――つまり、支配階級が恣《ほしいまま》に操ることのできるものとして国家装置を表象するならば。またレーニンのテーゼが、そのような誤謬を招き寄せるとするならば、そのテーゼは理論的な有効性を欠くことを認めなくてはならない。

しかしながら、道具という言葉には利点もある。われわれは、道具が思いもかけない使われ方をすることに出くわす。つまり、道具は主体の恣《ほしいまま》にすることのできない物質性を持つのである。国家装置もまた然り。それは、支配階級に属する諸個人や特定グループが意のままに操ることができるという意味での道具なのではない。国家装置は、階級的諸関係のなかで、階級支配と搾取という機能の担い手となりえた諸個人にたいしてのみ、道具として現れるにすぎない。すなわち、国家装置は、特定の個人やグループの「栄枯盛衰」と運命をともにするような忠実な僕《しもべ》ではない。

アルチュセールは、この事柄を、国家装置の物質性を強調することによって、そして、「国家装置は階級闘争から分離されている」（15, p.398）というテーゼを立てることによって表現している。国家装置は、階級闘争からできるだけ距離をとろうとする。それは、国家装置が、階級闘争にたいする中立的な調停者であるからではない。まったくその逆である。国家装置が恐れるのは、じつのところ、国家装置がその守護神として自称するところの「社会秩序」ないし「治安」の崩壊ではない。階級闘争が激化し、それが極限まで突き進んでしまうこと、つまり、階級なき社会への諸モメントが最大にまで顕在化するに到ることなのである。

　前章では、社会の階級分裂とは、精神労働と肉体労働の分業体制への諸個人の配分に他ならないことを論証した。国家装置とは精神労働の特権的具現なのであり、いいかえれば、この分業形態が社会において再生産されるかどうかは国家の「命運」を決定するのだった。すなわち、国家装置の最終審における目的は、自らを精神労働の特権的な担い手とすることを許す生産諸関係を再生産することにある。国家にとって重要なのは社会が階級分裂にあることであって、誰がどの階級に配分されるかは「余の与り知らぬところ」なのだ。国家装置が階級闘争から距離を取ろうとするのは、特定階級の政治的・経済的利害に巻き込まれるのを避け、社会の階級分裂状態を「治安」や「秩序」の名のもとに維持・保存するためである。

　階級闘争を巧妙に利用しつつ、階級的諸関係の再生産に貢献し、社会の階級分裂に寄生して自己保存をかなえる装置、それが、資本主義国家という概念が表現する事柄なのである。国家装置が支配階級の道具でありうるのは、当の階級が、国家装置が自己保存を遂行しうる物質的な諸条件を危うくしない限りのことであり、さもなければ、国家装置は新たな「主人」を探すことになる。

　したがって、本論冒頭に引用した廣松によるマルクス主義とアナーキズムとの差異が、国家の揚棄は今か後かという議論に還元されては最悪である。マルクス主義とアナーキズムとの種別的な差異は、階級闘争からの相対的自律性を保つゆえに、その揚棄が容易ではない国家装置の物質性を認識しているか否かという点にあるからだ。

　また、この国家装置の物質性にたいする理論的死角を抱えているのにもかかわらず、マルクス主義を超えたと称するポスト・マルクス主義——つまりグラムシの末裔達——への批判も進める必要がある。「ヘゲモニー」さえとれば国家装置など考慮に入れる必要はないという立場と、国家装置の物質性を考慮に入れた上で、「国家装置の破壊」を最終的な目標とするマルクス主義の立場との違いは、火を見るよりも明らかである。たとえば、アルチュセールによるグラムシへの批判は、国家装置は、階級闘争やグラムシのいう「ヘゲモニー闘争」などのいわゆる力の関係には還元できない物質性をもつという立場からのものであった。このアルチュセールの批判は、「ヘゲモニー」の理論の後継者たちに対してもそのまま有効である。

> さらにグラムシが「市民社会」という恣意的な概念の下に下部構造を——したがって、再生産と階級闘争、階級闘争のさまざまな水準と階級闘争の争点でもある国家をも——ほとんど完全に隠してしまったという事実が、この読み方に拍車をかけた。この読み方にあっては、国家の〈力〉はゼロであると見なされる。なぜなら、力は〈ヘゲモニー〉効果に完璧に同化されているのだから、この流動的モデルでは、すべてが〈ヘゲモニー〉という抽象性のなかで決せられる。〈ヘゲモニー〉は至高の効果であるだけでなく、至高の原因でもある。（中略）というのも、支配階級の支配が揺らぎ、自壊するには、〈ヘゲモニー〉が危機に陥るだけでよいのだから。（15, pp.477-488）

たとえヘゲモニーという概念が、その曖昧さゆえに包括性をもつとしても、国家装置の物質性は力関係に還元されえないのだ。

社会の階級分裂状態を再生産するために、階級闘争からできるだけ距離をおき、そこに政治的・軍事的な介入をおこなう装置、また、民間の諸機関や抵抗の運動さえもその権力形態のなかに我有化してしまう装置、これに対する理論的な認識を欠く限り、アソシエーショニズムが、国家的なものに飲み込まれてしまう危険性はきわめて大きいのである。アソシエーショニズムが無力なうちはまだよいかもしれない。だが、それが一定の影響力をもつにいたったとき、内と外における国家との対質が抜き差しならぬものになるのであり、国家装置への正しい認識をもたないとき、それは、アソシエーショニズムにとって、理論的な誤りというだけでない政治的な過失をも意味するのである。

三　第三の指針──資本主義的諸力と諸条件への対抗

現在、流通している「市民」概念は、国家から、そして資本からの自律という含意があることは指摘したとおりである。なるほど、ヘーゲルは市民社会を「欲望の体系」と呼んだのだが、市場でのエゴイスティックな競争と国家（政治社会）の支配─服従から解放された諸個人による水平な結合──これは美しいイメージであるし、そのような社会への夢それ自体に偽りはない。しかしながら、この「美しい」イメージは、それが資本主義というシステム、すなわち、世界的なシステムというだけではなく、われわれの存在の限界をも決定しているシステムにたいする認識を妨げるものであるならば、イデオロギーとして機能しうる。資本主義はわれわれの欲望のありかたを規定し、さらには、われわれの思考様式に対してすら決定的な力を行使している。今や、われわれの生自体が一種の投資活動のようなものとなっている──教育やパートナー選びまでが投資のごときものになり、また様々な異議申し立てや抵抗運動までが「商品」として流通し、「消費」されてしまう事態が現実のものとしてある。したがって、アソシエーショニズムが、我々の「内なる敵」である資本主義にたいして戦略的な理論的・実践的対質を試みない限り、足元をすくわれるということになりかねない。

悪いことには、経済的な次元を捨象した「市民」を巡る議論には、政治主義的イデオロギーの役割が割り振られている。「市民」論や公共性の議論が想定しているのは、徳そして「意識」の高い政治的主体である。そこで、隠蔽されるのは、そのような政治主体が、今や特定の諸階級にのみ配分されているという現実である。ボランティアは特定諸階級の特権となりつつあるという現実を直視すべきである。つまり、情報や知そして経済的な諸条件の平等が存在しない社会においては──すなわち専ら自己保存に汲々としなければならない人たちがいる社会では──、政治への高い意識、利他主義的な社会貢献などは特権へと転化する可能性があるだけでなく、そのユートピア主義によって現実の階級諸関係を隠蔽するという効果をも持つ。グローバルな競争のなかで諸資本がなりふり構わぬ生き残りをすすめ、「福祉国家体制」の解体によって社会保障が切り捨てられるなか、相互補助によってどうやって生活していくのか、社会的諸資源の平等な分配をいかに進めてゆくかというような経済的な問いをもたないかぎり、「市民」をめぐる議論もイデオロギーに墜しかねない。

さらに、「市民」概念が、国家（政治社会）／市民社会という対立図式を前提にし、そのうえで「第三の道」をさぐろうとしているならば、その道は危ういものとなる。前提にされた政治と経済の対立じたいがイデオロギーであることを理解しなければならない。政治主義的な「市民」論や公共性の議論は、経済をせいぜいオイコス（＝家政）ないしエゴイスティックな自己保存の競争ぐらいにしか考えない。しかし、それは、市場を自生的な社会秩序――政治＝経済システムであり文明のシステム――と捉えた古典派経済学（スミス）や新古典派経済学（ハイエク）の認識以前に先祖返りすることである。また、岩田弘が明らかにしたように、世界史へと登場したその時から、資本主義は、国民国家単位の経済システムにとどまらない世界性をもった世界システムである（16）。このシステムのトータルな揚棄が伴わない限り、政治主義者たちの夢見る理想は到底実現しうるものではない。

これらのことから、アソシエーショニズムの理論と実践にとって、資本主義が政治的かつ経済的なシステムであるという認識、そしてその認識に基づいた対抗機軸をもたないことは致命的な過ちであることが理解できよう。たとえば、ヘーゲル主義的イデオロギーをたっぷりと盛った前期のマルクスが、政治／経済の対立図式を前提にしていたことは間違いがない。しかし、上部諸審級と土台というトポロジカルな社会構成体モデルをマルクスが導入したときに、国家（政治社会）／市民社会の構図は理論的期限を過ぎたのだ。上部諸審級と土台の対は、政治と経済の対には対応しない。資本主義とは、政治的＝経済的なシステムであり、土台にはそれ固有の形態をもった政治があるのである。そして、資本制社会構成体を最終審において決定しているのは、土台における政治としての階級闘争であり、かつまた、階級闘争は生産諸関係をその物質的諸条件としているのであるから、政治理論と政治闘争がはじめに向かうべきは生産諸関係の革新という問いであろう。

敷衍すれば、資本主義とは、われわれの「欲望」をも捉えているゆえに簡単に逃れることができないシステム、そして国民国家性と世界性という二つの極を持った政治的＝経済的システムなのであり、それは、世界の人々を諸階級へと分断するものである。一時期、もはや階級闘争は終わった（「一億総中流」！）、階級一元論では複雑な社会関係を解明できないなどと阿諛されたものだ。しかし、一部の帝国主義諸国家において階級的諸問題が消滅しつつあるような錯覚を持ちえたのは、新・旧植民地主義によって、搾取の場を海外へと移し、階級的諸矛盾を国境の外に追い出していたからに過ぎない。だが、「グローバライゼーション」の進行によって、帝国主義諸国家は、階級的な諸矛盾、そして階級諸闘争のフロンティアにたいして再び国内において直面することを余儀なくされている。また、現在焦点となっている「治安問題」には、グローバルかつローカルな階級的側面が刻み込まれていることも確認されてよい。

ゆえに、徳高き市民を称揚する政治主義は、じつのところ、少しも政治的ではない。アソシエーショニズムが「高尚な」政治主義に陥るということは、単なる誤謬ではすまされない。それは、物質的諸条件によって、市民的徳や教養にアクセスできない人々の差別や排除そして封じ込めに荷担する装置として、つまりは国家のイデオロギー装置として機能することだからだ。資本と国家に対抗するアソシエーショニズムが選び取るべき理論は、「政治」哲学ではなく、かといって、経済主義・還元主義に陥るのでもなく、言葉の強い意味での政治＝経済学である。そして、アソシエーショニズムがその実践において機軸にすえるべき問いの一つは、国家にも資本にも従属することなく、相互扶助を手掛かりにどうやって生活してゆくか、というきわめて物質的な問いであるべきだろう。政治主義者達が、「私的なもの」やオイコスとして誤認し、「卑俗」と阿諛するような事柄にこそ、資本制社会におけるシステムにかかわる政治的モメントがあるのである。

ここで、アソシエーショニズムの一つの実践として、一つの組織をとりあげてみたい。とりあげるのは、中国地方を中心に事業展開をおこなっている株式会社Ｔである。（一）株式会社？　ＮＰＯではないのか、という疑問がすぐにあがるだろう。なるほど、株式会社＝資本主義企業、ＮＰＯ＝非資本主義組織という固定観念にしたがうならば、当然の疑問かもしれない。しかし、何事も大切なのは、形式ではなく、その内実、その機能の仕方である。少なからぬＮＰＯが、資本主義企業や資本家の節税対策として機能していることも事実である。Ｔ社は、同業他社を「リストラ」された人たちが設立した会社であるが、その経営は、株式会社の常識を逸脱している。

Ｔ社の一番の特徴は、決算期に利益を社員に分配し切り、社内に利益を残さない「経営分配」という制度を導入している点である。また、一部の利益は、値引きの原資に回されている。ゆえに、決算は小幅の黒字と赤字を行ったり来たりするので、株主への配当は事実上ないに等しい。運転資金は役員・社員からの直接融資で賄われている。また社長は、二期四年までの輪番制であり、そのうえ、社長もまた販売の現場で社員と同じように接客し、トイレ掃除までする。その給与も前期の総収入が最も高かった社員の実績と同じ水準に抑えられている。

会社の財務内容、人事評価などの経営情報は、イントラネットを通じて全社員に共有されている。また、折り込みチラシなどにも決算概要が載せられている。さらに、出店などの事業計画も社員による合議制。Ｔ社は、組織運営・意志決定・人材評価において透明性を確保することによって、全社員の経営への平等な参画を実現しようとしているのである。

さらに、Ｔ社は資本主義が産み出した様々なテクノロジーを導入し、最大限に利用している。イントラネットを使った徹底的な在庫管理は、銀行融資や株式公開による資金調達をしないことから来る回転資金の制限を緩和してくれる。また、全社員による経営情報の共有とともに、イントラネット上での情報交換や意志決定が徹底されているため、本社は最小限に縮小されている。人事部や経理部などの間接業務部門は存在せず、そもそも社長は現場の店長として働いている。これによって、会社組織の官僚的硬直を防ぐことが可能になる。つまり、個人の徳や力量にのみ頼るのではなく、社員の個別な能力の発現が組織の力へと繋がり、また組織運営の成果を平等に分かち合うことができる技術的分業システムがここにはある。

つまり、われわれは資本主義企業と非資本主義的組織との区別を、利益をあげているかどうか、組織拡大がなされているかどうかという点において判断してはならないのである。株式会社でありながら、T社は、従業員の直接統治を実現している組織であり、ここにアソシエーショニズムの一形態としての現代版「自主管理」を見ることができるだろう。それは、株主や役員の利益のためではなく、あくまで社員が生活の糧と社会的活動の場をえるため、そして消費者の利便性と地域の発展に貢献するための組織である。また、T社は、資本主義が生み出した生産諸力を逆手にとって、資本主義的競争にも耐えうるような自主管理組織をつくりだしたのである。それが、経営・業務システムの構築、そして技術の活用の全てに及ぶ、多くの発明によって支えられていることも付け加えておきたい。T社は、既存の資本主義企業に酷似していながら、その機能は全く異なるのである。そこでは、ハンナ・アレントが、人間の活動的生活（vita activa）の三つの活動力と呼んだ労働（labor）・仕事（work）・活動（action）が、分かちがたく結びついている（16, pp.19-37）。T社は、社員の生活の糧を提供するだけで資本を蓄積しないゆえに、資本主義的価値観からすれば「非生産的な」組織と映ろう。しかし、その組織そのものが発明的な創造なのであり、また、オルタナティブな「活動的生活」を創造しているという点で、そこには真の意味での政治があるのだ。

もっとも、T社が築き上げた技術的分業システムも永遠性や万能性を保証されているわけではない。完璧な技術やシステムは存在しない。それらは、運用・活用次第で良くも悪くも機能しうるのであり、アソシエーショニズムは、絶えざるシステムの反省・改革・発明によってのみ存続しうることを忘れないようにしよう。間違っても、「構造改革」さえ終われば、バラ色の将来が待っているというような幻想をふりまいてはならない。

また、アソシエーショニズムは、単独で存続していくことは難しい。一組織がなしうることには限界があることもまた事実である。T社が孤立無援の状態にあっては、その将来は予断できないものとなろう。資本主義的競争のなかで、T社が「普通の」資本主義的企業に転化しないという保証はない。T社が端緒を切った新しいアソシエーショニズムの可否は、T社のような組織が次々に立ち上がり、相互にアソシエートしていけるかどうかにかかっている。そしてそのことに成功したとき、その運動体は大きな可能性を持つだろう。

ここで、T社の試みから析出しうる、具体的なアソシエーショニズムの組織原理というべきものを挙げておくことにしたい。

（一）アソシエーショニズムの核心は、利潤や組織拡大を求めないという点にはない。資本への抵抗は、功利を忌み嫌うことと同じではない。アソシエーションは、禁欲的僧侶の集まりではないからだ。問題は、生産諸力の発展がもたらした成果と効能を、組織内において——そして組織の境界をこえて——いかに平等に分有するかという点にある。また、資本主義がもたらした諸技術を積極的に活用し、その目的を搾取とは正反対のものへと転化させるべきである。

（二）固定的分業の揚棄。職階的な技術的分業のシステムの固定化・硬直化こそ、アソシエーショニズムと遠いものはない。なるほど、個人の才覚や徳は、アソシエーショニズムに不可欠である。とりわけ、アソシエーショニズムが一つのシステムとして定着するまでは、個人への負担は大きいものがあろう。また逆に、個人の暴走によって、組織は簡単に堕落しうるのである。しかし、アソシエーショニズムの目標は、あくまで、参加者による自主管理・自己統治を可能とし、組織内における支配の固定化がおこらないようなシステムの実現にある。そして、そのシステムは、個人の力量や徳に大きく依拠するものであっては意味がない。

（三）組織の運営情報の徹底的開示。組織の指導部や管理部への権力の集中、すなわち組織内支配の固定化は、組織運営上の情報・知識が一部の者たちによって独占されていることに由来する。多くの資本主義企業では、企業秘密の多くは、実際には「経営陣機密」なのであり、それゆえに組織運営上の意志決定の多くは一般社員の頭越しにおこなわれる。最新の情報技術を最大限に活用することによって、組織の運営に関わる情報・知識が参加者全員によって共有され、また、民主的な意志決定を迅速におこなうことができれば、組織の官僚化を極力回避することができる。

(四) 外部への情報公開とアソシエーションのアソシエーション。崇高な大義をもち、優れた技術とシステムをもっている組織であっても、それが閉塞するならば、それらは逆のものへと転化するだろう。いかなる組織も寿命があることを受け入れなければならないが、それを遅らせることができるのは、外部との交通と組織内流動性である。また、アソシエーショニズムは、一つのアソシエーションでは完結しない。一つのアソシエーションは、他の組織との連合をつねに模索する必要があるだろう。

これらの組織原則は、アソシエーショニズムが組織を発展させてゆくうえで、一つのガイドラインと自己点検の術を提供してくれるだろう。またこれらの組織原則の利点は、組織が掲げる大義・綱領・スローガンなどによってではなく、組織の実際の機能において評価・判断が可能だという点にある。たとえ、看板に「公益」や「労働者のために」などというような謳い文句が書かれていたとしても、それだけではアソシエーショニズム足りうるというわけではない。

おわりに

本論は、アソシエーショニズムが担うべき機軸目標、そして、具体的な組織原則を辿ってきたのだが、もちろん、これらの機軸目標、諸原則がアソシエーショニズムの全てを網羅するものではない。そもそもアソシエーショニズムは、その発展に伴って大衆による創意工夫を爆発的に促進させるはずであり、その形態を絶えず変化させてゆくものであろう。理論はこの過程をプログラミングできるわけではないし、またするべきでもない。アソシエーショニズムの機軸目標そして組織原理もまた生成し続けるものである。理論がなしうるのは、理論的な蓄積と歴史的経験にしたがって、アソシエーショニズムの逸脱や偏向には警鐘を鳴らすことであり、また、アソシエーショニズムを活性化しようとする勇気ある試みと発明に対して肯定の声を挙げ、それらの諸実践を理論へと定着させることである。

［注］

（一）T社とは、株式会社21（トゥーワン）である。本文でその名を伏せたのは、本論の課題は、21（トゥーワン）の実験からアソシエーショニズムの理論的諸原理を析出することにあるのであって、21（トゥーワン）の活動がアソシエーショニズムであることを実証することにはないからである。また同時に、21（トゥーワン）の活動がアソシエーショニズムにぴったりと一致すると主張するつもりもない。21（トゥーワン）を取りあげたのは、その活動には、アソシエーショニズムが参照にすべきヒントが隠されているという理論的な見地から以上のものでも、以下のものでもない。

［引用・参照文献］

（1）廣松渉『マルクスの根本意想は何であったか』（情況出版、一九九四年）
（2）廣松渉『社会主義の根本理念　廣松渉コレクション　第二巻』（情況出版、一九九五年）
（3）フリードリヒ・エンゲルス（大内兵衛・細川嘉六監訳）『反デューリング論』『マルクス・エンゲルス全集　二〇巻』（大月書店、一九六八年）
（4）カール・マルクス（望月清司訳）『ゴーダ綱領批判』（岩波書店、一九七五年）
（5）アントニオ・ネグリ、マイケル・ハート（水嶋一憲・酒井隆史・浜邦彦・吉田俊実訳）『帝国』（以文社、二〇〇三年）
（6）マックス・ヴェーバー（世良晃志朗訳）『経済と社会　支配の社会学Ⅰ』（創文社、一九六〇年）
（7）マックス・ヴェーバー（濱島朗訳）『社会主義』（講談社学術文庫、一九八〇年）
（8）テオドール・アドルノ、マックス・ホルクハイマー（徳永恂訳）『啓蒙の弁証法』（岩波書店、一九九〇年）
（9）アルフレート・ゾーン＝レーテル（寺田光雄・水田洋訳）『精神労働と肉体労働』（合同出版、一九七五年）

（10）ニコス・プーランツァス（田中正人・柳内隆訳）『国家・権力・社会主義』（ユニテ、一九八四年）
（11）ルイ・アルチュセール（西川長夫訳）「マルクス主義と階級闘争」『自己批判：マルクス主義と階級闘争』（福村出版、一九七八年）
（12）柄谷行人『トランスクリティーク――カントとマルクス――』（批評空間、二〇〇一年）
（13）「ボリシェヴィキは国家権力を維持できるか？」『レーニン全集　二六巻』（マルクス＝レーニン主義研究所レーニン全集刊行委員会訳、大月書店、一九五八年）
（14）ヴラジミール・レーニン（角田安正訳）『国家と革命』（ちくま学芸文庫、二〇〇一年）
（15）ルイ・アルチュセール（市田良彦・福井和美訳）「自らの限界にあるマルクス」『政治哲学論集』（藤原書店、一九九九年）
（16）岩田弘『世界資本主義』（未来社、一九六四年）
（17）ハンナ・アレント（志水速雄訳）『人間の条件』（ちくま学芸文庫、一九九四年）

市民社会と「権利」の問題

角田晃子
Tsunoda Akiko

はじめに

最近よく考えることがある。「法に従うことが世の中の正当性である」と。「法に準じることがよき市民の証拠である」と。少なくともこの考え方は間違ってはいないであろう。法は市民の生活を見守っている。時には権利と成り代わり法は人を裁く。しかし法は、身近であるようで、遠い存在のときもある。すべての法を一般市民が知るわけも無い。私もその一人である。法にこれほどまでの信頼性をおくことにいささか躊躇する感もある。この場合、「法」というよりは、「決まり事」、「約束事」である。そのときの正当性を図るのは、結局市民の良識によるものであろう。

法とは人間が作ったものであるのだが、逆に法が人間を人間たらしめている要素もある。民主主義の形態において、法は市民の次元までその存在の「保障」をしてくれる。そして私は、実際に自分が法によって守られながら生活しているという実感を持つようになった。人間がこの地上で生きることを許されていることが、いかに法によって定められ、またそのもともとの発想もいかになされたかに興味を持った。

そこで今回、自然権に注目することにした。この権利の歴史を徹底的に追及したのが、アメリカ合衆国への亡命ドイツ系ユダヤ人、レオ・シュトラウス（一八九九年～一九七三年）である。彼はホッブズの政治理論の中にその時代の狭間と葛藤を見出している。それは伝統的道徳と自然科学的知識による解放的理念の葛藤である。ホッブズの生きた時代は産業革命以降の市民の経済的自立と私的領域の充実、ルネッサンス以降の精神的自我の目覚めによって支えられた時代の変わり目であった。その時代の推移と共に変わる人々の中に潜む諸概念は、特に近代において大きく書き換えられることになる。そしてシュトラウスも、二〇世紀前半を駆け抜け、自分の民族がほかの民族によって全滅を願われるという時代を経験し、ホッブズと同じように時代の変わり目を生きた人間としてその倫理性の葛藤の中にいたのではないか。そんな彼が憧れたものとは古代であった。古代では「自然」そのものに理性、そしてその概念のもとで人間の自由があると考えていた。

シュトラウスの「自然」概念とは、その普遍性によって確証付けられる。この概念の把握から、彼をハイデガーの後継者と呼んでよいであろう。そしてこの点を指摘するのはおおよそ無意味ではないと思われる。フライブルク大学でフッサール、ハイデガーからその思想的影響を受けた一人であるシュトラウスの「自然」とはハイデガーの「存在」への問いの意義と相似している。両者とも「ニヒリズム」思想への反発からの概念模索によって打ち出されたものである。この発想の類似点は、一般に近代批判を古代への遡及によって克服しようとするハイデガー以降彼の教え子たち、または、その魔圏の中にいた後継者たちに見られる光景である。

「自然」を「普遍的」で「事物の第一原因」であると考え、その自然の喪失として近代批判を行ったシュトラウスの思想を概観することによって、現代の市民社会が近代を乗り越え切れていないことを発見することは、可能であろう。ホッブズの政治哲学から近代の自然観を引き出し、「自然」と「人間」の関係を、彼自身、古代哲学に見解をつなげた。この論文では、そんな彼の論説の重点を追いつつ、現代が抱えている「政治的なるもの」を概念的に見つめられたらと思う。

一　ホッブズの政治理論と自然権、近代性

a　レオ・シュトラウス

論文を始めるに当って、軽くこの思想家の生涯に触れておきたい。レオ・シュトラウス――ユダヤ系ドイツ人。一八九九年ドイツ、キルヒハインに生まれ、正統的ユダヤ教徒として育てられる。一九一九年、新カント派の拠点マールブルク大学に行き、ヘルマン・コーエンに師事。当時ガダマーに出会ったとされている。その後一九二一年にはハンブルク大学にて、エルンスト・カッシーラーの下で学位を取得（論文「F・H・ヤーコビの哲学的教理における認識論について」）。一九二二年、フライブルク大学ではフッサールやハイデガーから影響を受ける。一九二五～二八年の間、ベルリンのユダヤ主義研究所にてスピノザ、メンデルスゾーンの研究に取り組む。一九三二年にイギリスにわたりホッブズなどの原書を読みながら研究を進める。一九三八年以降はアメリカにわたり、政治哲学者として「シュトラウス学派」を形成した。ホッブズ研究者としても有名である。一九四九年から一九六八年までシカゴ大学にて政治哲学の講義を行う。一九七三年の一〇月一八日、肺炎による死までに、彼の政治哲学への関心の深さを伺わせる多数の著書をのこす。主著は"Natural Right and History, 1953"で、彼の「自然」把握において、近代批判を徹底的に行った。現在は合衆国アナポリスのシナゴーグで眠っている。

今回、彼を選んだ理由としては、第二次世界大戦後活躍した亡命ユダヤ人の一人であり、歴史の連続性の上にその現象と思想との結びつきを追及していた人たちと同世代人だからである。「市民社会」を特徴付けるには、歴史の連続性の中にその特徴性を見出す必要があり、シュトラウスの関心事からそれを引き出すことは可能で、しかも比較的容易であるように思われた。

b　ホッブズによる自然権へのアプローチ――「個」か「全体」か

シュトラウスは著作『ホッブズの政治哲学』（一九三六年）でも書いているように、ホッブズを近代政治理論の創始者と位置づけている（それを後にマキァヴェリと訂正しているが）。シュトラウスの解釈に沿って、ホッブズの理論の核心である「自由」とは何か、正確には「自然状態」とは何かを見てみたいと思う。

トマス・ホッブズの有名なフレーズ「万人の万人に対する闘争」からも伺えるように、人間の自然状態は「闘争」であると捉えられる。つまりこれが前政治の状態であり、その「闘争」の解決法こそがホッブズの政治理論である。それを、「個別意志」の総合としての「国家理念」形成のための近代的な方法を政治理論の次元にも応用することによって成功させている。

ホッブズの「個」の捉え方、また「自由」の捉え方とは、人間を「個」として扱い、またその自然状態はあくまでも「自由」で、「自由」とは何に対しても制約されていない状態としている。そこには統治する政治でもなく法でもなく、人間＝各個人に焦点があてられ、その生活そのものに視点が向けられる。ホッブズの描く「人間の生活」とは、彼ら個人が生きることを「自然」とみなし、欲求もこの「自然」の行使の一部として考えている。そしてその行為こそ「自由」の中に存在する。これをホッブズが「自然権」とみなすとき、ホッブズの政治学は始まる。つまり、自由を条件付けて生きるための権利を持った市民が形成する初めての国家論であった。

シュトラウスは、この理論を時代性と関係付けながら、慎重に彼の理論の中に「近代の画期性」を摘み集めている。「個人による自由」は近代性の位置づけの一つである。シュトラウスは次のような表現でそれを特徴付けている。

ホッブズの政治学は、人間の正しい生活とは何かという問い、すなわち人間の共同生活の正しい秩序とは何かという問いに対して、体系的かつ包括的に答えようとする、最初の独特な近代的試みである。〔おそらくホッブズの教説の構成要素で、彼の先行者達の誰かれの教説にまで遡及されないようなものは、一つとして存在しない。……しかし、彼の時代以前に分散して出現したその諸要素は、ただホッブズにおいてのみ、その特殊近代的な統一を見出すのである。……ホッブズこそが、人間と国家についての新しい学（nova scientia）を探索する必要性を感じ、かつそれを発見することに成功した、最初の人間なのである。……」（一）（1, p.11; 1a, p.1）

ここで問題なのは「人間の正しい生活」である。人間もいわゆる一つの物体にすぎないと考えるホッブズにとって、それは人間が生まれてから死ぬまでの「自然」と経過をたどって生きることを問題としているのであり、「理性」などという「徳」を表わす言葉でその「正しい生活」などは説明されない。自然状態では、四方八方に向いている「個別意志」は、社会の平和という一つの共通利害（コモンウェルス）への欲求、意志によって統一される。本来の個人意志は、コモンウェルスというフィルターを通さない限り、勝手気ままな欲求であり連帯的な意味を持ち得なく、倫理的意味を見出しえない。それは、言葉を変えれば自然状態と総合単位である国家の対立関係を描き出している。

その対立の解決は次の方法論を説明することで十分であると思われる。それはシュトラウスが「国家にとって重要な決定事項がその方法によって概略的に描かれる」などというホッブズの「方法重視」の態度の一般的認識を否定するときに用いたものである。つまりその方法とは「ガリレイ、デカルトの二番煎じ『分析―構成的方法』（シュトラウス）」というもので、アリストテレスの発生論とはちがい、また反ストア派に位置づけられている。それは、今ある政治的事実、事柄は、観念によって分解され、要素の単位である「個別意志」にまで還元される。今度は逆にその「個別意志」から「もっとも明証的な推論に従って」、つまり完全な演繹法によって「集合意志」の必然性と可能性が追求され、最初は「非合理的」であったものが「合理化」されるのである（1, p.14; 1a, p.3）。

つまり、ホッブズの中で「個別意志」には、「集合意志」へと繋がる要素が含まれており、出来事は方法だけでは描き得ず、最終的かつ政治的な帰結を必然と待っているのである。ホッブズが人間を自然からして悪であると捉えたのも、そしてその自然状態が国家と対立関係として描いているもの、そしてその国家を「リヴァイアサン」と捉えざるを得なかったのも、一つの理論的繋がりを必要とするなら、この方法によって彼の理論の中の「闘争」は決着をつけることが出来ると言えるであろう。彼は勝手気ままな自然状態の平静を、政治的次元で解決することを試み、それを人格化された一つの普遍的権力によって結論付けた(二)。それを「契約」という一つの考えを生み出す段階に位置づけることは間違いではないはずである。

ホッブズの考え方には、近代初期、または啓蒙期さきがけを彩るいくつかの理解の困難さを避けて通ることが出来ないが、彼が人間の原初的状態を「自由」であるとしたこと、その状態こそを「自然」としたことに彼の時代的貢献が見られる。そしてその論旨は、決して市民から離れることはなく、つまりは国家に対する国民の優位性を強調したものであった。それは、シュトラウス的立場から言えば、ある意味「近代政治哲学」への貢献であり、近代という時代そのものへの挑戦にもなりえたのである。

c　自然権と権利、伝統的道徳観の葛藤

ホッブズの政治学が近代の始まりだとするには、次のような見方が一般的である。その理由は、彼が「自然権」からその理論を出発させたという点にある。この自然権とは、先行する法、秩序、義務に依存しているのではなく、その起源であるという。シュトラウスは、このような性質の「自然権」を「権利」と同等においている。

……ホッブズの政治哲学の独創性が、もっとも曖昧な形ではなく表明されているのは、道徳および政治の原理としての、まさにこの「権利」概念によってなのである。というのも、「権利」から出発することによって、したがってまた「法」の優位を否定することによって、ホッブズは理想主義的な伝統に反対する立場を取るのである。

他方で、道徳と政治を「権利」に基礎づけて、純粋に自然主義的な性向や欲求には基礎づけていないことによって、ホッブズは自然主義的な伝統に反対する立場を取るのである。すなわち「権利」という原理は、一方における厳密に道徳的諸原理と、他方における純粋に自然主義的諸原理との中間の立場なのである。「権利」はとりわけ法学的概念である、ということができるかもしれない。（1a, p.iii）

この「権利」の誕生は、伝統的な政治形態、倫理性への見方を逆転させる。近代の発想ともなるこの変化は、それを基盤に生じる「個」の政治に対する優位性も「道徳」の概念の助けでもって成し遂げられる。人の行為は、それだけでは単なる「欲求」と片付けるところを、人間がそのことを行う「権利」があることで、正当性つまり道徳的意味をあたえることができるといえる。

これによってはっきりと特徴付けられたのは、ホッブズの倫理観ではなく、近代性である。シュトラウスによれば、ホッブズの政治理論がいわゆる近代的自然科学の基礎の上に完全には成り立っていない。つまり、伝統的形而上学が、伝統的道徳、政治哲学を基礎付けていたのに対し、近代では自然科学がその基礎に成り代わろうとしたとき、すべてはカバーできなかった。それゆえに、自然科学を土台にした政治学では、「人間的な事柄」すなわち「道徳や政治」の問題を解決できず、あらゆる因果関係の考え方を無視し、ただ「自然」という概念にとらわれるに留まってしまった。従って、「ホッブズにおいては政治哲学を近代的科学の上に基礎づけようとする試みは、自然『権』と自然的欲求との根本的相違を首尾一貫しては維持しえなかった」（1a, p.iv）のである。

ホッブズの理論の根底には、人間の生活の中から汲み取られた経験的見解があるという。人間の生に関する見解を、唯一正しい普遍的に妥当する見解として正当化することが必要である。シュトラウスは、ホッブズが一時代の人間であるとし、自らの政治哲学とホッブズのそれとの歴史的根拠、位置付けとして、次のように説明している。つまり、「ホッブズの人間の生に関するもともとの見解」とは近代科学をまだ知らないころに、心の中に存在していたものであるという。そしてホッブズのその後の理論の展開を見ていくと、「解放」的要素は、いくつかの近代科学的諸要素によって確証づけられたものであるということが出来る。それゆえ彼のもともとの見解が「伝統にも近代的科学にも依存していない」と言っているが、同時にどちらにも依存しているともいえるだろう。

ホッブズのこのような理論上の「伝統」と「解放」との葛藤は、彼の生きた時代そのものを描き出しているといえる。伝統の中に生きた道徳的なるもの、それから解放されるときに手に入れる「自由」とは、「自然」に則って生きる人間の「権利」の主張でもあったが、その善悪の判断は、結局伝統的道徳の指し示すもの以外の何ものでもなかった。それゆえに、ホッブズの理論の計り知れない解釈の相違はいつまでも付き纏い、彼の理論の真の意味をつきとめる謎とさえ言えるだろう。

この点でシュトラウスは、ホッブズの自然観と道徳的政治観の一致を説明することに見事に成功している。「霊魂の不滅はありえない」という自然科学によって、ホッブズの核心テーゼ「死は最大かつ最高の悪」は保障され、その対となる生を守ることこそ彼の「自然」の道徳観であり、その前提が単に彼の政治理論の支えになりえたのであった。

……一貫した自然主義は、かれ（ホッブズ）の政治論の破滅である。……ホッブズは政治論を自然主義的にではなく、むしろ道徳的に基礎づけたために、単に死の恐怖の自然権のみを主張したにすぎない。（1, p.190; 1a, p.203-204）

二　伝統的自然法――「自由」の問題へ

a　「自然」の発見――コンヴェンショナリズム批判を通じて

一章で見てきた古代と近代の葛藤だが、古代の「自然」の概念、また、近代自然科学によって掻き消された「伝統的道徳」とは何だったのか。そしてそれが何故「人間的事柄」であったのか。

シュトラウスは自然法の誕生は哲学の始まりと同時に生じたと見ている。彼からすれば、哲学（Philosophie）とは「最初の事柄」、「始まり」を求めることであり、アリストテレスは最初の哲学者（ソクラテス）を「自然について語る人間」と呼び、「神について語る人」と区別した（3, p.84）。ここで問題になる自然とは、「現象の全体性」ではなく、「差異」のことであり、「現れ出ている全体性を切り開くこと」である。言葉を変えれば、自然とは「第一事物」なのである。一方ソクラテス以前はというと、習慣や風習、その生活様式が自然のことであった。それらの「古さ」、「自分たち固有のもの」そして「先祖代々のもの」という概念は、一つの「権威」的性格をもって法的に位置づけられていた。この「権威」が、ものの「善し悪し」の問題へと言及され、それをなおかつ「自然」とみていたのである。このような権威的なノモス（nomos）に基づいたコンヴェンショナリズム（Konventionalismus）への疑問こそ、自然的正義の誕生であり、ピュシス（physis）発見の源となりえたのである。

このコンヴェンショナリズムと自然法の区別は、シュトラウスの「自然理解」のために非常に重要な意味をもっている。興味深いのは、ここで彼が自然法の法的原則が「不変」であり、コンヴェンショナリズムが「様々な」社会の「様々な」法的原則に基づいているとしたことである。それは、シュトラウスの「自然理解」には、あらゆるものを総括する一つのものがあることの表れであるともいえるだろう。哲学によるこの自然の発見は、我々の認識方法、更に具体的に言えば、人間の政治的事柄、決まり事への判断基準に大きな影響を与えたといえる。自然が「現れ出ている全体性を切り開くこと」であるということは、物、あるいは一つの現象しているそのものに直接的に関わるということである。その判断基準には「両親の意見」や「地域社会の特色」といった、極端に言ってしまえば「強制的判断原因」は関係ない。シュトラウスはこの自然における価値判断基準についてさらに具体的に説明している。それは事実判断の際、「聞いたものをそのまま言うこと（Hörsagen）」と「自分の目で見ること（Mit-eigenen-Augen-Sehen）」では、どちらに信憑性があるかという問題から始まる。もちろん、後者に「真実」があると判断されるであろう。この原理は次のような結論を導き出す。「本当の意識のある状況での日常世界」と「多くの偽の私的な夢・想像の世界」といった世界観の違いが生じ、人間の存在の意味も同時に「どこかその辺の団体の私たち、あるいは私個人」から「人としての人、真実、虚偽、あらゆる事物の存在、非存在の尺度としての人」へと変わっていく。

> それゆえ人は、自分は聞いて知っている事物の名前を、別の人種の人々には違った呼び方があるということ、そしてその事物自体を、自分が自分の目で見ることが出来るように、別のあらゆる人種の人々もまた同じように見ることが出来ることを学ぶのである。こうして人間は、任意で各種によって異なる違いを、かれらの「自然的」違いとして置き換え始めることが出来るのである。(3, p.90)

こうして人間は「自然」の概念のもとで生活し始めることになる。そして哲学の役目は、発見された自然にポジティブな意味を付け加えることであった。それが「正義」や「善」の問題であり、Naturrecht つまり「自然法（権）＝自然的正義[三]」の把握へと続いていく。アリストテレスの「人間は自然にして政治的動物である」そして「理性的動物である」という命題を支えにするならば、人間には「自然」に正義や真実に基づいて判断できる能力があると言える。それが人間の本性に宿っているとさえ言ってよいであろう。

b 「普遍性」という概念

さらに人間と「自然」の関係を見ていきたい。シュトラウスは自然法とコンヴェンショナリズムをはっきりと区別しながらも、両者の類似点から抜け切れずにいる。しかし第一事物である「自然」が変わりうるものであるならば、「普遍など存在しない」と考えられ、それゆえ人間が真の完全な普遍的認識に到達することはできず、「自然的正義」の存在も認識できないであろう（3, p.100）。つまり人間の普遍性、真実への認識を可能にしているのは、自然が「不変」だからである。そして「正義」の問題において、「普遍性」は漠然とした性質だが、その特殊性は明確になっていく。なぜなら、自然的正義が感覚の中に生きており、すべての人が存在するのに、また生きるのに大切な意味を正義がもっていると「暗黙的に」分かっていることが条件だからである。「暗黙的」にもすべての人に対して、「正義」は一致しなくては「自然」ではありえない――この認識は音や色の認識といった類の「意味的質（die sinnichen Qualitäten）」のレベルと同様の問題である。「正義の原理」はそのようにして知られているものなのである。「それゆえに自然的正義の存在には、単に、すべての正常な人が正義の原理に関して同意できることが条件なのである」（3, p.101）。このように考えれば、コンヴェンショナリズムのもとで「自然的正義」が実際に意味するものは、彼らが正義だと信じているものが単に「先入観」で、それに「普遍的妥当性」を求めているだけのことだということが出来るのである（3, p.102）。

シュトラウスの自然の概念を人間的生活について還元して考えるならば、「正義」を人間のうちではなく、「自然」という別の個体の中に見出し、また不変のものと変わるものを区別することによって、人間をあくまでも自然的要素から区別する。しかし人間がその認識能力を持ち合わせることによって、自然と人間の関係は相互的に結び合っているのである。

彼の政治哲学が、「人間がいかに正しく生きていくか」という点に重点をおき、徳を培う教育の問題に言及していることから、彼が人間の中に「自然」の一部を身につける必要性を強調していたことは確かである。しかし彼の哲学が「保守的偏見」だとされたのは、あくまでも自然法の復権を主張していたからである[四](4, p.14)。しかしこのシュトラウスの思想の「退行性」にもかかわらず、彼の「普遍性なる自然概念」には次なる世代につながる思想の糸があるという気がする。それはおそらく彼が「普遍性」を強調したという点にある。この普遍性は国家の枠を超え、世界規模の政治にも当てはまる要素を孕んでいると言える。宗教の違い、文化の違いがあろうと、ノモス(慣習)と区別され事物の第一原因である自然の概念の普遍性は変わることない。そしてあらゆる人間が、均等に与えられる価値判断基準を持つ、つまり自然によって見守られている存在であると考えるならば、それゆえに人間は平等ということはできないのだろうか。

従来の形而上学との葛藤でハイデガーが見出した、世界の第一の地平、「存在(Sein)」のように、この「自然」の概念を形而上学、または現象学の視点からみることが許されるならば、人間の生活の地平など、不変の自然のもとで揺れ動く「影」のようなものである。しかしその人間の生活にオリジナリティーを与えるならば、「正しい人間の生活」に欠かせない正義の実態を知っているという事実においてであろう。そしてその事実が、「人間」だけに対になっているものであるならば、人間をほかの事物と区別することは可能であろう。主に形而上学を扱ってきた哲学が、時代的影響も含めさまざまな方法でその結論を導いてきたが、シュトラウスの場合、それを人間の本性の問題に結びつけるにとどまるのでなく、その形而上学的結論からいかに政治的機能に貢献できるかという問いに執着している。

そして、この「自然的正義」の認識において「意味的質」のレベルの認識と同一視できることを指摘した点で、「直観」的性質をここで思い出すことが出来る。今回の論文ではこの両者を深く追求しないが、シュトラウスの「自然的正義」を理解する際、その「直観」的認識は類似点を匂わせながら助けとなったのであった。そしてカントの「判断力批判」から引き出し、その判断力を政治の次元に活用したハンナ・アーレントが、実在を感じることの感覚、「共通感覚」を「良識」と同意義で扱った事実は、今回の論文のような考えを裏付けてくれるのである。ハイデガーの門下生であり、亡命ユダヤ人として同時代を生き抜いた両者が、あらゆる人間が持ち合わせる感覚それ自体に道徳的認識能力を見出したことは、単なる偶然ではなく、彼らの時代経験の残酷さから時代を救い、人間に再度「正しく生きること」への可能性を導くことを同じように願ったからではないのだろうか?

このような自然の概念の内容を法にしたのが、自然法（英「natural law」、独「Naturrecht」）である。しかし、法の機能を考えると、我々の常識からするとコンヴェンショナリズムとの区別は不可能に見えてくる。なぜなら、法は「約束事」、「決まり事」の範疇にあって、違反による罰は部分的には「人間性」を問われるが、「決まり事を破った罪」を問われる次元の問題だからである。民主主義の立法権の問題から採り上げるにしても、法を作る、執行するのは一部の人によってであり、その人たちの利害に依存する可能性もあるからである。従って、「自然法」という言葉自体矛盾にすら聞こえる。

シュトラウスはこの「自然法」のあり方をポリスの政治形態を振り返りながら、コンヴェンショナリズムとはっきりと区別する。「自然法」が「善いもの」、「最も重要なもの」といった、いわば「手本」となるには、それが「公益（Gemeinwohl）」であるかどうかが必要条件となる。これが欠けていると法とは自然が規定する「正義」にはなり得ないのである。そしてポリスにとって正義であることは自分の正義とは対立関係ではあり得ない。言い換えれば、もしくはシュトラウスの文脈から拾えば、健全なポリスとは健全な市民で築かれていることが条件であると同時に結果ということになる。民主主義のもと、立法権を持つ一部の市民の利害による法とは、全体としてのポリスにとって「良いもの」であるという明確な理由によって掲げられるのである（3, p.106）。これはポリス内の承認の問題であり、誰もが自分たちの正義観のもと、法は「みんなのもの」となるのである。自然的概念はこのような政治的過程をへて自然法として人々の感覚の中に根付く。それゆえ法は普遍的であり、古代社会による人間の意志に対する法の絶対的優位は確立されていくのである。

彼の理論には常に歴史的問題意識が付き纏う。彼の言いう「普遍」は「不変」と同意義的であり、時間の流れに「平行」して「普遍」である。それに対し、人間同士の繋がり、つまり同時代人の問題を見る「普遍」とは、時間の流れに垂直に交わり「横」に広がっている。しかしシュトラウスが自然の概念を時代性に「平行して」把握していたとして、その普遍の概念を時代性に順応させようとしていたことは確かである。なぜならどの時代の人間でも、同じ「人間」であるならば、自然の概念は全く問題なく適応するはずだからである。しかし近代の壁は彼の試みの前に大きく立ちはだかる。それゆえ彼の「近代自然権」への挑戦の意義がここに見られ、そして今まで彼の論を手がかりに明らかにしたものは、近代性への問題意識以外の何ものでもないのである。

三　市民社会とシュトラウス政治哲学

a　人権と権利そして自由——古代の自然概念の可能性？

一章のホッブズの思想の中に見る「伝統」と「近代」の葛藤、二章のコンヴェンショナリズムと自然法の区別を通して明らかになったのは、それゆえの近代の意味の問題提示である。そして一章の最後に「ホッブズの政治理論自体は伝統的道徳に基礎づいていたが、彼の自然権は単に死の恐怖から来るものである」と触れた。その自然権を法つまり人間的事柄のこめられた自然法より優位においたことが近代の芽生えである、と。この変化は単なる倫理観の置き換えではない。これによって生じる近代形成の「副作用」とはどんなものであったのか。

シュトラウスによる、ホッブズの理論の指摘部分は、「自然」、「権利」そして「自由」との対決像に集中している。その中で、道徳や政治の基礎とは自然的義務による「自然法」ではなく、権利・要求を根拠とする「自然権」で、それは「身体と生命の保存への要求（最小限の要求）」と「他のすべての人々に対する勝利の要求（最大限の要求）」の制限からなり、そのような自然権の下では「自然法の尊厳とは『自然権の必然的結果』」となる（1, p.176; 1a, p.189）。

さらに「権利」と「法」の区別を「自由」と「義務」の区別に対等に置きながら、「権利」を「行う自由または行うことを差し控える自由」とし、「法」を「どちらか一方を決定、拘束する」とした。つまりこの定義には、以下のような意味がついてくる。自由のもとにある人間には、それぞれの理性のもとでの「正義」が宿っている。従って法は、一人一人を社会の一員になるために包括するものではなく、社会の合理化のための道標に留まる。このような法の尊厳、また人間の正しい生活を包括するものの喪失は、一人一人が平等に「権利」を有するという標語にその道徳性を譲り渡すのである。法とは人間の正義的感覚に関するものではなくなり、その権威ゆえに守られる「拘束」となる

――コンヴェンショナリズムである。

この自由を基準とした「権利」と「法」の関係で、次に必要とされる問いは、「何によって支配されるべきなのか?」である。それは「主権」の問題と同じことになるのだが、この時、いままで自然的正義と呼んできたものは、時代性によって培われた自律した個人の「理性（Vernunft）」なるものの影に隠されてしまう。ここにホッブズによる古代と近代の対決が見て取れる。

「主権」をめぐる問いでは、古代は理性なるものによる非理性なるものの支配、つまり、法による支配を妥当としていたのに対し、近代では理性的なるものの支配する権利が十分に検討される必要性が生まれるのである。「すべての人間とは自然によって平等に理性的」であるのに、今ここで服従関係が問われなくてはならなくなってしまった。「平等」ゆえに「理性の正しさ」がなくなってしまい、主権の権限をいかに決定するかが困難となったのである。それゆえに「一人あるいは多数の任意の個人の理性が、恣意的に基準を与える理性とされなければならないのである」（1, p.181; 1a, p.194）。このような主権の概念は、理性主義からの断絶を意味し、法の地位は権利によって置き換えられ、更に「義務の優位」と「要求の優位」までも置き換えられたのである。ついには、この世界の数多くの正義＝理性の存在により、意見の多数性が一般的な妥当性をもつことになる。つまり人間の正しい生活で問われるのは、「いかに理性

的に生きるか」ではなく、「いかに多くの人が拘束されることなく『自然』に生きられるか」という基準である。もはや個人の中に平等に根付いている近代的理性それ自体はその特性を特に問われることはなくなってしまう。

……いまや理性的な「自然法」もまたその尊厳を喪失し、その場所に、たしかに理性的に合致しはするが、もともと理性によってではなくむしろ死の恐怖によって導かれた「自然権」が取って代わる。……(1, p.181; 1a, p.194)

この「主権」の概念をめぐる一通りの理論は、社会を「意志」の総合と把握する構図を作っている。この理論は近代政治学者によって、何の躊躇もなく受け継がれることとなる。シュトラウスはその根拠にルソーの理論をモデルにしている。ルソーにおいては、「理性」を「自由」、「一般意志」に置き換え、理性の無力さを決定的に且つ徹底的に近代的政治思想の根拠としたのであった。

かれ(ルソー)は理性的動物という人間についての古典的定義を他の新しい定義によって置き換えてしまったからである。「動物のなかで人間をとくに区別するものは、悟性というよりはむしろ自由の動因である彼の特質である。」(五)……たとい一般意志が「民族精神」であれ、「階級意識」としてであれ、より詳細に規定されたとしても、ホッブズによって開始された転回、つまり理性主義からの逸脱は原則的には疑問視されず、むしろ補足的に修正されたにすぎず、そしてそのことによって、かの転回の前提は完全に教条《ドグマ》にまで強化されたのである。そしてこの前提とは、理性が無力であるという信仰であり、あるいは、ほかの言葉でおそらくもっとはっきりいうならば、情念と構想力の解放である。(1, p.182; 1a, p.195)

ホッブズが近代を特徴付けた理論のうちの一つであるこの「主権」の概念とは、正しさを問うこともなく、同じ理性のもとの平等を土台にしたために、かえって「誰が決まり事を決定するか」という人々の間の地位的闘争を引き起こすのではないか。そして誰もが共通にもっている正義がなくなった今、その機能を一部の専門家の意見に委ねるのだが、その判断の理由は、意外にも安易なものによるのである。つまり「偏見」である。

近代の到来によってようやく理性的個人が手に入れたこの「権利」を、「人権」という概念を通して前章で見てきた普遍的意味でとらえる可能性にこそ、シュトラウスが「近代性」というテーマに彼自身の哲学を捧げた意味があるのではないか。そして、「平等」の意義がそこにある。

b　意志の時代、近代の問題点――ニヒリズム

近代の始まりによって「個」の概念が自分の生の証として時代の主役へと躍り出てくる。古代について論じられた普遍的概念はすべて個人に反映される次元の下で解釈されるようになる――主観の絶対的優位性である。シュトラウスの近代批判は、主観に第一義性を求める点を強調するのではなく、「普遍概念の喪失」という点に集中している。

今見てきたとおり、「権利」の正当化は、「平等」、「だれもが正しい理性を持っている」という現代の市民社会の理念を支えているが、その「同等」ゆえ物事を道徳的に判断する基準を失った。彼が考える政治哲学には、彼が自然の概念に求めた普遍的判断基準が不可欠である。そして普遍であり「不変」な自然は世界をニヒリズムから回避してくれる。しかし権利要求の自由のもとで活気づく個人の社会にはそのような道徳は「お荷物」でしかなかった。近代的なものの生成が一段落ついた一九世紀末には、「お荷物」ではあったが、確かに自分たちの拠り所であった道徳がないことに「この世界はニヒリズムだ」と叫ぶ場面があった。二〇世紀に入り、社会科学の価値中立性を説く「高貴なニヒリズム（edler Nihilismus）」のマクス・ウェーバーは、結局はニヒリズムから抜けきれていない（2, p.82; 3, p.50）。

ホッブズの政治哲学を検討するに当たって最初に触れたとおり、近代の自然権の意味とは主観的権利の擁護である。

さらに言えば、それは「私が生きることは誰にも制約されないことの権利」でもある。しかし、逆説的にも個人の自由とは実際、制限されることによって可能となっている。自分の領域も侵されてはならないが他人の領域をも侵さない――これが最初は西洋で生まれた権利への考え方である。自然権はもはや良い社会への「目的論」ではなく、自己保存への条件となった。この権利要求の根本は、もともとは絶対主義への反発ともいえるが、ルネッサンスの科学による真実の証明が、新しい人間の持つ価値観に変化を与えると、やがてそこには伝統的徳や倫理観が判断基準として人々の意識の中に入り込む余地はなくなる。そしてこのような自然権の下で生まれる社会観は「契約」である。

ここでの「良きもの」とは、伝統的に培われたものとか、自分の良識を問題にするのではなく、いかに自然科学に則って「正しく」生きることが出来るかという点に執着している。そのような考え方のもとで、判断基準は「瞬間的に」自分に有利に行われる。この「近代自然権の危機」はルソーによって初めて示されたとしている(3, p.263)。つまり自由や倫理観は、今ここにいる主観に基づいた意志に依存しているということである。シュトラウスは近代の「質」や卓越や徳を忘れている倒錯した自由主義」を古代の「自由と精神の卓越性と結びついた自由主義」に対置させ、批判したのであった(2, p.81)。そしてこれが、彼が見た近代の実態なのである。

c　現代へ

現時点で明らかになっている近代の問題点とは、現代において乗り越えたいが乗り越えられずにいる道徳的次元の問題である。社会が個人の自由のあり方を認めてしまったがゆえ、各々が口にする「正義」や「徳」もそれぞれの自由な基準を持つことが可能になっている。人類の共有する「普遍性」、その価値観の上での「平等」や「人権」は当然の概念としての地位を失ってしまった。本来、道徳的なもの、人間的なものと真正面から付き合える哲学は、現代では軽視されているのが事実である。シュトラウスの努力は、我々がもう一度「自然の概念」のもとで倫理性を呼び戻すために、全西洋の歴史を遡ることに費やされる。そして彼がここで主に採り上げたかったのは、国家論としての政治哲学ではなく、人間そのものを問題とする政治哲学だったのである。

二〇世紀に入ってニヒリズムの回避による思想的模索は、実存主義、存在論の傾向を作り出した。「包括するもの」の探求は決して支配論の次元のものではない。そしてピュシスの視点で見る存在論は、価値判断、事実判断そして意味付与の世界の関連性を問われて初めて、倫理学的意味を見出される。全体主義を体験、または時代として知っている世代には、意志の中に判断の妥当性を置くような主観構造を変える必要があった。今では相互主観性を新ためて位置付ける必要のないほどその認識構造は当然の前提となっている。行為するときに他者、あるいは自分ではないものを意識すること、それが現代の倫理学を支える理論である。

そして「自然」――すなわちシュトラウスが指摘するホッブズの道徳観念の中で混在する自然の二元論、つまり普遍的自然と自然科学は、時代的助けもあって文明的発想に軍杯が上がる。

> こうして、伝統と良識と一致しながら、所与の不変の人間の自然として理解してきたものは、実は決定的な部分において、踏み越えうる「自然の制約」であって、だからこそ人間の自然の文明化は果てしなく前進しうるのだ、という前提を根拠にしてのみ、文明という理念はその効果的な力を獲得するのである。人間に生得のものは非常にわずかであり、彼に自然によって与えられているといわれているもののたいていは取得されたものであり、したがって諸条件が変化すれば、それも変化しうる。人間のもっとも重要な特質――言語、理性、社交性――は、人間に自然によって備わっているのでなく、むしろかれの意志の作品なのである。（1, p.190; 1a, p.203）

「社交性」という人間の複数性としての特質も、結局は「意志」の問題に還元されてしまうのである。そしてこのような自然と人間の構造は、自然状態と市民状態の対立構造を浮かび上がらせることになる。この自然と意志の対立の解決は、カントの登場を待つことになる。

シュトラウスが現代を知った上で、近代を徹底的に追及して得たものは、現代との相違を浮き彫りにした。この姿勢から、政治がもう一度「人間的事柄」を見直す機会を得る重要性をみることができる。普遍的自然とは我々がまた問い直すことで再び人間の対となるカテゴリーとして我々のものになるであろう。そしてその不変性のもと歴史は思想とともに変化するものであるならば、文明も良識的「前進」という意味をもった歴史的「変化」となりえるだろう。それと同様に、歴史がその「前進」として広範囲の市民社会を迎えたのであれば、意志による諸権利間の「闘争」としての社会像を解決できるさらなる「前進」も、時代性の良心的な思想の中に、期待することが出来るであろう。

［注］

（一）〔 〕の中はドイツ語版には付されておらず、この部分は英語版からの日本語訳の部分である。またこの文献の本文に関して、日本語訳はドイツ語版からものである。

（二）ホッブズの政治論の倫理性が古代的道徳性を引き摺っていたかを明確にするために、それが後に触れるポリスの立法構造と同様であることをあらかじめ指摘しておく。

（三）『Naturrecht und Geschichte』ではこの文脈で「法」を「Gesetz」と書いてあり、「Naturrecht」に関して「自然法」と訳すよりは「自然的正義」と訳したほうが的確であるように思われる。この点は引用・参照文献2の寺島氏の訳を参考にした。

（四）ハーバーマスを「リベラル」とした上での対象として、このようにシュトラウスをブーブナーは示している。

（五）引用の中の引用は訳者による注を参考。Discours sur l'origine de linégalité, Premiére Partie.『人間不平等起原論』小林善彦訳『世界の名著　三〇』中央公論社　一九六六年　一二九頁。

［引用・参照文献］

（1）Strauss, Leo, *Gesammelte Schriften Band3 - Hobbes' politische Wissenschaft und zugehörige Schriften - Briefe*, Verlag J.B.Metzler, Stuttgart-Weimar 2001.
（1a）レオ・シュトラウス（添谷育志、谷喬夫、飯島昇蔵共訳）『ホッブズの政治学』（みすず書房、一九九〇年）
（2）寺島俊穂『政治哲学の復権——アレントからロールズまで』（ミネルヴァ書房、一九九八年）
（3）Strauss, Leo, *Naturrecht und Geschichte,* K.F.Koehler Verlag, Stuttgart 1956 (englische Auflage bei The University of Chicago 1953).
（4）Bubner, Rüdiger, *Polis und Staat*, Suhrkamp Verlag, Frankfurt am Main 2002.
（5）Habermas, Jürgen, *Die Einbeziehung des Anderen*, Suhrkamp Verlag, Frankfurt am Main 1999.
（6）Kant, Immanuel, *Kritik der praktischen Vernunft /Grundlegung zur Metaphysik der Sitten*, Suhrkamp Verlag, Frankfurt am Main 1974.
（7）Arendt, Hannah, *Das Urteilen*, Piper Verlag München 1985.

【第2部】

経験

現代政治におけるアソシアシオンと個人の可能性

新潟県巻町の住民投票を沖縄県民投票と対比して

鳴子博子
Naruko Hiroko

はじめに――ルソー主義的直接民主主義と現代

私たち現代人は現に存在し、機能し続けている国家を悪と見なし、中央政治へのアレルギー、嫌悪感、あるいは、どうせ変わりようがないという諦めを増幅させている。だが、そうだからと言って現代国家それ自体の変革の模索、展望まで失ってしまってよいのか。地域、地方政治の変革を志向するのはもちろんだが、それのみならず、それと連動させて中央政治の変革も、粘り強く求めてゆく志向、展望を持ち続けることが必要ではないのか。だから今、私たちにとって必要なのは大政治（マクロ政治）を捨てて小政治（ミクロ政治）の可能性に賭けることではなく、小政治と大政治の連続化、結節なのではないか。この結節のためにこそ、ルソーの理論体系の提示する視座が必要だと私は思う。ただしそのためには、ルソーの理論の現代的読み直し、捉え直しが必要である。[一]

ルソーの体系は、多くの場合、信じられているような、小国にのみ適合する同質的な男性市民を前提とする合意形成モデルではなく、むしろ多様な男女市民による差異を前提とした、共同意志形成モデルとして読み替えることが可能である。そしてルソーの直接民主主義論は地方の合意形成にしか適用できないのではなく、もっと大きな国民の合意形成にも適用可能であることが、後に論じられる。

それゆえ本稿では、新しい「ルソー主義」的視座から、現代のアソシアシオンと個人との間にどのような新しい可能性を見出せるかを追究してゆくことにしたい。本稿に言う「ルソー主義」とは、ルソーが彼の生きた時代に制約されて構想した政治共同体の論理ではなく、現代に拡張された理論的応用可能性を指す。男女全ての、差異を伴った市民が、政策決定の場に直接参加し、表明した個別意志から、一般意志＝共同性が創り出されることを理想とする「共同」の論理のことである。本稿の直接の分析対象は新潟県巻町の住民投票とそれと対比される沖縄県民投票である。そもそも、住民投票に私たちが注目するのは、代議制の下でも、自分たちに関わる最も重要な事柄は、議会や首長に任せきりにしないで、直接自分たちで決める、という直接民主主義のエッセンスがそこに見出されるからである。そして、一九九〇年代半ば以降、全国の地方自治体で運動が展開され、実際に実施されるに至った住民投票の中で、なぜ巻町の事例が問題とされるのかと言えば、そこでは、住民投票を求める運動が既存の団体と個人との関係を突き動かし、町民のあり方を変容させたと考えられるからである。

一　巻町の住民投票

よく知られているように、新潟県巻町の、原発建設の是非を問う住民投票は、住民投票条例に基づく、わが国初の住民投票である。(三) それゆえ、その点に大きな意義があることはもちろんなのだが、私たちがそれにも増して着目する点は、この住民投票がなぜ「成功」を収めることができたのかという点にある。『新潟日報』のスクープ（一九六九年六月三日）によって東北電力の原発建設計画が明るみに出てから四半世紀、巻町では、原発は建設されるには至らなかったものの、原発計画を廃棄することはできない、長い膠着状態が続いてきた。自民党二、社会党一という保革一と二分の一という五五年体制の縮図と言ってもよいような勢力地図の下（新潟二区）、巻町は選挙となれば、金品の授受が常態化し、土建業者が力を振るい、地縁、血縁、人情が人々を縛る、利益政治にどっぷり浸かってきた。五五年体制の利益政治が長らく支配してきた町で、なぜ住民投票が行われ、しかもそれが「成功」を収めることができたのだろうか。巻町の住民投票を主導したのは、一九九四年一〇月一九日発足の「巻原発・住民投票を実行する会」（以下、「実行する会」と略記）である。それゆえ、この「実行する会」とは、どのような組織で、そこで展開されたのはどのような運動だったのかが問題となる。言い換えるなら、「実行する会」の働きかけを触媒にして、巻町がそれまでとどう変わったのかが問題となる。二一世紀を迎えても、日本の多くの地域で、なお利益政治は生きており、その利益政治の構造を、残念なことに、私たちはまだ十分に断ち切ることができないでいる。だからこそ、しがらみの薄い先進的な地域で、新しい市民政治の実験がなされたというのではなく、新潟市に隣接する米どころであり、まさに五五年体制の縮図のような利益政治の舞台であり続けた同町で何が起こったかに、私たちは大いに学ぶところがあるはずである。

巻町の住民投票の「成功」は、建設反対票（一万二四七八票）が建設賛成票（七九〇四票）を大きく上回った投票結果もさることながら、むしろ、投票率（八八・二九％）の内に、まずは端的に示されている。わが国の現行法制下では、住民投票を実施するために、まず住民投票条例を地方議会で制定しなければならず、しかも住民投票の結果が、首長や議会に対して法的拘束力を持たない。（憲法九五条の地方自治特別法制定のための住民投票および時限立法による、町村分離や自治体警察の廃止をめぐる住民投票等は除く。）それゆえ、住民投票の実施その事自体が、半ば運動的な側面を持つと考えられ、住民の積極的な参加が、まずもって必要と考えられるのである。そしてその点の認識は、住民投票運動を主導した「実行する会」自身に明確にあった。

私たちは、まず、住民投票「成功」の意味と関わらせつつ、「実行する会」がどのような団体であったのか、その組織原理や行動原理を明らかにしてゆこう。順序を後先にして予告すれば、巻町の原発建設問題を巡る、この四半世紀の歴史の中で、多くの団体がつくられ、活動してきたが、「実行する会」は他のどの団体とも質的に異なる新しい役割を担った、新しい組織であるように思う。つくられた団体の中には、当然、一方に「巻原発推進連絡協議会」をはじめとする建設賛成、推進団体が存在したが、それらの団体の対抗勢力である建設反対を志向する人々の動きを概観すれば、まず五五年体制の枠組の中で、社会党、総評系の建設反対団体「巻原発設置反対会議」が、さらに共産党系の「巻原発阻止町民会議」（後に、「巻原発反対町民会議」と改称）が結成され、活動してきた。これらの団体を本稿では、仮に第一グループと呼ぶことにしたい。それに対し、主に新住民や女性たちによって担われた、第一グループより明らかに党派性の薄い、建設反対の運動体が誕生してゆく。それは巻町が新潟市に隣接する町として、徐々にそのベッドタウンとしての性質も併せ持つようになり、新住民が町に流入し、徐々に町人口の増加が見られたことを背景に持っている。その内、比較的早く発足したグループが「巻原発反対共有地主会」（一九七七年）や「原発のない住みよい巻町をつくる会」（一九八二年）であり、一九九四年以降、活発に活動し始めたグループに「青い海と緑の会」や「折り鶴グループ」等があった。こうしたニューウェーブを仮に第二グループと呼ぼう。第一、第二グループの活動の意義はそれぞれ大きい。第一グループの活動がなければ、おそらくは、とうの昔に巻原発は建設、稼働していたことだろう。反対派と推進派の闘いの激しさは、例えば、一九七七年一二月に機動隊が出動して町議会が原発誘致決議を強行採決した事実や一九八一年八月の第一次公開ヒアリングが、デモ隊八〇〇〇人と機動隊三〇〇〇人が町に結集した中で行われた事実をとってみても、尋常ではなかったことがわかる。しかし、この力と力の激しい闘争は、それを担っている団体の明確な党派性のゆえに、どうしても、一対二分の一という力の関係を突き崩すことはできず、抵抗、反対勢力は、少数派であり続けた。元来、保守色の強い、地元、自営業者や漁民、農民の多くは、革新のレッテルを貼られてまで、反対団体支持に回ることは出来なかったのである。それでは、第一グループより後発のニューウェーブ、第二グループの活動はどうだっただろうか。新住民や女たちを主とする、人の生命と地球環境を守る運動は、イデオロギー性、党派性を弱め、五五年体制の枠組みから比較的自由で、新しい社会運動の流れの中に位置づけられる。総じて小さな組織とそれを補う、各組織とのネットワークを特徴に持っている。第二グループの活躍を示す一つの例として、わずか五か月で一三万羽もの折り鶴を集めた「折り鶴グループ」の活動に注目してみよう。それぞれ活発に活動した第二グループの中でも、なぜ「折り鶴グループ」に注目するかと言えば、それは、このグループが住民の心情とどう向き合い、どう関わったかに興味を覚えるからである。原発建設反対の思いを鶴を折ることによって表すこの運動は、折り鶴の届け先を提供する人のみが、住所と名前を公表し、鶴を折る人々は（折鶴に名が記されていない以上）なお匿名の個人であり続ける。反対の意志は、鶴を折る行為の中で、ある種の「祈り」「願い」として示される。この運動の意義は、まさに利益政治のしがらみの中で、これまで出すに出せないでいた思いを表す機会を人々に提供し、それを顕在化したことにある。運動のしなやかさがそれを可能にした。しかし、他方この運動において個々人は、まだ、しがらみから完全には離脱したわけではなく、しがらみの中にあってなお、匿名性を脱していないことも忘れてはならない。このように第一、第二グループは、反対運動という共通の括りはあるものの、それぞれの組織原理、行動原理を持つ、独自の役割を担ってきた。しかし、「実行する会」はこれら、第一グループとも第二グループともはっきりとその性質を異にしている。

先にも述べたように、巻町の住民投票の「成功」は、建設賛成票を大きく上回る建設反対票が集まったこともさることながら、それよりもむしろ、八八・二九％という投票率に、より端的に示されている。そもそも「実行する会」は、「七人の侍」と呼ばれたメンバーを中心とした会員たちが、住民投票前に建設反対か賛成かを決して表明せず、あくまでも住民自身が原発建設の是非の意志表明をすることを求める運動だった。もちろん、事実的には、「実行する会」のメンバーは、町長や町議が利権と結びついて町政の方向を決定していることを憤り、運動はその異議申し立てとして、立ち上げられたのであった。したがって、会のメンバーの意志が建設推進にないことは明らかだったのだが。それゆえ、「実行する会」のメンバーが建設反対、賛成いずれの意志も、住民投票が終わるまで表明しないことは、確かに、会の有効な戦術であったことは間違いない。が、強調されるべきは、それが住民の多数から建設反対の意志を引き出す単なる戦術にすぎぬものではなく、町長や町議の体現する一部の利益に左右されるのではなく、住民の意志によって原発建設の有無を決すべきだとする会の真の目的に通ずる姿勢でもあった、ということである。「実行する会」の発起人は、第一グループのような革新系の活動家でもなければ、第二グループのような新住民でもなかった。彼らは地元の有力な製造業者、販売業者、つまり町の名士と呼ばれるような人々だったのであり、地元の人々から、それまでむしろ保守支持者と見なされてきたような人々だった。彼らの目の前には、保守の大票田となってきた自営業者や農民、漁民がいたし、チェルノブイリ（一九八六年四月）や高速増殖炉「もんじゅ」の事故（一九九五年一二月）等の、国内の原発事故も知り、原発の安全性に疑問や不安感を持っていても、仕事やその他のしがらみから声を出せない、あるいは出しにくい人々が、なお多数存在していた。

時系列的に「実行する会」の運動の流れを追うと、

（一）「巻原発・住民投票を実行する会」発足（一九九四年一〇月一九日）。

（二）「実行する会」の誕生に呼応して、原発反対諸団体が大同団結して、「住民投票で巻原発をとめる連絡会」（「連絡会」）を発足させる（一九九四年一一月二七日）。

（三）自主管理住民投票（一九九五年一月二二日～二月五日＝一五日間）を行い、投票率四五・四〇％、建設反対九八五四票、建設賛成四七四票の結果を得る。

（四）原発建設予定地内にある町有地を東北電力に売却するための臨時町議会が、反対派町民の座り込みによって流会となる（一九九五年二月二〇日）。

（五）自主管理住民投票の結果を無視する町議会の構成を変えるべく、町議選運動、「実行する会」擁立候補を三人当選させ、住民投票派が勝利（二二議席中一二議席獲得）を収める（一九九五年四月二三日）。

（六）新たな町議会において、住民投票条例案を一一対一〇で可決させる（一九九五年六月二六日）。

（七）建設推進派が住民投票の実施の先送りをねらいとした条例改正案を可決させる（一九九五年一〇月三日）。
（八）「連絡会」とともに、佐藤莞爾町長（三選任期中）のリコール運動（一九九五年一〇月二七日～一二月八日）を展開し、署名審査の結果を待たず、佐藤町長辞職。
（九）「実行する会」代表・笹口孝明が町長選で当選（一九九六年一月二一日）。
（一〇）住民投票実施（一九九六年八月四日）。
という経緯をたどる。

一つのエピソードが知られている。「実行する会」の自主管理住民投票の際、八か所に分かれた投票所の一つに頬被りで夜な夜な投票に現れた女のお年寄りがいた。このお年寄りの投票行動は、利益誘導政治に縛られて心ならずも身動きできなかった人が、なお顔を隠しながらも、自らの意志を示した勇気ある行動だった。鶴を折る行為の中に示された匿名の願い、祈りは、表出のルートを得て、顔を隠した意志表示へと発展した。さらにそれは、九六年八月の住民投票では、八八％余りの人々の頬被りなしの投票行動へとつながってゆく。

「実行する会」の立ち上げによって、推進側の東北電力、町長、推進派町議、推進団体は、資源エネルギー庁とともに、強い危機感を募らせ、ある時は強気の姿勢で、またある時はなりふり構わず、あらゆる巻き返し策を講じた。対する原発反対諸団体は、大同団結して、「住民投票で巻原発をとめる連絡会」をつくって精力的に活動した。このように確かに「実行する会」の立ち上げに推進派、反対派ともに強い刺激を受け、活動を激化させた。しかしそれにもかかわらず、彼ら「実行する会」の仕掛けた闘いは、それまでのような、団体対団体の闘いではなかったのではないか。彼らの闘いは、そうではなくて、どの団体にも属していない一般の町民に対して自らの意志を投票によって示すよう働きかけるのはもちろんだが、それに加えて特に、むしろ従来の利益団体から、そのコアにいる人はそのままだとしても、その周辺部にいる相当数の個々人を引出して、個人として自らの意志を投票行動によって示すことを促す闘いだったのではないか。「実行する会」の運動は旧来型の団体政治を切り崩し、変容させる運動であり、市民的公共性を担う個々人を創り出す運動だったと考えられる。町のことは、一部の利益団体が決めるのではなく、町民自身が決めるのだという、近代民主主義の掲げた高い原理への、そして現代に至っても未だ十分には実現されていないその原理への、いわば原点回帰が行われたと言ってよいのではなかろうか。

二　「あるがままの人間」はいかに変貌したのか——沖縄県民投票と対比して

本節では「実行する会」の主導する住民投票運動のプロセスの中で、巻町民の意識がいかに変容していったのか、そして、住民投票によって創り出された意志とは何かが、沖縄の県民投票（一九九六年九月八日）と対比することによって検討される。周知のように、沖縄県民投票は、日米地位協定の見直しと基地整理縮小の是非を問う、都道府県レヴェルでは初の住民投票であった。問われた内容も横たわる歴史も異なる住民投票ではあったが、一か月ほどしか時期をたがえず相前後して行われた、この二つの住民投票のプロセスを対比させることによって、巻町では、なぜ町民が「あるがままの人間」から、いわば「あるべき人間」への志向を持つ存在に変貌しえたのかを明らかにしてゆきたい。

a　「判断する個」は創り出せたのか

戦後五〇年に当たる一九九五年は、国内の米軍基地の七五％を背負ってきた沖縄にとって、基地の返還縮小を求める大きな意味を持つ年であった。この年の二月、米国防総省は「東アジア・太平洋安全保障戦略報告」において日米安保を「米国のアジア戦略のかなめ」と位置づけ、引き続き沖縄の基地機能に大きな役割を担わせる意志を内外に表明、日米両政府間で安保再定義が行われようとしていた。同時にこの一九九五年は、沖縄の基地利用用地の契約期限切れが迫っており、強制使用のための更新手続きが開始された年でもあった。こうした中、沖縄はもとより全国の世論を大きく揺さぶる米兵による女子小学生への暴行事件（九月四日）が起こる。状況の推移を追うと次のようになる。[三]

（一）米兵の女子小学生暴行事件（一九九五年九月四日）。
（二）大田昌秀知事、米軍用地使用に必要な代理署名拒否（一九九五年九月）。
（三）**沖縄県民総決起大会**（一九九五年一〇月二一日）。
（四）米軍基地の整理縮小のための特別行動委員会（ＳＡＣＯ）設置（一九九五年一一月）。
（五）村山首相、大田知事の代理署名を求めて提訴（一九九五年一二月七日）。
（六）連合沖縄が県民投票条例制定申請書提出、署名活動開始（一九九六年二月）。
（七）各市町村選管に署名簿が提出される（一九九六年四月一〇日）。
（八）普天間飛行場の全面返還で日米合意（一九九六年四月一二日）。
（九）連合沖縄、大田知事に直接請求（一九九六年五月八日）。
（一〇）県民投票条例案可決（賛成二六反対一七）（一九九六年六月二一日）。
（一一）代理署名訴訟、県側敗訴（最高裁上告棄却）（一九九六年八月二八日）。
（一二）**県民投票実施**（一九九六年九月八日）。
（一三）大田知事、橋本首相に対し、公告縦覧の代行の受け入れを表明（一九九六年九月一三日）。

一九九五年から一九九六年にかけて沖縄は、米軍用地の強制使用手続きを巡る代理署名訴訟（職務執行命令訴訟）で、大田昌秀知事が政府と対峙し、その裁判闘争と相前後しながら、県民投票の実施へと動いてゆく。沖縄は、一方で基地に経済的に依存しつつも（地主の地代、基地労働者）、他方、長年、基地によって生活基盤や経済振興を阻害され、米兵の引き起こす犯罪や事故によって大きな被害を被ってきた状況を、今こそ転換しなければと考える人々の危機意識で充満していた。問題の異なる事例間で、危機感の大きさを比較することは難しいが、問題の大きさ、深刻さ、複雑さのどれをとってみても、沖縄県民の危機感が、（このままでは町民のコンセンサスのないまま、原発が建設されてしまうという）巻町民のそれと比して、小さかったなどとは決して言えないだろう。そして危機感、危機意識の存在は、確かに、人々のあり方が変わる大きな契機である。が、現実には、ただそれだけでは人々が「あるべき人間」への歩みを進めるには十分ではない。基地を包囲する「人間の輪」や県民総決起大会で示された危機感や熱気は、県民の意志形成こそ、事態を転換する「鍵」となるという「決意」と結びついた時、確かなルート、道筋を見出せるのではないか。住民投票運動は、そうした「決意」を一人ひとりの住民に促す運動となりえた時、危機感を運動の大きなエネルギー、パワーに転化させ、成功に至るのではないだろうか。巻町の場合、これまでの保革の枠組みから自由な、無党派的なグループが新しく発足し、運動を主導した。それに対して沖縄では、既成の労組である連合沖縄が条例制定を求める直接請求者だった。次に、条例制定のための議会の審議であるが、沖縄では、五月八日の直接請求を受けて、六月二一日には、自民党等の反対一七に対して賛成二六の比較的大差で、条例が可決され、（住民投票の先送りをもくろむ）条文の修正もなされることなく、九月八日が投票日と定まったのである。さらに、県が投票の促進を図るため多額の予算を組んで、ポスター、チラシを配布し、講演、シンポジウムの開催等の広報活動を怠らなかった。

翻って巻町の場合は、ずっと「条件」が悪い。「実行する会」は、まず、住民投票にきわめて否定的な姿勢をとる町に代わって、まず、自主管理住民投票を文字通り自前で、行うことから始めねばならなかった。次に住民投票条例派が少数派であった議会構成を変えるべく、町議選を戦わなければならなかった。加えて、町議選では条例派が過半数を得たものの、その後、建設推進派の切り崩しに遭い、二人の議員の寝返りによって議会構成は再逆転、条例が制定されたのは、一人の建設推進派町議の投票ミスの結果と言われる、幸運な偶然の関与（わずか一票差での可決）によるものだった。さらにそればかりか条例制定後も、住民投票実施の先送りをねらいとして条文が改正されたために、佐藤莞爾町長のリコール運動まで行わなければならなかったのであった。このように建設推進派が矢継ぎ早に攻撃を仕掛けてくることに対抗し、その動きを跳ね返す行動をとらざるをえなかったのであった。一見、この両事例の対比から、巻町の状況に困難や障害が大きく、沖縄の状況には、こと、県民投票実施に関する限りは、困難、障害が小さいように思える。しかし皮肉なことに?巻町の建設推進派の攻撃、反撃に対抗すべく運動が進む過程で、その攻撃を跳ね返す力、エネルギーを住民投票推進派は獲得し、パワーアップしていったのである。自主管理住民投票の実施で示された「実行する会」の「決意」は投票を無視、敵視する建設推進派の視線の中で、四五・四〇％の投票率と投票者の圧倒的多数の建設反対の意志表示を生み、この獲得されたエネルギーの圧力下に、次なる困難（原発建設予定地内にある町有地売却のための臨時町議会の開催という事態）の打開（臨時町議会の流会）がもたらされるという結果を生む。こうした障害と困難の発生とそれの打開を繰り返す中で、少なからぬ人々は、団体の上からの決定に無条件的に従うだけの「あるがままの人間」から、自己の判断で事の是非を決しようとする存在へと変貌していったのではないか。そして最終局面において、住民投票告示日の七月二五日付で、巻町では笹口町長からの「巻町民へのメッセージ」が発せられたことも、町民の「決意」を固める上で大きな役割を果たしたと考えられる。なぜならそのメッセージには、「賛成多数であれば建設の方向に向い、反対多数であれば町有地を売却せず、建設は不可能になることは当然」と記され、住民投票の結果が、直接、原発問題の解決の方向を決すると町民が信ずるに足りるものだったからである。[四] もちろん巻町には、こうした運動の主体的要素以外にも、外的で（ある場合は）偶然のファクターも、追い風になったことは間違いない。一九九五年一月の阪神淡路大震災の恐怖、相次ぐ原発事故の不安、さらには、条例可決時の投票ミス等がそれである。このように巻町では、外的、偶然的要素も味方につけて、運動のパワーアップと町民の意識の変化がさらに進行していったのである。

　これに対するに、沖縄県では、一九九五年一〇月二一日、空前絶後の八万五〇〇〇人もの県民が沖縄県民総決起大会に超党派で結集したにもかかわらず、この巨大なエネルギーを維持、あるいはさらに大きくパワーアップさせることに、残念ながら成功したとは言い難い。この巨大なエネルギーは、基地問題の解決の方向性は県民自身の意志表示によって決すると信じ、闘う超党派的な県民運動の創出をもたらしはしなかった。条例制定を目指す直接請求が無党派グループによってではなく、既成労組・連合沖縄によってなされたことは既に述べた通りである。そして県議会での条例制定後は、県主導で県民投票キャンペーンが行われた。沖縄の基地問題は言うまでもなく、米軍、そして日米両政府という巨大な存在を相手とするきわめて深刻な問題であり、長らく保革の激しい闘いの争点であり続けた。それゆえ、脱イデオロギー、脱既成団体がいかに困難であるかは、想像に難くない。しかし、従来の保革の枠組を超えた主体的な新しい運動こそが、これまでの組織と個人との関係を崩し、自立した個人を出現させうることを、沖縄の事例は、図らずも反面教師的に、私たちに教えてくれているのではないか。県民投票を主導する自前の新しい運動の不在。これまでの保革対決の構図を十分に突き崩せない中で、団体の集団的対応が出てくる。自民党と軍用地地主の土地連（沖縄県軍用地等地主会連合会）と基地従業員の第二組合（全沖縄駐留軍労働組合）とは、県民投票での棄権を組織決定したのである。こうした組織の上からの決定に呼応して、所属メンバーが棄権に回ったことは、約四割の棄権率に現れている。とはいえ、投票者中の賛成票の率は高い。しかし、棄権することと、投票して反対票を投ずることとは、全く意味が異なる。反対者がもっと投票していたら、たとえ反対票が多くなったとしても、運動としての県民投票にとっては大きなプラスをもたらしたであろう。しかし現実に沖縄で起こったことは、団体崩し、団体はずしであるどころか、県民投票崩しの策動であった。県民投票の結果を受けて、県民投票に意義を見出す人々や大田知事は、県民投票の「成功」を言い、評価の言葉を述べた。しかし、多くの場合、それは複雑な表情を浮かべながらのものだった。県民投票の設問の仕方、つまり、基地の整理縮小の意味が曖昧で、どこまで基地が返還されることを意味するのか判然としないという批判や、基地の整理縮小と日米地位協定の見直しとをセットにしたことへの批判があったことは事実である（9, p.54）。さらには、大田知事が県民投票前に、巻町長の「町民へのメッセージ」のような、投票結果に対して、具体的にどう対応するか明確に表明しえなかったことも、県民の「決意」を促さない要因の一つとなったことも否めないように思う。しかし、県民投票の「成功」とは言えない結果の主たる原因は、やはり、沖縄県民自身が、県民投票実現に向けての新しい無党派的な団体を立ち上げ、リスクを覚悟した上で自前の運動を展開できなかったことにあると思う。県民投票直前の最高裁上告棄却は、確かに逆風であった。しかし、この逆風を跳ね返す、自前の運動の盛り上がりがあったら、この逆風は運動のテコともなり得たのではないだろうか。県民投票の投票率五九・五三%と賛成票の、全有権者中、五三・〇四%という数字は、なお運動的側面を持つ住民投票にとっては、十分な成功を意味しない。沖縄はどこまで行ったのか。あえて沖縄と巻とを比較するなら、とりわけ、相当数の住民が団体的な拘束の下に、投票に参加しなかったという点から見れば、沖縄は巻の自主管理住民投票時のレヴェルに留まったと言えば言い過ぎであろうか。振り返れば、一九九五年から九六年にかけての運動のピークは、一九九五年一〇月の県民総決起大会の時点にあり、そこに噴出、表出した人々のエネルギーは、県民投票によって県民の確固たる意志を創り出そうとする運動とリンクすることや、さらに大きなエネルギーを生み出すことには成功しなかった。そうした中、投票資格を持たない高校生たちが行った模擬投票（「高校生で県民投票をしようの会」主催、会長・浦添高校の比嘉憲司君、参加六七校、投票数三万六一四〇人）は未来への希望である（10, pp.22-23）。しかし、県民投票直後の知事の公告縦覧応諾は、「県民投票なんだったばー」という失望を彼ら高校生に与えたのであった。(五)

b　最重要なのは討論なのか投票なのか

住民の意志の形成にとって、必要不可欠な前提条件は、行政や一部の利益団体関係者等だけに情報が独占されず、全ての住民が自ら、判断を行えるような情報開示があることが挙げられる。巻町は住民投票前に、町民シンポジウム（一九九六年五月一七日）を主催し、その報告書を全戸に配布し、町の広報誌にも三回掲載した。それに対して、建設推進派、建設反対派は、双方とも、活発に講演会やミニ集会を開催して、それぞれの主張の正当性をアピールした。

推進派「明日の巻町を考える会」＝チラシ配布、講演会

東北電力＝地域ごとのミニ懇談会、原発見学ツアー（東電・柏崎刈羽）、全戸訪問

通産省・資源エネルギー庁＝連続講演会、シンポジウム

反対派＝地域ごとのミニ集会、全戸訪問

巻町の原発建設問題の場合、きわめて長いせめぎ合いの歴史があっただけに、その長い時間の中で、推進派、反対派、そして一般住民を含めた町民には、問題に関する生半可ではない知識の蓄積があった。町民の原発に関する知識は、例えば、新しく町を担当した新聞記者が太刀打ちできないと感じるほどのものであり、ゆうに三時間は語り続けられるほどのものであった（11, p.186）。知識の蓄積は住民投票の短い期間に限られていたわけではなく、もっと長い時間をかけて行われていたのである。情報が住民に行き渡っていない場合には、情報開示を町が率先して行わなければならないだろうが、巻町の場合は、その必要性がそれほど大きくなかったと言えるかもしれない。住民間に、特に直接、買収や利益誘導の対象者となる場合も多かった農民、漁民（用地買収や漁業補償）と事務職等、それ以外の職業従事者との間や、旧住民と近年の流入組である新住民との間に、情報へのアクセスの仕方や情報の質量の差異はあったとしても。そして、町ではなく反対、推進の両派が、それぞれ別個に、各自の主張を展開する場（集会）を住民投票前に頻繁に持ったのであった。

ところで私たちの多くは、議会であれ、その他の集会の場であれ、市民相互間のコミュニケーション行為としての討論こそが、よりよい合意形成、政策形成を生むことを半ば「常識」としているが、住民投票という直接民主主義的方法、手法においては、討論はどのように位置づけられるだろうか。巻町では推進派の買収、利益誘導はとうの昔に行われてしまっていた。弁論のレヴェルでは両派とも論点、争点が出し尽くされ、もはや両派とも妥協点は見出せず、

議論が平行線をたどることは明らかであった。自民二派のつばぜり合いから両派とも革新陣営の取り込みを余儀なくされ、「原発凍結」を暫定的、政治的に選び、問題を引き延ばしてきただけの状況にも、限界が来ていた。一言で言えば巻町の膠着状態は限界に達していたのである。膠着状態が動く直接的なきっかけは、三選を果たし、盤石な地盤を固めたかに見えた佐藤町長が、一気に「凍結」を解除して「建設」へと転換したことにあった。長く膠着状態に陥ってきた町、しかし、他の同じような問題を抱えた地域と巻町が異なっていた点は、どこにあるのだろうか。それは、もうこの問題はどうしても解決されなければ町は立ち行かないという限界の意識、強い危機感を持って立ち上がった町民（「実行する会」）が巻町にはいたことであり、彼らの危機感の共鳴盤が多くの町民の側にもあったことである。

それでは討論の位置づけを考えながら、改めてこの住民投票運動を整理し直すとどうなるだろうか。言うまでもなく討論とは、一般に、公開の場で、その判断の根拠、理由を明らかにしつつ、問題への賛否それぞれの立場をはっきりさせる行為である。それに対して、「実行する会」はそのメンバー自身が、先述のように、投票前に自らの賛否の意志を公表もしなければ、討論に参加することもなかった。そして街宣車やチラシ等で、あるいは戸別訪問によって、住民一人ひとりに対して訴え、求めたものも、言うまでもなく、公開の場（討論の場）で賛否の表明をすることではなく、改めて自分一人で判断して投票することだった。もちろん、住民投票前に巻町で討論が行われなかったわけではない。たとえ、推進派や資源エネルギー庁の集会が一方通行的な「講演」の形を採ることが多くとも、推進派、反対派の集会は、やはり幾分かは討論の場でありえたし、両陣営とも活発に行った街頭宣伝や戸別訪問の際、ミニ討論が「発生」することもあった。しかし、住民投票前夜の巻町では、討論はもはや最重要なものではなかった。そして住民投票そのものは、討論ではなく、各住民が一票を投ずることによって自らの意志を表明する行為であった。それゆえ、巻町の住民投票における主役は、雄弁な討論者ではなく、ふだんは討論を聞いているだけのサイレントな個々の住民だったのであり、「実行する会」のメンバーは、言ってみれば、舞台上の黒子だったのである。

ところで討論の重視は、J・S・ミルに溯るまでもなく、ハーバーマスやアーレント等に見られるような、現代の民主主義の主たる原理の一つと考えられているように思う。このような考え方に立つと、あらゆる政治的な舞台の上で、雄弁に自説を主張する討論者が政治の能動的なアクターとして、スポットライトを浴びることとなる。議論を闘わせる少数の討論者と彼らを囲み、聞き入る多数の聴衆。(現代においては議論にほとんど関心を持たず、聞こうともしない無関心層の問題がそれ以上に深刻でもあるのだが、今はそうした無関心派の問題はひとまず措く。)討論が重視される見方に立つと、討論者が主役で聴衆は脇役である。実際、聴衆は自ら、はっきりとした判断を持ち合わせている場合は稀で、それゆえ、自らの判断と討論者の見解との異同を考えながら聞いていることも稀で、舞台上で主張され、あるいは闘わせられている複数の主張の中から、どちらかと言えば自分の好みにかなうと感じる意見を選ぶだけ、という場合が圧倒的に多い。こうした聴衆にとって、自らが舞台上の討論者になることはさらに稀である。舞台に上がるには、「高度な専門性」や「見識」が必要とされ、この雄弁と説得の世界には、「技術」が必要とされると考えられているからである。聴衆に残されているのは、選択でしかないというシュンペーター的世界が広がっているのである。

ところで、長々とした騒々しい討論を共同意志形成の阻害要因と見て、討論を重視しない、と言うよりむしろ、討論に内包する危険性を指摘した思想家こそ、民主主義の始祖だったはずのルソーである。現代の民主主義論の「常識」とは異なって、ルソーは討論の有益性より危険性を注視した思想家だった。ルソーは、必要以上に討論が長々と騒々しく繰り広げられる時、討論者は邪な意図を隠していると見た。長々として騒々しい討論は、樫の木の下で誰かが口を開いたら、短い時間の内に、誰もが分かり合えるような、穏やかな話し合いとは対極に置かれている。雄弁は政治的能力の発露として高く評価されるより、むしろ、人々を知らぬ内に一部の者の特殊利益(団体利益)に誘導しうる技術として、警戒の対象とさえなる。ルソーは、討論に対してJ・S・ミルが考えたような、議論を続ける内に、主張された意見の内、最も理にかなった意見が残り、あるいは、個々の主張のよい点が結び合わされて、よりよい意見が形成されるという「健全な」機能を期待するのではなく、もっともらしい装い(偽りの公共性)の下に、特殊利益に専ら従うように人々を誘導する危険性を見るのである。ルソーにとって、雄弁は、徒党、団体の形成、維持の策動の温床とさえ見なされている。しかも現実の団体利益への誘導は、こうした討論や雄弁の世界以下であることも忘れてはならない。なぜなら、討論や雄弁と言った時、議論を闘わす複数の討論者の対等性が暗黙の内に想定されているように思うが、実際の利益誘導は、多くの場合、アメとムチを巧みに使い分けた「説得」という形をとる。ここには、討論者の対等性ではなく、むしろ、力や権威の上下関係が見出される。

さてルソーの原理論は、政治共同体＝国家という大共同体における人民集会の理論であり、そこでの表決、言うなれば「人民投票」が問題とされている。私たちは、ルソーが直接、理論化している対象が国家における主権の直接行使であること、しかも、このルソー的共同体においては議会、代議制を否定して、人民集会こそが立法集会であり、したがって「人民投票」の結果が法となることを、改めて確認しておかなければならない。しかし私たちはルソー主義の観点から、ルソーの理論を国家という大きな政治的単位から、地域という小さな単位へスライドさせ、置き換えて考えてみることにしよう。（とはいえ、他国同様、代議制を前提とするわが国の現行法制下では、地方にも当然、議会があり、住民投票は、地方議会の可決した住民投票条例に基づいて施行されるものの、住民投票の結果がどこまでの効力を持つのか（法的拘束力）という問題が横たわっている。こうした限界、問題点については後に、論じなければならない）。ルソーは人民集会の参加者である市民一人ひとりに、政府（執行部）によって提出された問題に対して、あたかも裁判官であるかのように判断を下すことを求める。ルソーの立論は、ここでもまた「常識」に反している。私たちの「常識」では、裁判官は当事者であってはならず、第三者であることが求められているのは当然とされるからである。問題の渦中にある当事者ではなく、第三者だけが公正な判断を下せると考えられるからである。しかし、このような発想とは大きく異なって、ルソーは当事者自身が、第三者の問題としてではなく、自らの問題として判断を下すことをよしとする。それゆえルソーにおいて、各市民に求められているものは、当事者性と裁判官性という二つの属性である（12, p.374）。

これを巻町の住民投票の場合に当てはめて考えてみると、住民投票に参加する各市民は、原発建設問題に断を下す裁判官であるべきだ、ということになる。他方の当事者性の要件は、町民であることから、既に問題なく充されている。町民の問題に対する当事者性と裁判官性。五五年体制下での利益政治こそが政治であると考える人にとっては笑止千万な絵空事と感じられるだろう。当事者であり、かつ、裁判官であれなどとは、どこの世界の話だろう、と。しかし、中央―地方の政府が体現する強力な政治的公共性に対して、市民の担う市民的公共性を活性化させることこそ、市民政治の展開の条件であると考える脱利益政治の発想に立てば、自らの問題を、一方で裁判官のように判断することは決してユートピア物語ではない。むしろ、各人の裁判官性は、このままでは町、そして町民の生活は立ち行かなくなるとの危機感が後押しして、がんじがらめにされてきた利益政治の網の目から住民を解き放ち、政府、県、電力会社や業界団体から押しつけられた判断に従うのではなく、一人ひとりが自らの理性と良心（感情）に従って判断することによって、獲得されうるものなのではなかろうか。しかし現代人は、人間の非合理性を注視し、感情というよりもむしろ、情動により強い関心を払うし、「感情的」という言葉がヒステリック、情緒不安定といった意味合いで用いられることが多いことからもわかるように、「感情」に正当な地位を与えていないように思われる。しかしルソーの体系では、そうではない。そこでは、人間の判断、意志の決定は理性と感情の相互作用によって説明される。一八世紀という、デカルトに淵源を持つ、哲学の世紀、理性の世紀に生きた思想家であるにもかかわらず、ルソーは理性の無謬性を主張などしない。そうではなくて、彼が主張するのは理性の騙されやすさである。ルソーはそれゆえ、感情に理性を導く役割を与え、感情に理性との同等性をさえ与えた。さらに、理性―感情は固定的なものではなく、両者ともに人類の発展、転換とパラレルに転化、変質、発展し、その関係性も動態的なものとされる。すなわち、ルソーの捉えた人類と国家の歴史においては、人類は理性の発達によって高度で豊かな獲得物を手にするが、その成果は本来、万人の幸福のために用いられるべきものなのに、そうならずに、自尊心（悪しき感情）が理性を引きずってゆくために、一握りの利益（団体利益）にのみ奉仕し、他の多くの人々を疎外することになる。だが、このような事態がさらに悪化し、臨界点に達すると、遂に人々の中で眠っていた良心が目覚め、その良心が理性と自尊心との結びつき（相補関係）を切り離し、理性を導き始めるので、危機的状況が打破されるに至ると考えられる。つまり良心は、結局は、自尊心と結びついた理性の暴走を歯止め、新しい状況を生み出す、いわば起死回生の契機と見なされる。それゆえルソーの体系は、理性の発達を肯定し、理性を前提としており、非理性主義とは異なるが、かといってデカルト流の理性主義とも一線を画している。それは理性─感情のダイナミックな動態論を特徴としているのである。

さて、沖縄の県民総決起大会での高校生・仲村清子さんの訴えは、危機感から発する純粋な感情の発露であった（13, pp.95-96）。このいわば良心の訴えは、確かに、活発な県民の討論、議論を生み出した。しかし、県民投票までの比較的長い日々の中で、長すぎる討論や説得が繰り広げられ、日に日にむしろ団体的な感情が大きくなってゆき、（仲村さんに象徴された）個人の良心の叫びは、県民の心に届きにくくなってしまったのではなかろうか。だがそうした中、県民投票において、女性の投票率が男性のそれを五三市町村中、四九市町村で上回った事実は何を意味するのか（9, p.91）。運動の直接的な引き金になった少女暴行事件の性質上、より強く女性たちの心を揺さぶったことは間違いない。この有意差は女性の方が「感情」の声に耳を傾けることが多く、説得に服することが少なかったことを意味するように私には思える。内面の声に従ったこのような判断を、地域エゴとか生活保守とかいった言葉で一蹴してしまって果たしてよいのだろうか。正確な情報を手にすることは、もちろん、よき判断の前提条件に他ならない。しかし、合理性、科学性、専門性の名の下に、長年、一体何が行われてきたかを自らの内面の声に問うてみることこそ、今の私たちには必要なのではなかろうか。私たちは「国策」と言われて判断停止したことはないだろうか。国策とは、一体、誰が決定したことであるのか、本来は、誰が決定すべきことなのか。そして地域振興とは、本当は誰の利益となるのか、果たして地域住民に等しく恩恵を与えるのか、といったことを再考してみなければならない。ルソーは言う。

「理性は私たちを騙すことが余りにも多い。私たちは理性の権威を拒否する権利は十二分に獲得することになっただけだ。しかし、良心は決して騙すようなことはしない。良心こそ人間の本当の導き手だ」（14, pp.594-595）と。

そして、理性と良心（善き感情）の相補性を次のように表現してもいた。
「人間として完成させるには、人を愛する感じやすい存在にすること、つまり感情によって理性を完成することだけが残されている」（14, p.481）と。

各住民は検察官でもなく弁護人でもない。このいわば「住民裁判」で検察官と弁護人の役割を果たすものを敢えて挙げるとすれば、それは、それぞれ反対派集会の弁士であり、賛成派集会の弁士に当たるだろう。なぜ討論はそれほど重視されないのだろうか。裁判官は審理を尽すけれども、審理中に弁論はしない。裁判官は検察官、弁護人双方の主張は聞くが、その双方ともに引きずられることなく、独立して、良心に従って、最後に断を下さなければならない。（裁判官は徒党を組まない！）それゆえ弁論（討論）はもちろん否定されないけれども、そのどちらにも巻き込まれることなく、裁判官たる町民は自らの判断を下さなければならない。もはや聴衆ではなく、独立した裁判官として。

三　現代デモクラシーにおける住民投票の位置づけ

住民投票は現代のデモクラシーの中でどのように位置づけられるべきか。もし私たちが、間接民主制こそが真の民主制であり、住民投票は地方議会の存在意義を損なうものであると主張するような、代議制システムの強固な信奉者でないならば、地域の大問題に対しては、直接、住民に事の是非を問う住民投票が、現代のデモクラシーの中に重要な位置を占めるべきであると考えるのは、自然なことのように思える。しかし、わが国の法制の現状から考えると、住民投票には、「ジレンマ」や法的拘束力の欠如といった「阻害」要因が存在する。まず、「ジレンマ」は、よく知られているように、わが国には住民投票法が存在せず、住民投票を行うためには、まず、地方自治法に則して、住民の直接請求あるいは首長または議員提案を通して、地方議会で住民投票条例を制定しなければならないことから生ずる。

そもそも議会が住民の真の意志を体現しているとは考えられない状態に陥っている地域だからこそ、住民投票の実施が求められているケースが圧倒的なのである。にもかかわらず、住民投票を実施しようとすると、その当の議会で、住民投票条例を制定させねばならないのである。(住民投票法がないといった）法制上の「不備」「欠陥」のために、本来は不要な高いハードルを越えなければならないことになる。さらに、法的拘束力の欠如という大問題が私たちを苦しめる。すなわち、たとえ住民投票が実施されたとしても、住民投票の結果がそのまま自治体の最終意志となるのではなく、住民投票条例において、「尊重される」と規定されるに留まっている。このため、現行制度下で、実際、首長が住民投票の結果を尊重せず、それに反した名護市のような事態も発生する(15, pp.130-142)。このように問題は、わが国の現行法制が、住民投票という直接民主主義的方法を積極的に位置づけていないがために引き起こされているのだが、こうした現実を無批判的に受け入れ、そのことを前提として考えてしまうと、私たちは本末転倒の結論に達するかもしれない。ルソーは人が犯すこの種の本末転倒を、アリストテレスを引き合いに出して、原因と結果の取り違えとして、批判している。そこでルソー主義的視点から、この「ジレンマ」や「欠如」の問題を捉え直してみよう。

ルソーは「一般意志は全ての人から生まれ、全ての人に適用されなければならない」と述べている(12, p.373)。ルソーにとって法は一般意志の表されたものであるから、この言葉は、全員から出たものでなければ法ではないことを意味する。地方議会の制定した法である条例は、ルソー主義的観点からは、それゆえ厳密には法とは言えない。有権者に選出された議員によって構成された議会で表決されて成立した条例(法)であっても、直接、全有権者が表決した結果でない以上、ルソーの体系からすると正式な法ではないことになる。他方、重大問題の是非を問い、実施された住民投票の結果は、各有権者がその意志を直接表明した結果、もたらされたものなので、それこそが法であるということになる。それゆえ、この視点からすると、地方議会のシステムに対する補完として住民投票があると捉えるのでも、もっと住民投票を積極的に位置づけて、地方議会と住民投票との同等性、相互補完性を主張するのでも足りないことになる。この視点からは、住民投票の結果こそが法なのであるから、住民投票の優位性、優越性が出てくる。

ルソーは（先に予告しておいたように）事実を前提にして権利を打ち立てようとするグロチウスのやり方を、アリストテレスを引き合いに出して批判した。すなわち、アリストテレスが現に奴隷制が支配している世の中を見て、「本性からの奴隷」なるものの存在を認め、「人間は決して生まれながら平等なのではなく、あるものは奴隷となるために、また他のものは主人となるために生まれる」と言ったことを受けて、アリストテレスは結果を原因と取り違えたのだとルソーは断罪しているのである（12, p.353）。現にあるもの（法制）は、人間が、それも代表者という一部の人間だけが、関わってつくったものにすぎない。それにもかかわらず、そうした現にあるものの枠組の中だけで考えると、政治のあらゆる局面で主客が転倒し、主人であるはずの有権者が限界感、無気力感にさいなまれて、変革のあらゆる可能性を奪われ、政治的無関心状態に陥ってしまうことになる。

一般に代議制民主主義を重視して、住民投票を否定、批判する場合はもちろん、住民投票の意義を一定程度、認める場合であっても、住民投票運動は、個人や地域のエゴから出発したと見なされることが多い。個々の地域住民は、そのままでは私利私欲を追求する存在であり、討論や、学習を通じて、他者理解を深め、より広い視野を獲得してはじめて、よき判断を下すことが可能な、市民的な公共性を担いうる存在に転化しうるのだと。ところが、このような発想に、ルソー主義は異を唱える。個々の人間は、本来善き存在であったのだが、団体の発生、形成とともに、悪く変質すると捉える、ルソーの人間性善説は、個人性善説、団体性悪説と言い換えることができる。ところが現実に私たちが目にするのは、団体形成とともに変質した後の人間であるので、あたかも個々の人間が元々、私利私欲を追求する存在であるように見える。しかし、変質はしているものの、本来は善きものであった個人は、疎外の臨界点に達すると、善き感情によって目覚め、状況を打破するために立ち上がることができる、と見なされる。このような観点から住民投票運動を捉え直すと、運動の出発点に見出されるのは、個人や地域のエゴではなく、危機に目覚めた個々人の良心だということになる。確かに、たとえ危機感を持つに至っても、人は人である限り、完全にはエゴを払拭できない存在かもしれない。しかし、危機感によって生き方を問い直し始めた個々人は、利己心と市民的良心とのせめぎ合いの中で、よりよい判断を下すことが可能となる、と考えられるのである。

住民投票によって創り出される住民の意志は、ルソー主義の観点からは、どのように規定されうるのだろうか。個々人の住民の判断、意志は差異を伴っており、全員一致の表決は例外的で、ほとんどの場合、賛否の票に分かれる。そしてたとえ賛否の立場を同じくする者同士であっても、投票に至る判断理由、根拠は一様ではない。このような人々の差異性を前提とした上で、住民の個別意志を投票によって表出させ、多数を占める側の意志が住民の意志とされるのである。このように捉えてゆくと、創り出される住民の意志は、全ての住民に例外なく共有された「共通」意志なのではなく、むしろ住民内部の意志の差異性や反対票を前提とした上で創り出される「共同」意志なのである。「共同」というタームは、表決の結果、たとえ、投票時に、自分が投じたのと異なる立場が選択され、住民の意志とされた場合でも、表決後は、その意志を住民の共同の意志とする、という約束が込められている。それゆえ、このような観点から、それは全住民の「総意」と言うより「共同」意志と表現されるにふさわしいと私は考える。

さてここまで、住民の共同意志を地方のレヴェルに留めて述べてきたが、国との関わりはどうだろうか。住民投票で問われた問題が国策と関わり、かつ、その投票結果が国の基本政策の方向性と異なるものだった場合は、国は地方から重大な疑義を突きつけられたことになる。たとえ、住民投票の設問が形式的には、地域に限定された個別の問いとして立てられていても、国レヴェルの問題として捉えないと根本的には解決されえない問題――エネルギー政策や安全保障問題等――の場合は、個別・具体的な問いは、結局、全体・普遍の問いと結びついている。それゆえ、本来的には、真の法とも言うべき正当性の高い異議申し立てが住民投票の結果という形でなされたなら、政府は部分（地方）から発せられた問いを、今度は、全体（国）の問題として、真摯に受け止め、等しく正当性の高い形で、こたえる政治的責任があるはずである。住民投票から国民投票の必要性が導き出される。ここに至って、直接民主主義的な合意形成モデルは、単に地方という小さな単位に適合性を限定されたモデルなのではなく、国というより大きな単位においても、適用されるべきことになる。地域住民の共同意志から国民の共同意志形成が促される。もし個別的にして普遍的でもある問題に対して、地方が示した共同意志が、国という全体へと発信され、今度は国にその場を移して、再び問い直される機会がなくてよいのなら、地域の共同意志は、地域内で問題が打開されさえすればよいという地域エゴとの誇りを完全には払拭できないであろう。しかし、共同意志は決して当事者としての判断であるだけでなく、裁判官のごとき、広い視野に立った判断でもあった。地域内での問題は、より大きな全体における問題の打開を促す契機となってこそ、より大きな正当性を主張できると私は思う。周知のように、わが国では、国民一人ひとりに、問題化した、国策の是非を問う国民投票は、制度化されていないが、その実現は、デモクラシーの成熟、深化のためにはきわめて重要なことであると思われる。

おわりに——アソシアシオンと個人の可能性

ルソーの主著『社会契約論』は、確かに、アソシアシオン論、アソシアシオン形成論であった。『社会契約論』で一人ひとりの自発的に集った契約当事者が結合し、設立するものこそ、ルソーはアソシアシオン（association）と呼んでいるのだから（12, p.360）。ルソーのアソシアシオンが、必然の結合ではなく、危機感によって糾合された人々の任意の結合であることは重要な意味を有している。しかし、ここで創り出されるアソシアシオンは各アソシアシオン形成者（associé）によって創設される契約国家＝市民国家なのであって、それは市民社会を構成する諸団体を指していない。つまり、ルソーの体系の中で創り出されるアソシアシオンは、国家という政治共同体なのであって、市民社会は、国家形成後、市民となったアソシアシオン形成者たちの社会的、経済的な相互活動を通じて、新たに結び直され、拡大、増殖もする社会、経済関係の圏として、二次的に捉えられるにすぎないのである。したがって、ルソーは『社会契約論』で各アソシアシオン形成者の自発的な結合としての国家、いわば大アソシアシオンの理論を追求しているのであり、それは大アソシアシオン論（＝市民国家論）であるという基本線を忘れることはできない。そしてこの国家＝大アソシアシオンの設立後、このアソシアシオンと比して相対的に小さな他のあらゆる団体は、消極的、否定的に位置づけられる。ルソーはそれらの小集団を徒党（brigues）、部分的団体（associations partielles）または部分社会（sociétés partielles）と呼んでいる。私たちはこうした部分社会、団体を大アソシアシオン（＝国家）と区別するために、小アソシアシオンと呼ぶことにしよう。つまり大アソシアシオン＝国家は、とりあえず肯定され、市民の社会的、経済的圏としての市民社会の拡大、増殖過程の中で、必然的に生み出される国家以外のあらゆる団体、部分社会は、初めから、消極的、否定的なエレメントとして捉えられているのである。確かにルソーの契約国家の枠組みの中では、小アソシアシオン（部分社会）は、必要悪として存続を許容されるのがせいぜいで、積極的な意義を見出すことは困難である。ルソーの想定した団体、部分社会は、団体の特殊利益を団体外の人々の利益を犠牲にしてさえ追求することと、団体内では成員それぞれの意志が失われて、団体意志への服従がもたらされることとを特徴に持つとされ、この特質のゆえに、ルソーは団体を契約国家にとってマイナスの作用を及ぼす否定的要素と見なした。しかし、言うまでもなく私たちが生きているのは契約国家ではなく、疎外国家の中である。しかも、本稿で分析した巻町の「実行する会」や七〇年代以降、新しい社会運動の流れの中に出現したさまざまな市民団体が追求するものは、自分たちの団体利益ではなく、もっと広い公益、市民的公共性であった。これらの集団は、政府に任せておいたのでは是正されない問題の解決を図るべく立ち上げられた集団である。それゆえ、これらの集団は、ルソーが想定した団体、部分社会とは質を異にしている。ルソーが直接捉えた理論枠組みからすると想定外のこれらの集団は、ルソー主義的視点からは、どのような位置づけが可能だろうか。ルソーは個人と大アソシアシオン（国家）との関係を個人が個人のままでありながら全体でもあるような関係として捉えた。個人が全体の中に埋没してしまわずに、個でありながら全体と結びつく関係が契約国家の中に見出された。（この点をはっきりさせるだけでも、ルソー＝全体主義という一部に流布する解釈がいかに誤った、問題の多いものであるかがわかる。）が、疎外国家の中に生きている私たち現代人は、国家との間でこのような関係を取り結べない。だからこそ、人はなんらかの公益の実現を目指して人々が自発的に集う市民団体の活動に活路を見出そうとする。ルソー主義は、一握りの権力エリートではなく、ごく当たり前の個人が覚醒し、個人としての自立性を取り戻し、行動し始める時、危機は克服され、問題の打開が図られると考える。とすれば、ルソー主義は、個人が潰されず、個人が個人でありながらも、団体と結びついている、このような個人—団体関係の築かれた市民団体を、積極的に肯定できる。それは、団体内部での個人—団体関係のみならず、広く、団体外にある個人と団体とが関わり合う場面においても、同様である。つまり、個が個でありながら、緩やかに連帯しうるような開かれたアソシアシオンが求められるのである。

巻町の「実行する会」は、それぞれのメンバーが個でありながら活動する緩やかな集団であり、人々に既存の団体の団体意志に説得されるだけの受動的な存在ではなく、個々に自立した判断を下せる個人になるよう働きかけた。団体を崩し、個人の自立を促す団体、逆説的に聞こえるかもしれない、こうした小アソシアシオンの活動こそ、危機を克服し、問題を打開しうる大きな可能性を私たちに示しているのである。

[注]

(一) この点に関しては、引用・参照文献(1)の特に第六章、第八章を、さらに(2, pp.109-131)および(3)を参照されたい。

(二) 巻町の住民投票の経緯については、以下の三点、(4)および(5, pp.106-131)あるいは(6, pp.139-170)に負うところが多い。

(三) 沖縄県民投票に至る状況の推移に関しては、以下の二点、(7)の特に第三章、(8, pp.123-128)に負うところが多い。

(四) 問題の町有地は、その後、東北電力に売却されることはなく、二〇〇〇年一月の町長選を前にした、一九九九年八月に、「実行する会」のメンバーを主とする二三人の町民に売却された。その後、この町長の町有地売却が違法か否かを巡って建設推進派が起こした訴訟で、最高裁は二〇〇三年一二月に、上告を退ける決定を下し、事実上、東北電力の原発建設は困難となった。

（五）政府は一九九七年四月、米軍用地特別措置法（特措法）を改正し、使用期限後も基地の継続使用を可能にした。さらに、一九九九年七月、地方分権一括法の成立で特措法の改正を行い、代理署名、公告縦覧等の手続きを国の直接執行事務とするとともに、首相による裁決の代行等、強行規定を加えた。

［引用・参照文献］

（1）鳴子博子『ルソーにおける正義と歴史――ユートピアなき永久民主主義革命論――』（中央大学出版部、二〇〇一年）
（2）鳴子博子「パリテかクォータか、普遍主義か差異主義か――ルソー主義から見た政治哲学的考察――」（『法学新報』第一〇九巻第三号、二〇〇二年）
（3）鳴子博子「女性の政治参画における北欧モデル（クオータ）対フランス・モデル（パリテ）――女性は一つの集団なのか？――」（星野智編『公共空間とデモクラシー』中央大学法学部政治学科五〇周年記念論集Ⅰ、中央大学出版部、二〇〇四年）
（4）新潟日報報道部『原発を拒んだ町――巻町の民意を追う――』（岩波書店、一九九七年）
（5）今井一編著『住民投票――20世紀末に芽生えた日本の新ルール――』（日本経済新聞社、一九九七年）
（6）五十嵐暁郎「直接民主主義の新しい波＝住民投票――巻町の例を中心に――」（高畠通敏編『現代市民政治論』世織書房、二〇〇三年）
（7）高橋明善『沖縄の基地移設と地域振興』（日本経済評論社、二〇〇一年）
（8）神奈川県自治総合研究センター「平成九年度　部局共同研究チーム報告書　住民投票制度」（一九九八年）
（9）沖縄問題編集委員会編『代理署名訴訟　最高裁上告棄却』（リム出版新社、一九九六年）
（10）今井一『住民投票Q&A』（岩波ブックレットNo.４６２、一九九八年）
（11）新島洋・清水直子編著『闘う首長』（教育史料出版会、一九九九年）
（12）Rousseau, J.-J., *Du Contrat social*, in *Œuvres complètes de J.-J. Rousseau* III, Gallimard, 1964.

(13) 今井一『住民投票――観客民主主義を超えて――』(岩波新書、二〇〇〇年)
(14) Rousseau, J.-J., *Emile*, in *Œuvres complètes de J.-J. Rousseau* IV, Gallimard, 1969.
(15) 沖縄タイムス社編『民意と決断――海上ヘリポート問題と名護市民投票――』(沖縄タイムス・ブックレット1、一九九八年)

清水幾太郎における市民主義と国家主義の問題

篠原敏昭
Shinohara Toshiaki

はじめに――問題の所在

近現代日本の思想史には、市民主義と国家主義の問題と称すべき問題がある。小論はこの問題を、戦後の清水幾太郎（一九〇七～一九八八）について考察しようとするものである(一)。

簡単にでも言葉の定義を示しておこう。ここでは市民主義とは、市民の権利と自由を重視し、国家権力はその実現と保護のために存在するという考え方を言う。これに対して国家主義とは、国家それ自体を重視して、対外関係と国民統合における国家権力の事情を優先し、国家に対する国民としての義務と、義務への強制を強調する考え方である。

では、冒頭にあげた、市民主義と国家主義の問題とはいったいどのような問題か。市民主義で思想的に出発した近現代の知識人たちが、往々にして国家主義に――その日本的形態である天皇制国家主義に――転向してしまうという問題である。明治期で言うなら、加藤弘之や徳富蘇峰を典型としてあげることができる。その傾向は福沢諭吉にも見られるし、中江兆民にすらないとは言えない。

戦後の清水幾太郎もまた、市民主義から出発して国家主義に転向した知識人である。彼は敗戦直後の言論活動を市民主義の立場から開始し、一九四九年以降は、平和運動や反基地運動に奔走する。そして、一九六〇年の安保闘争にラディカルな知識人として関わったあと、運動から離れ、そこから大きく思想を変質させ始める。一九七〇年代には天皇制擁護の発言をおこない、一九八〇年には、核の選択を含む、軍事力の増強を提言した『日本よ　国家たれ』を刊行して、国家主義への転向を完成する。(三)

だが、さきにあげた明治の思想家たちの転向は、反政府勢力弾圧と対外戦争をとおして天皇制国家がいち早く確立されたことの裏面にすぎないと言えば言える。これに対して、戦後は平和と民主主義がまがりなりにも実現された時期である。戦後の日本で清水はいったいなぜ市民主義から国家主義へ転向したのだろうか。あるいは、彼はなぜ市民主義に踏み止まることができなかったのか。小論はこれらの点の解明を試みる。

そのさい、最初の二つの節で、安保闘争までの清水の思想の変化を、平和と民主主義という二つの脈絡において考察しようと思う。というのも、この二つは、彼自身が論説「安保闘争一年後の思想」（一九六一年七月）のなかで言っているように、敗戦後から安保闘争の時期まで、一五年に及ぶ知識人としての彼の言論活動を支えていた「二大価値」（12-X, pp.191-192）だからである。とりわけ平和の価値が大きかったが、彼の場合、もう一つ、見逃してはならない価値として社会主義がある（12-X, pp.193-194）。むしろ、この価値がさきの二つの価値より重要だったとすら言える。先回りして言っておけば、彼の国家主義への転向は、社会主義という価値が安保闘争をきっかけに彼の内部で大きく崩れ出し、それによって彼のなかの戦後価値全体が崩壊した結果なのである。したがって、社会主義という価値と諸価値の崩壊過程についても、独立の節を設けて考察することになる。

考察にあたっては、できるかぎり転向以前、すなわち一九六二〜六三年以前の論説、エッセー類のなかの発言を拾い上げて、価値崩壊にいたる過程を跡づけようと思う。転向以後の立場からの弁明や潤色を避けたいからである。(三)ともあれ、説明の都合上、まず民主主義の脈絡において、戦後の清水の人間観、社会観の変化を見ていくことにする。

一　人間および社会観の変化――民主主義の脈絡のなかで

清水の言論活動に民主主義という価値が入ってくるのは、言うまでもなく、敗戦直後の時期である。四年半務めた読売新聞の論説委員を一九四五年一二月に辞めたあと、清水は、翌一九四六年二月、大河内一男らとともに財団法人「二十世紀研究所」を設立する。

「二十世紀研究所」は、哲学と社会科学分野での研究・教育を目的に掲げ、講習会や出版物をつうじて、民主主義を根づかせるための啓蒙活動をおこなった団体で、研究員としては清水、大河内のほかに、のちに保守派に転じる福田恆存、林健太郎、市民社会派の久野収、高島善哉、川島武宜、丸山真男などがいた。「二十世紀研究所」は一九四八年一一月に活動を停止するが、それまでしばらくの間、ここが彼の活動拠点となる。

a　市民主義の時代

敗戦直後の時期、清水の言論活動は、民主主義そのものというよりは、それに相応しい人間および社会のあり方を説く点に力点が置かれている。まず、この時期の彼が説いた人間観の特徴がよく現われているものに、論説「自主性の回復」（一九四六年二月）がある。この論説によれば、「人間の自主性」は「デモクラシーのミニマムの条件をなすもの」であり、「今日のデモクラシー」は、人間が「思惟と行為とにおいて知的であり且つ自主的であることを以て最小の条件とする」とされる。この条件がなければ、「ファシズムや独裁主義へ至る道が広く開かれる。人間の善意と理性とを信じてこそ、デモクラシーは吾々の心を捉える」（9, p.13）というのである。

つぎに、社会観の特徴について言うと、清水はこの時期、民主主義に相応しい社会のあり方として、市民社会を説いている。論説「日本の社会」（一九四六年五月）は、「近代ヨーロッパの現実」にもとづいて作られた「市民社会という観念」を基準に、「日本の社会生活の形式」の把握を試みたものだが、そこでは、戦前の日本で市民社会が成立しなかった理由が国家との関係において説明される。彼によれば、市民社会は本来、「国境を越えて拡がる本質」を有するのに対して、日本の社会生活は、半封建的性格を残しながら、「西洋帝国主義の東漸」のなかで、「対外的緊張と必然的に結びついた国家的輪郭の著しい明確性」をもっていた。そのために、日本では「社会を圧して国家が殆ど唯一の共同生活の形式」となった、とされる（1, pp.131-132）。

清水はさらに、「人間の自由」を保証する市民社会のすすめとでも言うべき議論を展開する。彼によれば、日本では、国家や家族のみでなく、他の諸集団も、「それに関係する人間の全体を吸収し尽そうと試みる」が、そのようなところでは、「人間の自由などというものは不可能」である。これに対して、市民社会の諸集団には「分業或は専門化の原理」と「合理的の精神」が働いており、そのために人間は、「如何なる集団にも自己の全体を吸収されることはない」という。彼は言っている、「人間の自由とはこのような実体のもの」であり、「国家の成員であっても、自己の或る面を以て国家と結びついていればよい」、「それが市民社会である」（1, p.142）と。

清水の議論に「人間の自由」の議論はあるものの、人間の権利についての議論がないのは気になるが、いま示したところからも分かるように、敗戦直後の清水の国家観は、大体において市民社会から発想され、国家に特権的な地位を与えない市民主義的なものだと言える。この点は第二節でも考察するが、いずれにしろ、この時期の彼は、「現在進行中の社会的変化によって日本は漸く市民社会の根本的な約束を守り始めたようにも見える」（1, p.144）と、日本における市民社会の形成と、それを基盤とする民主主義の実現に、多少なりとも期待をかけていたのである。

b　非合理的な人間観へ

けれども、清水がこのような人間観や社会観を説いた期間は、一年余りときわめて短い。のちに彼は論説「現代の思想と歴史」（一九五六年一一月）のなかで、この期間を「短い啓蒙時代」と名づける。彼によれば、その時期は、「上からの国体思想と相応じるところの、しかもこの権力の下で庶民に身を守る道として役立って来たところの、下からの匿名の思想が日本の社会のなかに沈殿していることに気づいたときに終わった」という（6, p.15）。

清水が「短い啓蒙時代」とは異なる人間観、社会観を明確な形で展開するようになるのは、論説「匿名の思想」（一九四八年八月）からである。[四] 彼はそのなかで、特定の有名思想によって減殺されることのない匿名の思想が、論理的斉合などとは無縁に、日本国民の大部分の気持ちのなかに残っていることを指摘する（12-VIII, p.209）。一例として「民族の観念」をあげる。どんな思想でも、「民族意識への呼びかけという形式をとる限り、深く且つ速やかに人間の内部へ浸透する」（12-VIII, p.218）という。

ところで、清水によれば、匿名の思想を重く見るということは、「非合理な人間を前提せねばならない」ということでもある。彼は、「純粋に論理的な方法によって回心を惹き起すことが可能であると見るのは、現実に存在せぬ合理的人間を想像してのことに過ぎぬ」と言い、「国民の合理性を買い被らぬ」よう注意している（12-IX, pp.215-216）。

こうした見方は、学術書『社会心理学』（一九五一年一〇月）においてより明確に語られる。「伝統的な民主主義は、人間を自由且つ理性的な存在に見立てる」が、「私は、戦後の短い圧縮された経験を通して、人間を自由且つ理性的な存在に見立てる右の信仰が現実の人間に対する過大の期待であることを学んだ」（12-(9), p.179）と。

人間観の変化に対応して、人間集団や社会の捉え方にも変化が生じる。清水は論説「庶民」（一九五〇年一月）のなかで、国民、臣民、人民といった呼称のなかから、庶民を取り上げる。そして、庶民の特徴として、徹底的に組織を欠いた集団、私的で日常的な人間の群れ、市井に投げ出されたままの人間、古い人間の姿といったものをあげ、庶民とは「匿名の思想を担う無組織集団」（12-VIII, p.298）だという認識を得るにいたる。
論説「匿名の思想」や「庶民」において切り開かれてきた新たな視野は、『社会心理学』のなかで、アメリカの社会学や社会心理学の成果から摂取した「マス・ソサイティ」——当時はまだ、大衆社会という訳語は現われていなかった——の理論に引き取られる。以後、清水の論説類のなかでは、市民社会という言葉が使われなくなり、それに代わって、大衆社会の理論を適用した議論が展開されることになる。

清水の「マス・ソサイティ」の概念は、無数の集団のアナーキー状態、多くの集団におけるビュロクラシーの成長、マス・コミュニケーションによる大衆操作という三つの要素から成っている（12-X, p.156）。「マス・ソサイティ」には、この三つの要素が入り混じるなかで、「群集に本質的な非合理性」が「拡大された規模と力量とをもって現われて来る」（12-IX, pp.169-170）とされる。彼は言っている、「現代の社会は巨大な群集としか考えられぬ。人間は、自由でもなければ、理性的でもない」（12-IX, p.180）と。

『社会心理学』には、大衆社会時代の国家についての見解も示されている。それによれば、現代の「国家的な組織および秩序」は、資本主義社会に固有な「分裂と無政府状態」と相表裏するものであり、「国家の独占する暴力」ないし「国家そのもの」は「極めて少数の支配階級のために」存在している。そして、大衆もしくは群集としての現代の人間には、社会のなかでの反省や責任の重荷から自己を解放して、自己の全体を呑み込んでくれるこの国家へ逃避する傾向が生じるとされる（12-IX, p.130）。

これに関連して、この時期の論説「占領下の天皇」（一九五三年六月）にふれておこう。そこには天皇制に対する批判的な見地は示されているものの、真っ向から否定する議論は展開されていない。清水が語っているのは、ポツダム宣言受諾前後からの日本の支配階級による国体護持キャンペーンが、占領軍による日本の民主化のための天皇利用に引き継がれて、戦後の天皇制が新憲法の「日本国及び国民統合の象徴」として政治的に確立されるプロセスであり、さらにそれが、一九四六年一〇月から一九四七年一二月の天皇の全国巡幸における国民の歓迎によって「社会的に確立」されていく過程である（5, pp.84-103）。彼の「短い啓蒙時代」は、戦後の象徴天皇制の確立過程を目の当たりにしたことで終わったのかもしれない。

c　議会制民主主義批判

さて、国家論や天皇制論はともかく、清水は、すでに見たように、理性的で自由な人間と市民社会に対する信仰を捨てて、「巨大な群集」から成る大衆社会を前提にした議論を展開するようになる。そのことは「伝統的な民主主義」に対する信仰が揺らいだということでもある。もっとも、民主主義という価値そのものが彼の内部で崩れ去ったわけではない。一方では、代わって登場した平和という、彼にとってのより大きな価値がその動揺をカバーしていたし、他方、社会主義という価値もそれを支えるようになっていたからである。

だが、これらの点については第二節と第三節でふれよう。ここで指摘しておく必要があるのは、この時期から議会制民主主義に対する不信が語られるようになるということである。エッセー「議会主義の再吟味」（一九四七年四月）のなかで清水は早くも、「人間の合理性を前提とする」ところに「議会主義の弱点」を見始める（3, p.226）。論説「わが愛する左派社会党について」（一九五四年二月）では、一九五三年に石川県内灘村の米軍試射場反対闘争に関わった経験をもとに、「マス・コミュニケーションが支配階級の手にある限り、何度選挙をやっても、民衆の利害は国会の外にこぼれてしまう」ことを指摘して、左派社会党の「徹底的な議会主義」を批判する（9, pp.151-152）。

内灘闘争のあと、一九五五年に清水は、東京都立川市砂川町の米軍基地拡張反対闘争に参加し、さらに一九五九〜六〇年の安保闘争には最も深く関係する。論説「いまこそ国会へ」（一九六〇年五月）のなかで彼は、「誰かに代行して貰う代表民主主義ではなく、一切を自分で実行する直接民主主義」（12-X, p.126）をすすめている。言っておくが、彼のこの発言は、平和という価値からのものであって、民主主義という価値からのものではない。安保闘争における彼の目標も、平和運動の延長としての安保条約改定阻止であって、民主主義の擁護ではない。安保闘争において彼は、議会主義と運動における幅広主義に傾斜していた共産党のふるまいに不信を抱くことになる。だが、その点も後回しにして、ここでは安保闘争翌年の彼の民主主義に関わる発言を一つだけ見ておきたい。

清水は論説「安保闘争一年後の思想」(一九六一年七月)のなかで、民主主義のなかの二つのものを区別している。一つは、「人間解放の永遠のダイナミクスとしての、また、その思想として民主主義」である。彼によれば、これは、「階級闘争を初めとする種々の闘争を含みながら、また、高貴な人間性だけでなく、醜悪な人間性の爆発も含みながら、とりわけ、大小の犯罪を含みながら動いていくもの」(12-X, p.207)である。たしかに、「善意と理性」を備えた人間だけでなく、そうでない人間も含めて民主主義を考えるならば、こういう表現になるかもしれない。だが、これはもう、民主主義と呼ぶより、解放闘争とか、あるいは革命と名づけたほうが適切なものだろう。

もう一つは「謂わゆる議会制民主主義」である。清水は一九六〇年五月一九日の、自民党による新安保条約の単独強行採決に感じたのは、憤りと「議会制民主主義への絶望」だったと述べて、つぎのように言う。「真実の問題は、あのダイナミクスを信じながら、議会制民主主義を乗り越えた地点への民主主義——といわないにしろ——の新しい発展であった」(12-X, pp.207-208)と。彼が「真実の問題」という言葉で示唆しようとしたものは、いったい何だったか。それはおそらく——もちろん、五月一九日をきっかけに生じた、空前の規模で展開された示威運動を念頭においてのことだが——革命のことであり、さらには社会主義のことだったと思われる。

けれども、それはやはり第三節で論じよう。つぎの第二節では、平和という価値の脈絡のなかで、敗戦直後から安保闘争までの、日本および世界の認識、日本をめぐる国際情勢認識にかんする彼の発言の変化を見ることにしたい。

二　日本および世界認識の変化――平和の脈絡のなかで

「二十世紀研究所」の活動が停止したあと、清水は一九四九年三月に結成される「平和問題談話会」（議長・安倍能成）の準備活動に参加する。「平和問題談話会」は、一九四八年七月に欧米の社会科学者たちがユネスコから出した平和声明に呼応する目的で、安倍能成らを主唱者とし、当時の著名な学者・知識人五〇人余によって作られたものだが、清水はいわばその事務局長役として、「戦争と平和に関する日本の科学者の声明」（一九四九年三月）の取りまとめに中心的役割を果たしている。以後、平和運動に熱心に取り組み、その延長として反基地運動、そして安保闘争に深く関わることになる。ついでに言えば、一九四九年三月、彼は学習院大学の教授に迎えられている。

まずは平和運動以前の清水の、日本をめぐる国際情勢認識から見ていこう。

a　憲法九条肯定論

「平和問題談話会」以前の時期の清水には、平和の問題についての発言は少ない。けれども、平和という価値は、その時期にすでに事実上、彼の議論のなかに入り込んでいる。それを示すものに、論説「戦争の放棄」（一九四六年五月）がある。そのなかで彼は、一九四六年三月発表の政府の憲法改正草案要綱、とくに第九条について論じている。従来の清水論ではほとんど無視されているが、これはいろいろな意味で重要なものである。

清水はこの論説の最初の四分の一と、あとの四分の三とで、対立的な議論を展開している。最初の部分で彼は、天皇と国民主権の規定は「当然のこととして予想された」と述べているが、第九条の戦力不保持、国の交戦権認めず、という規定には驚きを隠していない。というのは、「他の社会集団から武力闘争の権利と手段を奪って、これを自己の独占とする」点に国家の本質を見る彼にとって、第九条は「国家存立の最低の条件を否定するもの」だったからである。彼は、その見方は「別に軍国主義的ではない」と言う（2, pp.76-77）。けれども、そのさい彼がこの見方を基礎づける議論には気になるところがある。

清水の議論のなかには、微妙に力点の異なる二つの考え方が混じっている。一つは、「幸福な生活を送る条件」を「国民の権利」と見るならば、「その権利実現と擁護における国家の機能がその権威の根底をなす」というものである（2, p.77）。もしも「国民の権利」が「市民の権利」を意味するとすれば、これは、小論で言う市民主義の考え方に近い。もう一つは、「外敵の脅威及び国内の混乱から安全でありたいというのが、国民の一般的な欲望であり、またその幸福の基礎的条件である以上、国家はこれを充たすことによってのみ国家としての権威と地位と意味とを保つことが出来る」という考え方である。気になるのはこの議論である。清水は、「これは特に軍国主義と関係のあることではなく、自由主義の国家理論に於いても十分の権利を以ていえる」ことだと言っている（2, p.77）。たしかに、この議論をただちに軍国主義や国家主義と言うことはできない。けれども、彼の表現をまねて言えば、それは国家主義の国家理論においても十分の権利をもって言えるのである。「外敵の脅威及び国内の混乱」からの安全を真っ先に国家の存在理由としてあげている点に、国家主義に傾く要素がないとは言えない。微妙な力点の違いを問題にするのは、これと似た議論が三〇年以上たって『日本よ　国家たれ』のなかにふたたび姿を現わすからである。

では、論説のあとの部分ではどのような議論が展開されているか。「他の見地」からする第九条肯定論である。清水がもち出してくるのは、第一次世界大戦後、国際連盟に対する期待のなかですでに出されていた、「近代的な主権国家の事実と観念とが如何に時代に遅れたものであり、また如何に人類の福祉にとって危険なものであるか」（2, p.78）という見地である。彼はこう主張する。「何物によっても制限されぬ国家主権がある限り、人類を包括する世界国家は到底生れることが出来ぬ」のであり、「憲法改正草案に見られる戦争の放棄の規定は、この主権の制限を意味するものに外ならない」と。戦争放棄の憲法をもつ日本は、「将来の理想的な国家の雛型」になる、というのである（2, pp.79-80）。

そのさい、清水は、「問題は政治より宗教に似ている」ことを否定しない。戦争放棄の規定が「人類進歩の方向」に合致するためには、「国際連合の発展と完全な世界国家の成立」という前提が必要だが、それには、「吾々は諸国民の善意を信じなければならない」からである。必要な前提が充たされなければ、戦争放棄の規定は、「日本を二度と強国或は大国たらしめぬ」という意義しかもちえないが、「吾々の努力如何」では「人類進歩の礎石」になる余地がある、とも彼は言っている（2, pp.81-83）。

「戦争の放棄」論説の第九条肯定論は、そこに平和という言葉こそ使われていないものの、一九四八年末以降の平和運動従事期においても、清水の平和論のいわば公理として維持されていく。ただ、そのさい、この論説が、一九四六年五月という、米ソの対立が表面化する以前に書かれたものであることは注意を要する。彼の平和論も、その後の日本をめぐる世界情勢の変化によって、少しずつ内容が変わっていくのである。

b 「世界市民の立場」

さきに述べたように、清水は一九四九年三月の「平和問題談話会」の声明——第一回声明——の起草に直接関わっている。もちろん、その頃はすでに、米ソの対立が始まっている。しかし、声明は、「憲法が戦争権の放棄を規定」していること、また、日本の存立自体を、日本の旧指導者を「平和と文明との名において審いた諸国家の善意に委ねている」ことを前提にしたうえで、「現在二つの世界が存在すると言う事実」を認めながらも、「この事実が直ちに平和を根本的に不可能にすると信ずるのは、一種の非科学的独断」であるという見解を表明する（18, pp.103-105）。つまり、声明の内容は、「諸国民の善意」を前提にした彼の第九条肯定論と基本的に軌を一にしているのである。

同様の議論は、一九四九年夏に執筆された著書『愛国心』（一九五〇年三月）にも見られる。この著作は、近代の「民族国家」における愛国心の偏狭な発現を、民主主義によって「合理化を施して緩和」する意図で書かれたもので、愛国心の緩和に決定的な力をふるうのは、近代において民族と並んで発見され実現された、個人と世界という二つの要素だという。その意味でこの著作は、「民族国家」――「戦争の放棄」論説で言う「主権国家」――の立場ではなく、「世界市民の立場」から書かれており（12-VIII, pp.75-79）、世界全体が「諸国民の善意」のうえに成り立っているような議論を展開する。ここには「短い啓蒙時代」の残響がある。

清水によれば、従来、「戦争の権利と能力」を有する単位は「民族国家」だったが、「今日の世界諸国のうちで真に戦争の権利と能力を有する国家」はアメリカとロシアだけである。この点では、「世界にはアメリカ及びロシアという二つのネーションがあるのみ」であり、「他の国々はこの二つのネーションの何れかに含まれるサブ・ネーションであるとも言える」。そして、「国際連合を通してにせよ、他のルートを通してにせよ、最後には、世界そのものが一つの国家として現われ、凡てのネーションがサブ・ネーションになる時代が待っている」（12-VIII, pp.112-113）と。

ここでは米ソの対立すらほとんど存在しないかのようである。両国のもつ「原子力兵器の破壊力」はむしろ、「戦争が問題解決の方法として意義を失いつつある」ことを示すものと見なされる。しかも、アメリカにおける、「人間の自由、善意、理性」を前提にした「民主主義に固有な平和的方法」の伝統と、ロシアにおける、「社会上及び経済上の実質的平等の確立」という民主主義の内容の面における伝統とが、「相倚って高め合うところに民主主義の最後の完成が約束されている」というのである（12-VIII, p.117）。

そのさい、清水は、アメリカにおける実質的平等の面での弱さと、ロシアにおける民主主義的方法の未成熟を指摘するのを忘れてはいないが、『愛国心』の時点での彼の心情は、どちらかと言えばアメリカのほうに好意的である。そのことは、彼が「平和的方法」を民主主義に固有のものと見なしていることからも分かる（12-VIII, p.117）。

c　急進的な平和運動へ

だが、清水の認識に変更を求める事態が次々と生じてくる。まず、一九四九年一〇月頃からにわかに講和問題の論議が巻き起こってくる。アメリカはソ連陣営との対決姿勢を強め、社会主義諸国を排除した講和、いわゆる単独講和の方針を固める。日本の政府もそれを受け容れる方向で動き出す。

これに対して「平和問題談話会」は一九五〇年一月、すべての交戦諸国と講和を結ぶ全面講和を主張し、単独講和反対の「講和問題についての声明」を発表する。清水はこの第二回声明の作成にも直接参加しているが、それは、「憲法の平和的精神に則って世界平和に寄与するという神聖な義務」にもとづいて、単独講和が「世界的対立を激化せしめる」懸念を表明し（18, pp.109-111）、さらに、「単独講和または事実上の単独講和状態に付随して生ずべき特定国家との軍事協定、特定国家のための軍事基地の提供の如きは、その名目が何であるにせよ、わが憲法の前文及び第九条に反し、日本及び世界の破滅に力を藉すものであって、われわれは到底これを承諾することはできない」と主張する。そして、結語でもう一度、「理由の如何によらず、如何なる国に対しても軍事基地を与えることには、絶対に反対する」と強い調子で訴える（18, pp.109-111）。

つぎに、一九五〇年六月、全面講和論を押し流してしまうように、朝鮮戦争が勃発する。「平和問題談話会」はこの戦争を受けて、その年の九月に「三たび平和について」と題する長文の研究報告を発表するが、清水は報告の総論部分の作成を担当している。報告では、さすがに全面講和の主張は影をひそめるが、米ソの平和的共存と接近の可能性は依然として模索されている。報告はまた、憲法の永久平和主義と第九条も堅持し、朝鮮戦争を機に開始された日本の再武装を斥けて、国際連合による日本の安全保障を提起している（18, pp.109-111）。

「平和問題談話会」は、この三つ目の文書を出したあと、事実上活動を停止するが、清水の平和運動への関わりは、むしろこれ以降、活発になっていく。というのも、第二回声明のなかで彼自身が「絶対に反対する」と書いた事態が、現実に生じたからである。一九五一年九月には、講和条約の締結とともに、米軍の継続駐留を認める日米安保条約が結ばれ、独立後の日本に米軍基地が拡大される。

それとともに、清水は以前の親米から、はっきりと反米および反日本政府へと立場を移す。「日本の憲法の前文及び第九条に示されている平和の精神」を「一種の公理」(4, p.210) と考える彼には、日本に安保条約を結ばせ、軍事基地を提供させるアメリカと、それを受け容れる日本の政府が平和の敵に見えてきたのである。『社会心理学』(一九五一年一〇月) には、「資本主義社会がその経済的構造の故に不可避的に戦争を生み出す」(12-IX, p.166) という認識が示される。さらに、論説「安保闘争一年後の思想」には、「日本資本主義が立ち直った合図が旧安保の成立であったならば、その改定は日本資本主義の帝国主義的復活の合図である」(12-X, p.196) という表現すら見られる。

けれども、ここで注意を促したいのは、いま述べたようなアメリカ観の変化に対応して、清水の眼にはソ連が平和の味方として映り始めるという事情である。言うなれば、アメリカの悪意、ソ連の善意である。論説「ソヴィエトは詫びるべきだ」(一九五七年二月) のなかで彼は言っている、「戦争の直後、日本の平和運動は、米ソを含めて謂わば世界中を頼りにして進めることが出来た」が、「講和問題の頃から、再軍備や軍事基地を中心にして、平和運動はアメリカ及び日本政府を敵に廻すことになり、その結果、明白にあるいは暗黙に、ソヴィエトを平和運動の頼みにする形になってきた」(9, pp.231-232) と。

それだけではない。清水には、論説「ウチナーダとスナカーワ」(一九五七年四月) のなかで言っているように、「社会主義の社会構造が本来平和を求めるもの」(9, p.245) という認識があった。つまり、彼がソ連のなかに平和運動の味方を見出したのは、ソ連がほかならぬ社会主義国だったからでもある。

ちなみに、論説「現代文明論」(一九五二年六月) では、さきに見た『愛国心』の議論とは違って、言論の自由や政治参加権のある資本主義国アメリカの「形式的民主主義」よりも、社会的経済的な平等が実現されている社会主義国ソ連の「実質的民主主義」ほうが高く評価されている。その頃の彼にとっては、「平等の理念」が「民主主義の魂」だったのである（6, pp.30-35）。

次節では、清水における社会主義の意味を確認しながら、彼の内部で社会主義を含む戦後価値全体が崩壊していったプロセスを考察しよう。

三　戦後価値の動揺と崩壊——社会主義の脈絡のなかで

社会主義は清水にとって、平和や民主主義と同様の意味での戦後価値だとは言いがたい。なぜなら、彼は一九二〇年代末、東京帝大社会学科の学生の頃にすでにマルクス主義に接近していたからである。彼は、一九三二年の唯物論研究会創立のさいに幹事に名を連ねており、帝大の研究室を追われたあとに出版された『社会学批判序説』（一九三三年九月）は、マルクス主義の立場から書かれている。

その後、清水はマルクス主義から離れ、唯物論研究会からも一九三五年に脱会する。それ以降、プラグマティズムや実存主義を受け容れながら、翻訳や文筆業をやり、私大講師をやり、昭和研究会の文化委員になって転向（ないし偽装転向）を果たし、また朝日新聞学芸部の専属になったりしている。そのなかで彼は、社会主義への共感を、目立たないかたちではあるものの、論説や著書のなかに書きつけていた。

a　平和と民主主義を支える社会主義

敗戦直後の「短い啓蒙時代」——民主主義が独立した価値として説かれていた時期——には、清水の発言のなかに社会主義は出てこない。登場するのはエッセー「社会主義の確認」（一九四七年三月）あたりからである。そのなかで清水はまず、民主主義の価値が社会主義によって支えられる必要があることを説き始める。彼は、「今日に於いては民主主義への忠実のみでは未だ何物でもない」と述べ、「今は民主主義を社会主義によって具体的に規定する」ことが求められており、「社会主義の展望と予想の下に、日常の諸問題を解釈し、その地位を決定して行かねばならぬ」(3, pp.223-224)と主張するのである。

清水の内部で平和の価値が社会主義によって支えられるようになるのは、民主主義の場合よりも少し遅れる。「平和問題談話会」の第一回声明(一九四九年三月)のなかに、「社会組織及び思惟様式の根本的変化を通じて、人間による人間の搾取が廃止せられる時にのみ、平和はわれわれのものとなることができる」(18, p.104)という一文がある。直接起草にあたった彼自身の認識だったのだろう。のちに彼は論説「安保闘争一年後の思想」のなかで、「日本の社会そのものの変革を通して平和の基礎を日本の大地の上に作り出す」ことが、平和運動の原則として確立されるべきだったと書いている(12-X, p.197)。つまり、日本に社会主義を実現することを、平和運動の目標に含めていたのである。

すでに第二節で見たように、一九五一年頃から清水は、社会主義国家を世界における本来的な平和勢力と考え始めると同時に、ソ連のなかに平等という「実質的民主主義」が実現されていると見て、それを自由というアメリカの「形式的民主主義」よりも高く評価してすらいたが、他方、彼は資本主義のネガティブな側面も社会主義によって解消されると考えるようになる。『社会心理学』(一九五一年一〇月)では、現代社会の巨大な群集が、かつての「民主主義の集団的基礎」であった公衆——すなわち、「理性と意志と創意」をもった「近代的集団」(12-IX, p.22)——に大規模な形で転化するという見通しが語られているが(12-IX, p.166)、彼にあっては、この公衆は、「社会的計画の原理」のうえに立つ社会主義において形成されるものと考えられている。というのは、彼によれば、「社会主義の最大の意味は、現代の諸集団の間を支配する混乱および無政府状態を除去する」ところにあるからである(12-IX, p.133)。当時の彼にとっては、そうした「分裂と無政府状態」は資本主義社会に固有な現象だったから、当然と言えば当然である。

だが、清水の内部で社会主義という価値がこれほど大きな場所を占めるようになったのはいったいなぜか。平和という価値によって増幅されはしただろうが、なによりも彼が資本主義の次に必然的に社会主義が来ることを信じていたからにほかならない。さきにあげたエッセー「社会主義の確認」のなかで彼は、一方で、「社会主義をもって資本主義の必然的産物となす見地を誇張するのは非常に危険」だとすら言い、必然性は機械的なものというより、「大きな可能性にとどまる」としながらも、他方では、「可能性は人間の憧憬と努力とを通して必然性に高められる」と述べて、結局はむしろその見地を進んで肯定しているのである（3, pp.222-223）。彼にとって、社会主義とは「人間の憧憬と努力」をとおして実現されるよりよき未来、平和と民主主義という価値を支えるより高次の価値であった。

b　社会主義の価値の動揺

清水はエッセー「社会主義の確認」から一〇年後の論説「ウチナーダとスナカーワ」（一九五七年四月）でもまだ、「資本主義から社会主義への発展ということに疑う余地がない」と書いている（9, p.244）。だが、じつを言うと、この頃にはすでに、社会主義という価値が彼の内部で動揺し始めていたのである。

まず、やはり一九五六年二月のスターリン批判あたりからだろうが、ソ連の社会主義に対する清水の見方が徐々に厳しいものに変わってくる。論説「ソヴィエトは詫びるべきだ」（一九五七年二月）のなかでは、一九五六年一〇月に起こったソ連のハンガリーに対する軍事介入事件が「決定的失敗」と呼ばれる。論説「日本の革命」（一九五七年一一月）のなかでは、「広い意味における社会主義の発展に伴って、ロシア革命の経験は普遍性の要求を放棄せねばならない」と述べる（6, pp.321-322）。安保後の発言になるが、論説「安保闘争一年後の思想」になると、それ以前は曖昧な表現で済ませてきた、ソ連における政治的自由の欠如の問題が、「一九三四年、ソヴィエト共産党の大会で選ばれた中央委員百三十九名のうち九十八名がやがて逮捕され銃殺されるというような社会主義」（12-X, p.206）という言葉で示されるようになる。

つぎに、「資本主義から社会主義への発展」が疑わしくなってくる。論説「日本の革命」のなかで彼は、イギリスの社会主義者コールの論文やストレイチーの著書『現代の資本主義』（一九五六年）における見解を引き合いに出して言っている。社会主義をもたらすはずの革命が、現代においては、戦争や敗戦という成功の条件を失ったと同時に、指導的な資本主義諸国のみにおいてにせよ、「窮乏化及び恐慌という原動力を失いかけている」（6, p.312）と。

だが、社会主義国ソ連への信頼が揺らぎ、社会主義の歴史的必然性に疑問が生じれば、当然ながら、それらによって支えられていた平和と民主主義という価値も動揺してくる。ただ、当時は動揺が率直に語られることはない。論説「ソヴィエトは詫びるべきだ」のなかの、「日本の平和運動もこれから難かしくなるだろう」（9, p.231）といった言葉や、論説「安保闘争一年後の思想」の、「民主主義を堅持しながら社会主義の日本を積極的に考えようとすれば、ソヴィエト社会の真剣な評価という、強い電流の通じている問題を避けて通ることが出来なくなる」といった表現に現われる程度である（12-X, p.206）。

安保闘争の少しまえの時点で、清水の精神的状況はどのようなものだったかを考えるうえで重要なのは、さきにもあげた論説「日本の革命」である。彼はそのなかで、「スターリン主義は、革命の問題を考える世界中の人間にとって座標のような機能を果たして来た」が、「今は、それがいずれの意味でも支えであることをやめてしまった」と言い、「日本の革命の問題においても、われわれは自由な、しかし、支えのない状態に立たされている」と述べる。彼にとって、その革命が「社会主義に向って現状を乗りこえるため」のものだったことは言うまでもない（6, p.323）。

c　戦後価値の崩壊

このように、清水は、社会主義の実現を念頭においた「日本の革命の問題」にかんして精神的に「支えのない状態」で、戦後最大の国民的闘争となった一九五九～六〇年の安保闘争をたたかうことになる。すでに述べたように、安保闘争は彼の平和運動、反基地運動の延長上にあり、目標は安保条約改定の阻止だった。だが、一九六〇年五月一九日の自民党による新安保条約強行採決をきっかけに起こった巨大なデモンストレーションも、結局は目標を達成できずに、一か月後の自然承認の日を迎え、闘争は終結する。彼は論説「安保戦争の『不幸な主役』」（一九六〇年九月）のなかで闘争を敗北と総括する（12-X, p.151）。

闘争の終結後、清水はそれまで関わってきた運動から完全に離れて、大学の研究室で勉強中心の生活に入る。必ずしも闘争に敗北したからではない。エッセー「マルクス主義への関心」（一九六一年六月）のなかで彼は、「安保闘争の発展と結末とを通じてバラバラに解体してしまった自分を立て直すため」だと言っている。そして、「自分が解体してしまったのは、今までの私を支えてきた諸前提が疑わしくなった結果である」（10, pp.253-254）と述べる。

では、清水の言う、「今までの私を支えてきた諸前提」とはいったい何か。言うまでもなく、マルクス主義ないしは社会主義のことである。彼はそのエッセーのなかで言っている。安保闘争を通じて自分がバラバラになって行く過程で、自分の内部で保たれてきた、マルクス主義とプラグマティズムと実存主義という「現代の三大思想」のバランスが崩れてしまった。安保闘争でショックを受けたインテリの多くがマルクス主義に愛想を尽かすなかで、「私の場合はマルクス主義を更めて自分の正面に据えるという反応になっている」（10, pp.254-255）と。

いかに社会主義が清水の内部で大きな場所を占めていたかを物語る言葉だが、そのときの彼にはまだ、勉強の方向としては、スターリン主義以外の社会主義の可能性を探るポジティブな選択肢もあったはずである。一九六〇年八月末に彼が組織した「現代思想研究会」ではその方向の勉強も模索されたようである。だが、結局、彼が精力的に進めたのは、エッセー「マルクス主義への関心」のなかで言っているように、「共産党とは、フランス人民戦線とは、スペイン革命とは」といった質問に用意されていた進歩的常識を研究し直すという作業だった（10, p.254）。

清水の勉強の成果は――ここからはいわゆる転向後の著作からも引用するが――『現代思想』（一九六六年四月）のなかに示される。彼は、一九三〇年代のフランスとスペインの人民戦線を、スターリンによるソ連国内の大粛清と表裏の関係にあるものとして捉え、ソ連共産党の権力政治に翻弄されるヨーロッパの大衆や知識人、コミュニストやアナーキストの姿を描き出している（12-XII, pp.102-159）。エッセー「政治の世界・学問の世界」（一九六六年六月）のなかの言葉を使えば、彼は、運動のなかで美しい神話のように語られてきたヨーロッパの経験から、スターリン時代のソ連共産党の権力による「大規模な偽善と犯罪」（10, pp.326-327）を取り出したのである。

そうした、社会主義に対するネガティブな方向へ清水の勉強を導いたものは、いったい何だったか。ほかでもない、安保闘争における彼自身の、小規模ながら共産党の権力政治に翻弄されたと感じた彼自身の経験である。エッセー「政治の世界・学問の世界」のなかで彼は、全面講和とか安保条約改定阻止といった「当面の目標」が彼自身にとっては重要だったが、「運動に深入りするにつれて、肝腎の当面の目標が実は私の片思いであることが判って来た」と述べる。というのは、「諸組織」——明らかに共産党のふるまいを念頭において彼はそう表現している——は当面の目標の達成を大いに呼号してはいるが、実のところそれよりもはるかに大きな思惑や利害に従って行動しており、「目標の達成の不成功（敗北）が確定した瞬間、『大勝利』を歓呼する」ことすらあったからである。彼は言っている、「素人の私がそこに見たものは、偽善であった」（10, pp.326-327）と。

だが、ここで問題なのは清水の経験それ自体ではない。その経験から彼が社会主義国家のふるまいを、日本と世界平和に対する善意としてではなく、権力政治の現われとして、言い換えれば、悪意として捉え始めたことである。論説「平和運動の国籍」（一九六二年一〇月）のなかで彼は、ソ連と中国の核および平和政策は、「各自の権力が推進している政策」であり、日本の平和運動が「社会主義諸国の軍事力の応援団となることは出来ない」という認識を示す（12-X, p.215）。さらに、論説「中国の核武装と日本」（一九六三年三月）では、中ソ対立の表面化と中国の核武装のニュースにふれて、「何年か前から、一つ一つ、その前提を失ってきた戦後の日本の平和運動は、現在、その殆んどすべてを失おうとしている」と述べるようになる（8, p.88）。

おわりに――国家主義への道

こうして、安保闘争をきっかけに清水の内部では社会主義という価値が内部で崩れ去っていく。それとともに、彼は平和という価値も維持することができなくなってしまう。これまで見てきたように、彼の平和があまりにも社会主義に――というより、現存の社会主義国家に――依存しすぎていたためである。

では、民主主義という価値はどうだったか。清水の「短い啓蒙時代」が終わったとき、彼の内部ではすでに「伝統的な民主主義」は動揺していたが、すでに指摘したように、その崩壊を食い止めていたのは、平和と社会主義という価値であった。この二つの価値が動揺し始めたとき、大衆社会論で現代の日本を捉えていた彼は、もはや民主主義の価値にも、また市民主義の立場にも踏み止まることができなかった。そのことが明確になり始めるのは、安保闘争直後の論説「大衆社会論の勝利」（一九六〇年一〇月）においてである。

清水はそのなかで、当時の雑誌に市民、市民主義といった言葉が溢れ出した事実をとりあげ、「一方に、民主主義や議会主義があれば、他方に、その担い手としての市民が登場したところで、それに何の不思議もありはしない」（12-X, p.171）と述べたうえで、大衆社会時代における市民主義の時代錯誤を批判するのである。「大衆社会論の前提の一つは、判断および行動の積極的主体としての市民から受動的存在としての大衆への歴史的転化ということであった」。それなのに、「市民を大衆たらしめた諸条件が消失したならとにかく、そうでないとすれば、大衆は市民に逆転するより、市民から大衆への方向に新しく規定されるのが自然ではないか」（12-X, p.177）と。

この論説を収めた単行本『現代の経験』（一九六三年五月）の「あとがき」に清水は、「現在は、何も彼も、中途半端である」（7, p.270）と書く。彼が大きく思想的立場を変え、いわゆる転向を遂げるのは、そのすぐあとのことである。

だが、清水の転向のその後の経過を跡づける余裕はもはやない。論説「日本よ 国家たれ」（一九八〇年五月）は、核武装の選択を含む「日本の軍事力の大幅な増強が焦眉の急務である」（11, p.239）ことを説いたものだが、[五]そこには、彼の内部で社会主義を中心とする戦後価値全体が崩壊したあとに彼が受け容れた、国家主義的な価値的世界が示されている。この転向の結果を簡単に紹介して、小論を終わることにしたい。

まず取り上げなければならないのは、かつて清水が平和問題の公理と見なした憲法第九条が否認されている点である。一九八〇年の彼は、第九条は「日本から国家の本質を奪ったもの」であり、「日本がもはや国家でないことを明確に中外に宣言した」ものだと主張する（11, p.21）。論説「戦争の放棄」（一九四六年五月）のなかで彼が第九条に与えた、「世界国家」という理想に近づく「主権の制限」という意義はもはや顧みられない。

もっとも、これだけで清水の立場を国家主義と言うことはできないだろう。小論の冒頭で述べたように、国家主義の特徴は、国家それ自体の重視、対外関係と国民統合における国家権力の事情の優先といった点にあるが、論説「日本よ国家たれ」の議論にもその特徴が見られる。対外関係の認識の点でも、彼の考えは以前とは一変している。彼によれば、国際社会は、「究極において、法律も道徳もない世界、戦国時代の世界」（11, p.45）であり、そこにおいて問題なのは、戦後の日本が「軍事力を本質とする国家であることを止めて、経済活動を内容とする社会になった」（10, p.60）ということである。彼は「経済大国」日本の軍事力の弱体が心配なのである。

こうした見方に到達するまでには清水の内部で、「社会主義への失望が資本主義への希望によって補われる」（12-XIV, p.437）といったような価値観の反転や、ソ連と日米安保条約に対する評価の逆転が起こっているのだが、その点はともかく、いま述べた対外情勢認識から日本の大幅な軍備力増強論が出てくる。そのさい、彼が最も懸念するのは、共産主義イデオロギーを掲げ、核兵器で威嚇する「ソ連の膨張主義」である。「ソ連の軍備拡張は止まるところを知らず、バランスはアメリカに不利な方向へ傾き始めている」（11, p.94）のである。彼は、「従来、海上輸送路の安全を漠然と頼ってきたアメリカの軍事力が相対的に低下しつつある現在、日本が自らの軍事力によって海上輸送路の安全を確保しようとしないならば、即ち、日本が進んで「国家」たろうとしないならば、日本の「社会」も危なくなるであろう」（11, pp.67-68）と述べ、さらには、最初の被爆国日本こそ「真先に核兵器を製造し所有する特権を有している」（11, p.91）と主張して、核兵器すら日本の「経済力に相応しい軍事力」（11, p.240）として提起する。国家の本質たる軍事力にかんしては、社会からの、あるいは国内からの制約は一切考慮に入らないかのようである。

清水の国家の定義もまた、国家それ自体を重視するものである。彼によれば、国家は「精神的権威と物理的権力」に支えられるものだが、「精神的権威は、一般に、或る神秘的意味を帯びた人格や制度として存在し、それを国民が相共に信仰することによって、国家統合の一面が保証される。物理的権力は、軍隊及び警察であって、軍隊は国民を外敵から守り、警察は、国内の秩序の維持に当る」（11, pp.19-20）とされる。とりわけ、「精神的権威」の定義においては、国家そのものが神秘的に自立させられている。

実際、論説冒頭で展開されている「精神的権威」の議論には、清水の国家主義が端的に現われている。というのは、そこで展開されているのは――さきに見た論説「占領下の天皇」（一九五三年六月）の議論と違って――戦前の日本における国家主義の核心であった「天皇の権威」に対する讃美だからである。[六] 彼は、敗戦のさい、陸海軍の武装解除がほとんど何の混乱もなく完了したという「奇蹟」は、「命令が天皇から出たため生じたもの」（11, p.12）だと述べる。「万世一系の天皇」の神話についても、「神話というのは、長い歴史を持つ民族にのみ恵まれた特権であり、財宝である。そうであればこそ、危急の際、国家統合という神聖な機能を果たすことが出来た」（11, p.15）と主張するのである。

だが、これは、清水が以前に論説「匿名の思想」（一九四八年八月）のなかで言っていた、「非合理な人間」を前提にした議論以外の何物でもない。この点から振り返って見ると、彼の市民主義から国家主義への転向は、彼がかつて「国民の合理性を買い被らぬ」よう読者に注意を促したときに、早くもその一歩が始まっていたのかもしれない。

［注］

（一）清水の文筆活動の全容は『清水幾太郎著作集　第一九巻』所載の清水禮子・清水真木編輯・製作「執筆目録・著作目録・訳書目録・編輯／監修作品目録」（12-XIX, pp.290-550）に詳しい。清水にかんする文献のリストは、一九七八年までのものは不完全ながら天野恵一の著書（13, pp.274-275）にあるが、十分なものは現在のところまだ作成されていない。小論では、清水の論説・エッセー・著書からの引用は『著作集』所収のものはこれに拠り、それ以外は個々の単行本に拠っている。ただし、旧漢字、旧かなづかいは改めている。なお、論説等のタイトルには、発表ないし刊行の年月を付した。

（二）清水の転向ないし挫折については、戦前期のそれを含めて、天野恵一の著書（13）のほかに、松浦総三（16, pp.68-98, pp.115-133）、安田武「清水幾太郎論」（17, pp.114-147）、杉山光信「清水幾太郎の『常識』」（16, pp.49-71）などを参照されたい。

（三）清水の伝記的事実については、逐一の注記は省いたが、大体において、転向後の彼の回想録『わが生涯の断片』（12-XIV, pp.11-498）の記述にもとづいている。

（四）一九四七～一九四八年の時点で清水の人間観、社会観が大きく変化した点については、それぞれ解釈は異なるが、安田（17, pp.119-121）、杉山（15, pp.63-70）にすでに指摘がある。

（五）清水の論説「日本よ　国家たれ」に対する批判は数多いが、ここでは猪木正道「空想的平和主義から空想的軍国主義へ」（14, pp.246-266）をあげておく。

（六）清水の天皇制にかんする見解の変化については、天野（13, p.263）、松浦（16, pp.125-127）も参照されたい。

［引用・参照文献］

（1）清水幾太郎『人間の再建』（白日書院、一九四七年）
（2）清水幾太郎『世界の感覚』（羽山書房、一九四七年）
（3）清水幾太郎『現代の考察』（思索社、一九四八年）
（4）清水幾太郎『日本の運命とともに』（河出書房、一九五一年）

（5）清水幾太郎『現代文明論』（岩波書店、一九五三年）
（6）清水幾太郎『現代思想入門』（岩波書店、一九五九年）
（7）清水幾太郎『現代の経験』（現代思潮社、一九六三年）
（8）清水幾太郎『無思想時代の思想』（中央公論社、一九七五年）
（9）清水幾太郎『日本人の突破口』（中央公論社、一九七五年）
（10）清水幾太郎『この歳月』（中央公論社、一九七六年）
（11）清水幾太郎『日本よ　国家たれ――核の選択――』（文藝春秋、一九八〇年）
（12）清水禮子編『清水幾太郎著作集（全一九巻）』（講談社、一九九二～一九九三年）
（13）天野恵一『危機のイデオローグ――清水幾太郎批判――』（批評社、一九七九年）
（14）『猪木正道著作集　第五巻』（力富書房、一九八五年）
（15）杉山光信『戦後啓蒙と社会科学の思想』（新曜社、一九八三年）
（16）松浦総三『清水幾太郎と大宅壮一』（世界政治経済研究所、一九七八年）
（17）安田武『人間の再建』（筑摩書房、一九六九年）
（18）「戦後平和論の源流」（『世界』臨時増刊、岩波書店、一九八五年）

市民社会からアソシエーションへ

個人主義から関係主義へ

石塚正英
Ishizuka Masahide

はじめに

二〇〇三年春に統一地方選があり、私は、前年に政令指定都市となっていた地元さいたま市の市議選に深くかかわった。自らが立候補したのではないが、候補の一人（本稿ではAとしておく）の後援会で半年ばかりボランティア活動を行なったのである。その活動に参加するに際し、私は周囲の友人知人に次のメールを送信した。

「最近、ちょっと市民運動、ないし市民主体の政治実現にタッチしています。本年（二〇〇二年）五月に浦和・大宮・与野の三市が合併して『さいたま市』ができました。そのような合併に反対して潔く浦和市議を辞職したAさんを応援しつつ、私なりの運動を展開しています。分母＝選挙主体（有権者）がかわったのにそのまま議員でありつづけるのはおかしい、とのA氏の主張をバネに、私は『Aと共に市民主体の政治をつくる会』を立ち上げました。

ユートピアンである私は、常々、徴税権は国家でなく地方自治体、とりわけ市町村が掌握するべきと考えてきました。所得税を県民税ないし市民税として納入する。したがって税の分配・移動は地方から中央へとなり、国庫におさめられる税は市町村や都道府県がとった残りです。さらに、その一部は税収入の少ない地方自治体への補填に使われ地方に還流する。そうしたシステムをつくってはじめて、中央で立てられるそれなりに膨大な国家予算は、真に国民・市民のために役立てられることでしょう。これが私の理想です。

また地方行政は、市町村議会とともに、主権者である市民とのコンセンサス（合意）および市民へのアカウンタビリティ（説明責任）を前提条件とする。それを基盤にして地方自治体が中央政府について改革を推進し、国政を中央集権・官僚主導体制から市民主導に切り替える。これが私の理念です。

完全無所属・地方分権・ボトムアップ市民派のさいたま市議会議員候補Aさん（三一歳）は、私と同じように市民と議会・行政のコンセンサスの必要性から地方政治を考えています。私はAさんとともに、まずは地元での地方政治改革に着手します。みなさん、応援してください。そして、自分の住んでいる現場の市民社会から全世界を眺めつつ、共に市民主体の政治をめざしましょう。ただし、私自身が政治家になるのではありません。市民運動ないし地方政治の改革に意欲を燃やしている、ということです」。

私が応援したA候補は選挙区内でトップ当選した。私は、そのときにも「Aと共にさいたま市政をボトムアップしましょう」と題した次のメールを友人知人に送った。

「昨年一〇月に発足した本会は、本年四月の選挙で所期の目的をみごとに達成しました。年末年始をはさんで幾度か運営委員会や事務局会議を開き、二月中にJR南浦和駅東口近くに事務所を構えました。そして三月に入ると、パネルディスカッション『市民力を突破口に』を催し、多くの支援者に支えられていることを確認しました。この時点で確かな手応えをつかんだ私たちは、さらに市内各駅頭での演説やチラシ配布を徹底させました。またA氏本人は、昨年からずっと南浦和と武蔵浦和での朝夕晩の駅立ちを継続してきました。

四月四日の市議会議員選挙告示後、私たちは一丸となって選挙活動に打ってで、投票開票日の一三日、ついに南区でトップ当選を果たしたのです。総得票数六六七三票、市議会議員選挙の当選者六四名中でも第三位の得票数でした。

少人数の老若男女からなるボランティア組織だけで獲得した成果です。自信をもって誇りとしていいでしょう。彼は、行政主導・政党主導から市民主導へと市政のボトムアップを掲げる若手です。彼が今後さいたま市議会から全国に発する政策提言に、みなさま、どうぞご期待ください。まずは、選挙結果のみご報告いたします」。

この選挙運動は、私にとっては政治運動というより、むしろ反政治運動の意義をもつ。あえてジバン・カンバン・カバンをもとうとしないA候補を支援するこのボランティア・メンバーは、ある意味で脱中央集権・脱権威・脱国家の市民主権論者、地域主権論者たちなのである。この運動は、よどみのない運動であろうとするからには固定した組織や権威を嫌う。所期の目的を達成すれば、時期を選んで解散するのが当然である。その後私（一市民）とA（一議員）との関係は、日々変化する情勢と運動の只中にあって、相関的に日々変化する。そのようにして成立する運動体は、市民社会よりもアソシエーション（協同社会・連合社会）に相応しいものである。

私は、アソシエーションは動態的にして関係的であって、恒久的にして実体的なものとしては捉えていない。個人それ自体よりも、むしろ個人と個人との関係、あるいは人と自然との関係を重視している。また関係はつねに動いているものでもあるわけだから、それは運動であると考える。したがって「将来社会としてのアソシエーション」という一定の雛型や恒久的な理想像を思い浮かべるのは本来おかしなことなのである。確かに雛型や理想社会の表象がなければ人は動かないから、特定のイメージを実体的に思い浮かべることには意味があろうし、ときとしておおいに必要なのである。しかしアソシエーションは人と人との関係性、たえず変革の渦中にあるもの、時間軸にそって空間の中で動いていくものだという点は確かである。

私は、かつてそのような発想でもって協同研究書『アソシアシオンの想像力』（社会思想史の窓刊行会編、平凡社、一九八九年）を編集した。その発想は今も維持している。イギリスやフランスにおけるアソシエーションの先駆的形態とかアメリカにおけるコロニー建設などの諸制度をアソシエーションの実験として紹介することは、実体的な観念に囚われているような気がしてならない。なるほどその場その場ではそのようなもので捉えていくことが有効なのも確かであろうが、しかしできうる限り関係論的な観点から捉えていくようにしていきたいという思いが、今でも強い。なるほど、表象はときに決定的な働きをする。それは事実である。しかし、そうした表象もまた、なにがしかの関係性を背景にして抱かれる点を忘却してはならない。

本稿で私は、一方で、関係を産みだす〈個人中心の構え〉を市民社会に関連させる。また他方で、個人間に成立する〈関係中心の構え〉をアソシエーションに関連させる。個人なくして関係=連合は成立せず、関係なくして個人は輪郭=個性を獲得しない。そのように区分した上で、社会形成の軸を関係の方に置き、二一世紀の近未来は後者によってこそ切り拓かれるであろうと予測する。本稿は、その予測の根拠や傍証などを、関係性の転換としてのアソシエーション運動、およびアソシエーション型社会の創成という視点なり観点なりから説明することを目的としている。

ところで、どちらの型の社会も例えば個人をベースにしている点では同じであるものの、本稿では、議論の運びにメリハリをつけるため〈個人中心の構え〉=市民社会と〈関係中心の構え〉=アソシエーションとの対比的ないし類型的な差異をあえて誇張して表現する場合がある。また、説明のために本稿で引き合いにだす事例や学説はきわめて多岐にわたる。二〇〇一年のニューヨーク・テロ、プルードン思想、地中海海域の生活習慣、卑弥呼時代の日本、母権的家族共同体、地域主権と徴税権、杜甫・孟子・老子、ハワイ沖縄アイヌ等々。あちこちへと事例が飛び交うのである。そのヴァリエーションに目を白黒させる読者諸氏は多々あろうけれども、みな相互に関連性はある。以上二つの傾向は、論述における石塚流のスタイルなのでお許し願いたい。

なお、市民社会の定義について、本稿では、市民社会を三つの史的類型に区別する次のエーレンベルクの見解を参考にしている。「最初の古典古代的・中世的市民社会論は、概して政治的に組織された共同社会と同一であった」。「国内市場と国民国家の漸次的形成による市民社会論の第二の伝統が生成した。この潮流は、市民社会を生産・私的利害・競争・必要などによって成立する文明として概念化し始めた」。「そして、市民社会が中央集権的近代国家とともにしだいに発展するにつれ、第三の有力な市民社会論が現れた。それは、市民社会を自由を守り中央権力機構を限定する、中間諸団体の新しい親密圏であると概念化したのである」（1, pp.15-16）。この分類にしたがって議論を進めつつ、エーレンベルクは、自身の立場として「市民社会を非国家主義的に限定する現代的議論は、政治行動の解放的可能性を把握しえない」としている。このように市民社会に政治的な意味をもたせるエーレンベルクには、あくまでも国家との関連における市民社会が意味をもつのであって、脱国家的なアソシエーションに未来を見通すという本稿の立場は理解できないであろうけれども。

また、市民社会の語源について、本稿ではこれをギリシア語のポリス（polis）に見出す次の見解を参考にしている。「これら（英語の civil society やフランス語の société civile）はいずれもラテン語の societas civilis から来ているが、古代ローマのキケロが最初に用いたとされるこの言葉は、アリストテレスが『政治学』（国家論）の冒頭部分において規定した「国家」polis の概念、すなわち koinonia politike（市民共同体）のラテン語訳にほかならなかった」（2, p.8）。市民社会を civitas に、アソシエーションを societas に各々区別する本稿の構えからすると、市民社会の語源が koinonia politike ないし端的に polis であるとの指摘は本稿の対比的・類型的議論にとって重要である。

一　脱国家のむこうに見えるもの

ドイツの政治学者カール・シュミットによると、イギリス自由主義に根をもつ民主主義、議会主義は原理的に欠陥をもっていた。その欠陥とは、民主主義を成立させている〈同質的な個人〉という考えである。これが、二〇世紀初に現実的な政治問題となって露呈してきた。すなわち、第一次世界大戦後、手続きとしての民主主義が大衆のものとなるや、元来民主主義にありうべき理念としての〈公開性と討論〉が等閑視され、大衆民主主義は自由主義に特徴的な〈独立した個人〉としての代表者を介した議会を実現せず、逆に、〈同質性〉とか〈同一化〉を原理として前面に押し出してきたのである。そこにシュミットは批判のメスをいれたのである。

民主主義は、ほんらい少数者（社会的強者）に対する多数者（社会的弱者）の利益保護として機能するものだが、多数者が分裂していると、機能しにくくなる。その時民主主義は、議会政治というフィルターをとおすと、こんどは多数者に対する少数者の利益保護という正反対の機能を発揮しだす。『現代議会主義の精神的地位』（一九二三年、とりわけ二六年刊の第二版）においてシュミットは、イギリス流の市民デモクラシーを、未だほとんど政治的訓練を受けていない大衆が参加してくる二〇世紀初頭のドイツに当てはめてみても、それは政治の腐敗（衆愚化）をもたらすだけだということを、しっかりと洞察できていたのである。のちにナチスの御用学者になるシュミットであるが、民主主義がもつ両義的な意味、そのパラドックスを理解していたことは間違いない（3, pp.5-23）。

ところで、戦後日本の民主主義は、その同質性に依拠するかたちで、第一に「民意安定」のために導入された。国政でも地方政治でも、とにかくこの言葉を一種の呪文として何にでもかぶせる。あとは「親方日の丸」式ないし「護送船団」式の思考と行動を最善とみなし、個人主義よりも集団主義を尊重していくこととなった。人権と両立する国民主権でなく、それと矛盾し対立する考え方が「国民主権」の名のもとに受け入れられてきた。そこでついに、全世界の平和勢力の味方だったはずの日本国憲法は、いつのまにか在日外国人の様々な権利を制限し、外国からの出稼ぎ労働者を法的に締めだす根拠に転用されることになった。要するに日本では、民主主義は諸個人が支えるものであり諸個人の自発性に基づくものであるとの観念が、依然として乏しいのだ。だから、民主的な立法が個人やマイノリティの人権を侵害する恐れがあることなど、ほとんど問題にされないのである。こうした思考様式が、二〇世紀後半に至って、欧米にはあまり見られない日本独特の民主主義を生みだしたのである。

ところが、二〇〇一年九月一一日ニューヨークとワシントンで生じたアルカイダによる国際テロ事件以後、アメリカもまた民主主義の成熟度において未熟な国家である点がはっきりと露呈した。それは二〇〇三年三月～四月に生じたイラク戦争におけるブッシュ大統領の態度に象徴的に、集中的に表れている。ブッシュは、イラクの大量破壊兵器の隠蔽保持を非難するかたちで、イギリス・スペインとともに対イラク武力攻撃容認の新決議案を国連安保理に提案した。しかし、査察は成果をあげているとしてその継続を要求するロシア・フランス・中国に反対された。つまり対イラク攻撃の国連安保理新決議は採択されなかったのである。にもかかわらずブッシュはイラク攻撃を強行したが、これは国連＝国際法＝国際民主主義無視の暴挙であった。大量破壊兵器の隠蔽保持やテロ組織アルカイダとの秘密の関係をイラク攻撃の理由としていたブッシュは、開戦直後、まっさきにフセインとその家族に対するテロ攻撃を始めた。イラク問題を国連を舞台とした平和的手段で解決できず武力＝テロ行使に訴えるという姿勢は、許しがたい犯罪行為である。

日本では、開戦直後、小泉首相が国会でつぎのような内容の演説を行なった。危険な大量破壊兵器が危険な独裁者の手に渡ったならどんなことになるか、それはアメリカ国民だけでなく日本国民にとっても重大問題だ。ああ、なんという勘違いであろうか。今や世界のどの国よりもたくさんの大量破壊兵器をもっている国はアメリカであり、世界のどの国の元首よりも強大な権限を一手に保持しているのはブッシュであるという事実を、小泉は見ようとしない。また、そもそもイラクに大量破壊兵器など存在しない可能性が大であるにもかかわらず、情報操作でもって「大量破壊兵器隠匿」を事実としているアメリカを小泉は支持するのであった。（本稿校正段階の二〇〇四年一月二五日付朝日新聞朝刊トップに、イラク開戦時同国内に大量破壊兵器は存在しなかった、との米調査団デビッド・ケイ団長の声明が載った。）

では、欧米や日本では民主主義はもはや死せる理念・制度と成り果てたのか？　そうではあるまい。それは二一世紀にますます必要なものである。そのような再確認を行なうに際して出発点におくべき立場は、何の担保もない自己宣言にすぎない自然権、「人は生まれながらに自由で平等だ」という理念である。これを排除した社会は生存闘争の修羅場と化してしまう。しかし、その理念を後生大事に、杓子定規に当てはめる立場は平等至上主義であり、現実の社会変化に対応できず、実際的でない。例えば、二一世紀を突き進む過程で人々の価値基準が多様化しているのに、保障のすべてを国民国家に求めるのはアナクロニズムである。擬制的・人為的理念である一民族一国家のもとにある法や政府に立脚する以前に、むしろ人は自然的に、ないし自然社会的に自由で平等だ、という発想に立つべきなのである。国家（civitas）や国法（jus civilis）を脱して、社会（societas）や自然法（jus naturale）に立脚し直すべきなのである。公的基準としての〈経済的平等〉の実現こそ公益につながるという考えばかりで臨むのは、すでに限界に達していると言えよう。

ところで、右に記した古代のラテン語 **societas**（ソキエタス）だが、それはアソシエーションの語源で、「政治なき社会」という意味になる。それに対して **civitas**（キヴィタス）の方は「政治としての社会」である。ギリシア語の **polis** と同義で、市民とか政治という意味である。政治というと、現在では前者のキヴィタスでなく後者のポリスで代表されている。以上のラテン語二語のうち、私はながくソキエタスの方に注目してきた。ソキエタス的な結社によって新しい展望が開け、アソシエーション運動が拡大するのだろうと考えてきた。

少々対比を誇張して述べるが、キヴィタスはモノクロニカルな特徴を有するのに対して、ソキエタスはなによりもポリクロニカルな特徴を有する。また、前者は固定的な一対一の個人関係を重んじるのに対して、後者は複合的な多対多の集合関係に重きをおく。人類社会を「公認の社会」と「真実の社会」に分類する一九世紀フランスの思想家ジョゼフ・プルードンの用語法を使用するならば、「公認の社会」はキヴィタスであり「真実の社会」はソキエタスである。

ところで、プルードンのいう「公認の社会」では、所有（資本）、権力（国家）、キリスト教（支配宗教）によって民衆は抑圧されている。彼が理想に掲げる「真実の社会」を実現するにあたっては、したがって所有と権力とキリスト教とを廃絶することが必要条件となってくる。ただし、ここで注意しておくべきことは、「公認の社会」と「真実の社会」とは、時間的に前後しているわけでなく、空間的に分離され得るものでもなく、同時的に並行して存在しているという点である。現状では、ただ「真実の社会」が「公認の社会」によって極度に圧迫され、あたかも存在していないかのように窒息させられているだけのことである。したがって、いまは威力を奮っている「公認の社会」を委縮させてしまえば「真実の社会」が前面に現れるということになる。つまりプルードンにあっては、未来社会はけっして現在と断絶した社会ではない。既に現状のなかに未来社会の萌芽が潜在している。肝心なことはその萌芽の発育を妨害しているような「公認の社会」の威力を弱めればよいのである。では、そのような未来社会を実現するにあたってその手段はいかなるものか。プルードンは、現行の不平等な社会で労働者が採用すべき方針としては、政治的に団結するのでなく——それは或る意味で現行の社会に参加することになる——逆に拒否権を用いて選挙制度をボイコットし、現行の政治活動にはけっして参加しないことを強調する（詳しくは以下の文献を参照。4, p.11ff.）。

以上の説明を踏まえつつ、二一世紀の近未来は、紆余曲折を経たのち「公認の社会」から「真実の社会」へと展開していくものと推測して差し支えないのではなかろうか。この方向を指して、私は「脱国家」という表現を用いるのである。また、この方向を展望するのに役立つ事例として、私は南欧ないし地中海海域に目を向ける。国家に頼らない生活、国家を縮小して地域を拡大する方向への諸関係の転化を図るのに参考となる地域に目を向けるのである。

二　関係性の転換としてのアソシエーション運動

二〇〇〇年の夏と二〇〇一年の夏、二年連続して地中海に行ってきた。私は、ヨーロッパではもっかのところアルプス以南に関心が集中している。滞在先はマルタ共和国である。同国は小さな島二つ、三つで成り立っている。この海域は地中海的思考というか、ポリクロニカルな生活をしているところである。

このマルタ共和国は、総面積で淡路島の三分の二くらいしかなく、交通手段としては鉄道はなくバス路線しかない。ところで、そのバスがかわっている。まず、運転席にはスピードメーターがない。左右のウィンカーもなく、要するに安全を守るものはハンドルとブレーキ以外何もないのである。それからギリシアのアテネにも行ってきたのであるが、ここはヨーロッパと同じく安全を維持する装置はほぼ完全にある。しかしどちらが安全だったのかというと、マルタ島の方でなのだ。マルタ島滞在中、私は一度たりとも交通事故を見たこともないし、自分が不安に思ったこともない。それに対してアテネには車のための信号しかなく、私は何度もひかれそうになった。アテネはヨーロッパ化されおよそ地中海的な伝統を背負っているようには見えない。マルタでは機械が人間の生活に合わされていたが、アテネでは人間の方が機械の動きに合わされていた、と言いうる。

二〇〇一年夏、旅の最初にミラノのマルペンサ空港についたときにも、翌日私が乗り換えようとしたマルタ行きの飛行機がストライキのせいで飛ばない。そのとき腹を立てて怒る人間は北欧的なモノの人間である。南欧的なポリの人間はさして気にしない。南欧的な気質にはアソシエーションにプラスになるものがたくさんある。一つの原理ではなくいろいろなものが寄せ集まり、それらが適度なスタンスを保って緩やかにつながり、あるときはある原理が幅を利かせることがあり、他方のものは潜在的な次元に留まっているかも知れないけれども、しかしそれはけっして消滅してはおらず、あるときにはそれが前面に出てくるといったように、情況に応じて力点や作用点の移動するのがアソシエーション的な社会なのである。このような社会にはコミューン的原理はあてはまらない。コミューンはやはり一元的なイメージが強く、クレオール的な多様化に向かって関係を発展させていくことには向かない（クレオールについては5)。そういうことを確かめるために、二年続きで地中海に行ってきたのであった。

地中海に足を向けるもう一つの理由は、地中海的社会には母権的な遺制や慣習が散見されるからである。それに対してアルプス以北の地方はおおむね父権的な社会である。母権的な社会の統合原理はソキエタス的なものである。それに対して父権の統合原理はキヴィタス的なものと言いうる。地中海社会には母権的な遺風（マリア信仰やファーティマ信仰など）が割合に強く、こういったものはアソシエーションに非常に合っている。

日本の場合では卑弥呼の時代がこれに似ている。あの時代には国家的な政治権力があったのかなかったのかよくわからないけども、一応あったのであろう。それは卑弥呼の弟が握っていた、あるいは卑弥呼の娘壱与からすれば叔父が握っていたと推定できる。

卑弥呼や壱与はシャーマン的カリスマ的な存在だといわれるのであるが、そうしたイメージをもう少し変えていくと、母権的な社会に行き着く。母権的な社会では真ん中にお母さんがいてみんなそれに平伏しおっぱいをすって、お母さんから娘へ、娘から孫娘へと生活資料が移されていく、というものではない。実際そこには、母たちの兄弟たちによる力、すなわち「母方オジ権（アヴンクラート）」の強い状況が確立されていた。後に登場してくる家族（ファミリア）ではない氏族（クラン）の段階における社会では、直系でなく様々な傍系による多様な人々がいっしょに暮らしていた。子どもたちの視点から見ると、生みの父親はよそにいて、自分のクランには母親とおじさんたちがいるだけなのだ。おじさんたちは、自分の子どもを育てない。自分たちのクランの外部で、自分たちの妻の氏族内でわが子を育ててもらうのである（アヴンクラートについては6）。

現代の我々の一夫一妻制の家族では、夫と妻がそのまま父親と母親になる。そうした家族像を、私たちは誤って永遠の昔からの像として固定的に考えがちである。例えば、社会人類学者の中根千枝は、一方では、原初的な社会にも一夫一婦制の小家族が存在し「家族は、どんな社会にも存在する単位である」としているが、他方では、夫が妻子と一緒に住まない家族のあることをも認め、「そのばあいは、かならず母親の兄弟がその役割を担当しています。父親は、妻子ではなく、姉妹とその子供たちを世話するわけです」としている。この二つの発言をならべると、中根は矛盾した見解を述べたことになる。バッハオーフェンが問題にしたアヴンクラートについての認識が、中根にはないのである（7, p.17-25）。

それほどに、家族というのは実体性を特徴としている。これに対してクランは関係性を特徴とする。単身赴任の盛んな昨今では家族全員がいっしょに住んでいない事例も多いのであるが、それは制度的なものではない。制度的にみて通常の家族では、お父さんとお母さんと子どもたちが一つ屋根の下に住んでいる。それに対してクランでは、制度的な観点からみて、夫婦はいっしょに住んでいない。子どもたちも生みの親に囲われていない。分業的な観点からいうと、男たちは通常は狩りに行っていて家にはほとんどいない。姉妹たちだけが家にいて農耕に勤しんでいる。兄弟たちが狩りに行っているときに、よそから狩りの最中の部外者が来て女たちとセックスをして子どもが生まれる。にわかづくりの夫たちは、しばらくするとまたどこかに立ち去っていって、そこに生みおとされた子どもたちは母親たちのところで育つ（8, p.311ff.）。

そこには関係性だけがある。我々がいっているような意味での実体的な家族は成立していない。我々は家族を共同的（コミュナル）なものと了解してきたが、以上のようなことを考慮に入れると今後はむしろ連合的（アソシエーティヴ）な家族（擬似家族も含めて）を展望したらいい。なるほど、地中海世界では北欧ほどには「個」という概念がはっきりしないので、うまく符合しない面もあるが、全体として地中海的なものはアソシエーションの参考になるのである。

地中海的な家族概念との関連で言及すると、例えば、フランスで生じている複合家族の新展開について浅野素女は、社会学者のいう「ＬＡＴカップル（Living Apart Together）」に注目しつつ、次のように主張する。「個人主義が極度に発達した現代にあっては、役割が明確だった従来の人間関係は崩れ、個人のまわりに柔軟性に富んだ人間関係の網目が張りめぐらされている。そこでは、社会的つながりは多様化し、ますます個人的なものになっている。それぞれの関係がどういった意味を持つのであるかは、網目の中心にいる本人だけしか知らない。それは、個人の秘密の領域なのだ。同時に本人も、それらのばらばらな関係性の集大成としての『個』、多面体の『個』を、自己として意識している」（9, pp.53-54）。

こう主張する浅野はまた、離婚・再婚後も以前の親子関係を断ち切らず複合的に継続していく「複合家族」についても詳しく説明している（9, p.165ff.）。こうした人間関係の多様化は、あえて分類するならば、北欧的なモノクロニカルな発想からは理解しにくい。南欧的・地中海的なポリクロニカルな発想を素地にしているといえる。そしてまた、前者は市民社会的な構制をとり、後者はアソシエーション的な構制をとっていると分類できよう。あるいは、前者は国家的・家父長的市民社会の過去をもち、後者は脱国家的・母権的アソシエーションへの展開を秘めているとも言いうる。また、フェミニズムの観点からすれば、前者はジェンダー社会であり、後者はジェンダー・フリー社会である。とにかく理想社会を実体的に捉えるのではなく、いわんや終末論的な歴史認識から一挙的な世界同時革命でもってパラダイスを導けるなどと考えるのではなく、関係性の転換としてのアソシエーション運動の中で動態視力でもって捉え、関係性の転換の中で常に軋轢や矛盾が生まれそれを解決していくために努力していくというのが二一世紀的というものであろう。これまでの市民社会では、個は恒久的で実体的な市民としてあった。他方、将来のアソシエーションでは、個は動態的で関係的な市民として成立するだろう。この議論に鑑みて、私はときに「市民主権」という表現を用いるのである。

三 アソシエーション型社会の創成

すでに「はしがき」で述べたように、ジョゼフ・プルードンのようなユートピアンである私は、常々、国家はなるべく小さい方がいいと思ってきた。また、徴税権は国家でなく地方自治体、とりわけ市町村が掌握するべきと考えてきた。また、それを基盤にして地方自治体が中央政府について改革を推進し、国政を中央集権・官僚主導体制から市民主導に切り替える。市民と議会・行政のコンセンサスの必要性から地方政治を考えていくこと、また、トップダウン（官僚主導）方式の政治からボトムアップ（市民主導）方式の政治への転換をめざしていくこと、その行動はまさしく市民社会からアソシエーションへの道を開拓することにつながると認識している。

さて、徴税権におけるトップダウンからボトムアップへの転換は、東京、神奈川、大阪といった大都市がかかえる財政難に注目し、その打開策としてボトムアップ方式（自主財源の確保）として新税制を設定することから始めうる。

好例は東京都の外形標準課税導入である。ただし石原慎太郎東京都知事自身は、独裁的首相を狙う超トップ志向の反ボトム的人物だが、ときに歴史は勝手気ままな動きを人に強要するものである点を付言しておく。

無責任知事石原個人の犯罪性は別として、外形標準課税導入を通じ、ここに地方は分権でなく主権を確立する第一歩を踏み出すことになる。たんに中央の主権を分けるということは、論理的にも事実上でもできない相談である。あるいは、主権が二箇所に分立するというのは、いわばロシア革命時の二重権力状態を意味し、内乱的であって脱国家的でない。事実としては中央か地方かに一つの主権が存在するのみである。したがって、地域徴税権の確立は国民国家の解体とアソシエーション型社会の創成をもたらすのである。

さて、以下においては、中央のイメージがあまりにも濃厚な東京都でなく、静岡県が取り組んでいる外形標準課税導入の試みを参考にしてみたい。静岡県総務部のホームページ（10）には「法人事業税の外形標準課税～分権時代における地方法人課税の望ましいあり方～」と題して次の記事が掲載されている。

外形標準課税については、平成一五年度税制改正において、平成一五年度に資本金一億円超の法人を対象として、外形基準の割合を四分の一とする外形標準課税制度を創設し、平成一六年度から適用することとされています。現行の法人事業税は、原則として国税の法人税と同様に「所得」を課税の基準としていますが、外形標準課税は、法人の事業活動の規模を表す基準により課税しようとするものです。

●税の性格が明らかとなることにつながります。

法人事業税は、地方団体の行う各種の行政サービスに対する経費として負担する税であることから、法人の事業活動の規模をできるだけ適切に表す基準によることが望ましいとされています。

所得課税である現行の法人事業税は、事業活動の規模との関係が適切に反映されず、税本来の応益課税としての性格からみて望ましいあり方になっていないことから、外形標準課税の導入は、税の性格が明らかとなることにつながる意義ある改革です。

●税負担の公平性を確保することにつながります。

現行の制度では、事業活動の規模がいかに大きい企業であっても、所得がない場合は税を負担していません。法人が地方団体の行政サービスから受益を得て事業活動を行っている以上、欠損法人を含め、その受益に応じて、事業活動に見合った税負担を薄く広く分担する仕組みに是正することが、税負担の公平性の観点からも重要です。

※税を負担しているのは、約三分の一の『利益法人』だけです。

●安定的な税収を確保できることにつながります。

地域における住民の日常生活や産業活動を支える地方団体の行政サービスは、安定的に供給される必要があり、その財源である地方税は、できるだけ安定的で税収の変動が少ないものであることが望まれます。

外形標準課税の導入は、税収の安定性を向上させ、安定した行政サービスを行うために必要な財源を確保できることにもつながります。

●企業経営の効率化・収益性の向上につながります。

外形標準課税は、事業活動の規模に応じて課税されますので、所得に係る税負担を相対的に緩和することになり、より多くの利益をあげることを目指した事業活動を促し、企業経営の効率化や収益性の向上に資するものと考えられています。

（なお、上記ホームページの記事は本稿に引用する関係上、レイアウトを部分的に変更し、図は省略し文章も抄録している。）

静岡県におけるこの徴税権獲得の試みは、アソシエーションへの道のりからするとまだほんの第一歩である。今後徴税権が県レベルから市レベルに降り、市が徴税の基本単位となっていくと、市民社会はトップダウン型（官僚主導）

からボトムアップ型（市民主導）に転換していくだろう。この考え方自体は、例えば「道州制」を唱える論者にも共通している。その代表である前大分県知事の平松守彦は「道州制」に賛意を表して、次のように語っている。

「公共事業の削減、地方交付税のカット、さらに『官から民へ』『国から地方へ』といった構造改革が国民の支持を得ています。この時代の流れも合併への動きを後押ししています。いま、全国三二〇〇余の市町村のうち約四割が積極的に研究していて、滋賀・広島・熊本・大分県などがとりわけ盛んです」。

「私は日本全国を八ブロックに分けることを提唱しています。九州は一つのブロックになります。その九州は主権を持ち、国防・外交・通貨については中央政府に権限を委任し、その他はすべて自分たちで決めて実行します。他のブロックもそうです。こんなブロック及び基礎自治体の連合した国の姿を、私は地域連合国家と言っています」。「地域とはなにか。ずばり生活空間、暮らしの場のことです。だとするなら、その地域が強い権限と責任を担う方が、本当はとても自然な有り様ではありませんか？」（11 。なお、地域活性化に関連する平松の見解をコンパクトにまとめた文献に12がある。）

自治体はすでに水源税など環境税やそのほか幾つかの徴税権は獲得している。そのうえで今後、最小の自治体が個人所得税など基本的な徴税権をもつようになると、ここに地方分権でなく、地方主権が確立することになる。その際、「地方」が「中央」との対比において使用される概念とみるならば、中央を否定すると同時に地方も否定するべきであり、そうであれば「地方主権」はおかしな言い回しということになる。この議論に鑑みて、私はときに「地域主権」という表現を用いるのである。この表現は政治的というより社会的である。あるいはまた、日本社会においてよりも、例えば、悠久の歴史をもつ中国で次々と中央による政治支配の交代を経験しつつしたたかに生き続ける地域民衆の生活態度に当てはまる。

むすび

杜甫の五言絶句に「國破山河在」というのがある。杜甫の唐詩にあやかって言うならば、幾千年もの歴史を蓄える中国社会・民衆にとって、長安の中央権力とか北京の最高権力とかは人々が生きるための一種の方便にすぎないのだ。漢民族を中心に多くの民族を抱えるこの社会はかつて長城を築き激しく敵対し合ったが、この五〇数年ほどは社会主義イデオロギーの統合原理で人々の仕事や生活を成り立たせてきた。中国の人々は仕事と生活の二つが成立する限り、独裁的な指導者であれ異民族支配であれ、方便としてこれを甘受してきた。

とはいえ中国では、国家とか統治とかについて諸子百家の時代から様々に議論されてきたことも事実である。例えば法家の韓非子は法治主義で富国強兵を説いたし、儒家の孟子は一見管仲の「衣食足りて礼節を知る」に似た発想で富国を考えた。それに対し道家の老子は、法であれ財であれ何らかの力による富国をはからず、人為とか作為としての国家を極力抑えて、少数で自然のままに成立するローカル・ステートを理想とした。

以上の諸子百家中、韓非子と孟子の国家論は支配者＝国家（キヴィタス）の論理であるのに対し、老子の場合は生活者＝社会（ソキエタス）の論理で一貫している。この二つの対比に照らしてみると、例えば国家が採用する福祉政策は前者の論理に立ち、ボランティア団体や非営利組織などが打ち出すインフォーマルな政策は、老子型をパワーアップしたヴァリアントに見える。関係なくして個人は輪郭＝個性を獲得しないとの観点に立って関係性の転換としてのアソシエーション運動を重視する本稿の立場からすると、二一世紀の我々は韓非子や孟子でなく、まずもって老子を再読するべきといえよう。

こうした議論に関連するものとして、評論家津田道夫のハワイ独立＝自立論がある。これは少々気にかかる。「二一世紀には、非武装のハワイ諸島が、自律ないし独立して、ＵＳとの間に平和的な関係をとり結び、あわせて、ポリネシア諸島嶼連合から、さらには太平洋島嶼＝小国共同体へとすすむのではないか。……アイヌ民族も、ローカル・ステートを自己確立し、これにかかわらねばならない」（13, p22）。小さくても一民族に一国家ってわけであろうか。その発想はウィルソン一四カ条以来の常識に属するようなものであったが、今となっては時代に即さないと言いうる。一九九〇年代を通じて、バルカン諸民族をはじめとして国家を形成できない人々（マイノリティ）は、国民としてでなく民族単位の人権を求めてきた。それは国民主権と関係なく、いわんや国家主権と関係ないインターピープルとしての人権である。ハワイの人たち、あるいは沖縄の人たち、アイヌの人たちにとって、ミニ国家を建ててアメリカや日本と国際的に対等な関係を取り結ぶことなど、アナクロニズムである。マイノリティは国家（キヴィタス）でなく、すすんで社会（ソキエタス）を再建することこそ肝要なのである。その意味からすると、老子のところで記した「ローカル・ステート」ではなく「ローカル・アソシエーション」を展望する方が意義深い。

最後に一言。上に記した「市民主権」も「地域主権」も、「主権」という語で括られてはいるが、それは政治的な意味での権利や権力に留まるのでなく、社会的な意味での生活権や自然権へと質的な転換を遂げていくべきものなのである。その過程はまた、市民社会からアソシエーションへの社会的転換として進行することであろう。

［引用・参照文献］

（1）ジョン・エーレンベルク（吉田傑俊監訳、有泉正二・天畠一郎訳）『市民社会論――歴史的・批判的考察――』（青木書店、二〇〇一年）

（2）成瀬治『近代市民社会の成立――社会思想史的考察――』（東京大学出版会、一九八四年）

（3）Schmitt, Carl, *Die Geistesgeschictliche Lage des heutigen Parlamentarismus*, Achte Aufl., Muenchen/Leipzig, 1996 (1er Band, 1923).

（3 a）カール・シュミット（服部平治・宮本盛太郎訳）『現代議会主義の精神的地位』（社会思想社、一九七二年）。初版は一九二三年に刊行されたが、ここではとりわけ一九二六年に刊行された第二版への序（Vorbemerkung, S.5-23）

（4）藤田勝次郎『プルードンと現代』（世界書院、一九九三年）

（5）石塚正英編『クレオル文化』（社会評論社、一九九七年）

（6）石塚正英『バッハオーフェン――母権から母方オジ権へ――』（論創社、二〇〇一年）

（7）中根千枝『家族を中心とした人間関係』（講談社学術文庫、一九七七年）

（8）石塚正英「性道徳のフェティシズム」（『新女性史研究』第二号、熊本女性学研究会、一九九七年。石塚正英・やすいゆたか『フェティシズム論のブティック』論創社、一九九八年所収）

（9）浅野素女『フランス家族事情』（岩波新書、一九九五年）

（10）http://www.pref.shizuoka.jp/soumu/sm-05/gaikei.htm

（11）読売新聞、二〇〇一年一〇月一九日付朝刊。http://www.pref.oita.jp/10400/bunken/bunkaron/30.htm

（12）平松守彦『地方からの変革』（角川書店、二〇〇二年）

（13）津田道夫「ハワイわが出会い（続）」（障害者の教育権を実現する会編『人権と教育』第二七六号、一九九六年）

市民的な社会認識構造

社会運動アクターのテキストを分析する

山崎哲史
Yamazaki Tetsuji

はじめに――本稿の課題

本稿の課題は、市民がどのように社会を認識しているのか、その市民的な認識構造を考察することである。市民とは私的利害が追求される私的領域と公的利害が追求される公的領域の連関と相克のなかで活動する人々であると規定すれば、どのように自己と社会の関係づけているのか、どのように自己の社会活動を導出しているのか、これらが分析の焦点になるだろう。ここから市民的な認識構造には自己と他者の不均等把握が問題となるであろう。そのためさらなる他者理解に何が必要なのかを検討したい。

最初に、社会運動アクターによって書かれたテキストを分析することで、その認識構造を実証的に示した。そこでの知見は次のようであった。その個人の体験に関する領域をベースにしたアナロジーによって社会に関する記述・認識をしている、つまり私的なものと公的なものを対照させ連関させている。そこから自身の社会活動を導出している。

次に、近年の二つの市民社会論を通して、この認識構造のポテンシャルを検討する。これら市民社会論とは、それぞれ市民社会に対する期待と危惧を表明したものであると考えられる。検討の結果、この認識構造は両方の論に妥当する、より正確にいえば、期待と危惧の両方を現実化する可能性を有していると判断した。

最後に、この危惧を回避するには、認識レヴェルでなにが要請されるのかを考察する。ラクラウの論文を手がかりに、アナロジーのどのような展開が要請されるのかを考察した。自己への内向きのアナロジーから他者への外向きのアナロジーという展開方向である。ここでは、外向きのアナロジーという他者理解の道筋を確保することが市民社会の発展に必要だといえるだろう。

一　データ・テキストについて

分析対象とするのは、H市での「複合スポーツ施設建設」問題に関わった運動体のリーダーたちが書いたテキストである。(一)この問題のあらましを簡単に述べておこう。複合スポーツ施設の構想は一九九三年に地元青年会議所（JC）を中心にした「H市にJリーグを誘致する会」（以下、誘致する会）の署名活動を契機に浮上した。当初、スタジアム建設に絞られていた施設計画は、集積によるコスト減と民活導入による建設・運営費の捻出を狙って、体育館・プール・商業施設と一体化した「複合施設」へと規模を膨らませた。市は九五年三月の市議会定例会にスタジアムの管理運営母体の第三セクター設立資金（一億円）、設計委託費（一六〇〇万円）等の本格予算案を提出したが、慎重・反対派が大勢を占めたため、事実上凍結された。その後、八月に臨時議会を召集し、第三セクター設立資金などを再提出した。臨時会は会期を一日に短縮し、強行採決がおこなわれた。三月定例会では一八人の慎重・反対派議員（二六議員中）は、八月の臨時会では九人に減っていた。この施設の内容と規模はサッカースタジアム（三万人収容可能）と体育館・プール、さらに商業施設（売り場面積四万平方メートル）であり、総事業費は三六〇億円（H市の年間歳入総額はおよそ一五〇〇億円）であった。

筆者ら（東京都立大学社会学高橋研究室のメンバー）がH市の調査を開始したのは一九九五年であり、主に三運動体のメンバーの聴き取りをおこなった。その運動体とは、推進派の「誘致する会」と、反対派の「H市の未来を考える市民の会」「スタジアム建設ストップの会」（以下、それぞれ「市民の会」「ストップの会」）である。誘致する会の構成員は地元JCを、市民の会は地元の主婦を中心に構成されるボランティア団体を、ストップの会は地元民商を、それぞれ中心にして形成されている。一九九六年九月にそれぞれの運動体のリーダーであるA・O・M各氏に趣意書（八〇〇字前後）を提出してもらった。テーマは複合施設問題だけではなく、自身の考えるH市全体の将来とそのための方向性についてである。本稿では、このうちの二名（A氏とO氏）のテキストを中心に考察をする。

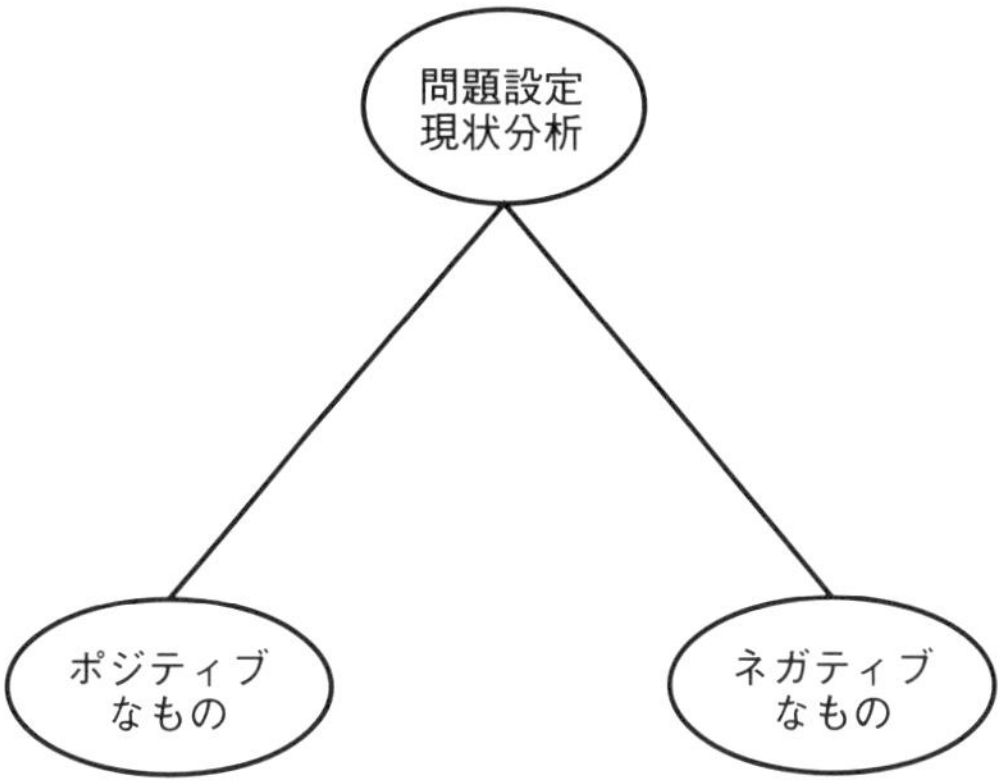

図1　全体構成

二　社会運動アクターの認識構造

社会運動のリーダーであるA氏とO氏、両者はどのように社会を認識・記述しているのか。A氏は複合スポーツ施設建設推進派であり、O氏は反対派であり、それぞれが主張する内容はほぼ正反対であるが、両者の叙述の全体構成は基本的に同型であった。全体構成はその叙述内容から大きく三つの叙述領域（ブロック）に分解でき、Λ型に配置される[二]。それを簡単に図示したものが図1である。中心に位置するブロックは、H市の現状について論じた部分である。この現状に対してポジティブな要因とネガティブな要因が、それぞれ左側と右側に対比される。左側に位置するポジティブなブロックでは自己の社会的実践活動とそれが目指すH市のあるべき社会像が言及されている。つまり、H市の現状を改善するものとして設定されているのである。反対に、右側に位置するネガティブなブロックでは、その社会的障壁・敵対するアクターへの批判がなされている。このネガティブなブロックでは、現在のH市をダメにしているのは何か、それに言及・批判しているのである。このような三ブロックからなる全体構成を念頭におきつつ、A氏とO氏それぞれのテキストを検討していこう。そのさい、筆者らはテキスト提出の前後数回にわたって両者とテキスト理解のためのインタビューを行なっており、その内容も適宜補足しながら検討を進めていく。

a　O氏の認識構造

テキストの分析に先立って、O氏の略歴を記しておこう。一九四六年に京都市で生まれ、高校卒業後は大阪市で大学生時代を過ごす。学生時代は「声なき声」の市民運動に参加。卒業後、結婚し、夫の仕事の関係でH市に移動する。家族構成は、夫・一女・一男である。現在、ボランティア団体「Iネットの会」に所属し、また、「H市の未来を考える市民の会」代表を務める。

O氏のテキストは先述のように大きく三つの叙述ブロックに分かれており、ここではそれぞれのブロックの内容をみていく。まず、H市の現状はどのように把握されているのであろうか。ここでのキーワードは、「小さな町」である。H市を小さな町と定義するが、これはけっして否定的ではなく、肯定的な意味をもった定義である。地方でも戦後一貫して大企業中心・開発中心の政策が推進されてきたが、バブル経済の崩壊以降そのような政策は行き詰まりを迎えている。これからは財政に負担をかけないまちづくりを推進していくべきであり、それこそが時代を先取りしたまちづくりである。このように考えれば、「小さな町」、財政規模も人口規模も小さい、大企業のくびきも少ない町であるということは、このような政策転換のチャンスにつながるはずである。そういった点でH市には未来がある。これがO氏の現状把握である。

次に、このような現状に対してポジティブな要因は何であろうか。O氏が提起するのは「施設の開放」と「市民主導」である。複合施設建設計画には、最初に提起されたサッカースタジアムだけではなく、プールや体育館も含まれていた。これらの施設は住民が要望しているものであると、市は説明している。このような施設建設に対して、現在の施設（例えば、公立の小中学校のプールや体育館）を線引きしなおして住民に開放し、さらにその運営・管理を市民ボランティアなどに委託することを提起する。このように既存の施設の開放と市民主導によって、コストのかからないまちづくりを推進することを主張している。

ここではポジティブなブロックにおける叙述の内容ではなく内部構成に注目しよう。O氏はH市を「小さな町」として規定し、その規定から論を展開することで適合的な要因である市民主導と施設開放を主張している。しかし、より注目するべきは自分の「ふれあい教室」の活動に論及している点である。「ふれあい教室」とは、地元地域の幼稚園を借りて老人とふれあいの場を提供しているボランティア活動である。インタビューによれば、O氏が主導的役割を果たしている「Iネットの会」の主要な活動であり、三年間ほど継続している。O氏はH市の社会像として「コストのかからない、優しい社会」を提唱しており、「優しい社会」という概念はこの活動から導出されている。このようなふれあいの機会を創出することこそが、「優しい社会」なのである。O氏の他のテキストやインタビューを総じて判断すれば、このふれあい教室の挿話は、単なる一例であるとは思えない。それは特権化された体験であり、O氏の社会認識の基点をなしているといえるだろう。このような点から、ポジティブなブロックの内的構成を見なおしてみれば、社会的な領域と個人的な領域をアナロジーによって連関していることが看取できる。(三)それを図示したものが図2である。上段の「要望されるプール・体育館」「施設の開放」「市民主導」「コストのかからない優しい社会」がH市に関する公的領域に属するものであり、下段の「閉じこもりがちな老人」「幼稚園の開放」「ふれあい教室」「老人・園児の楽

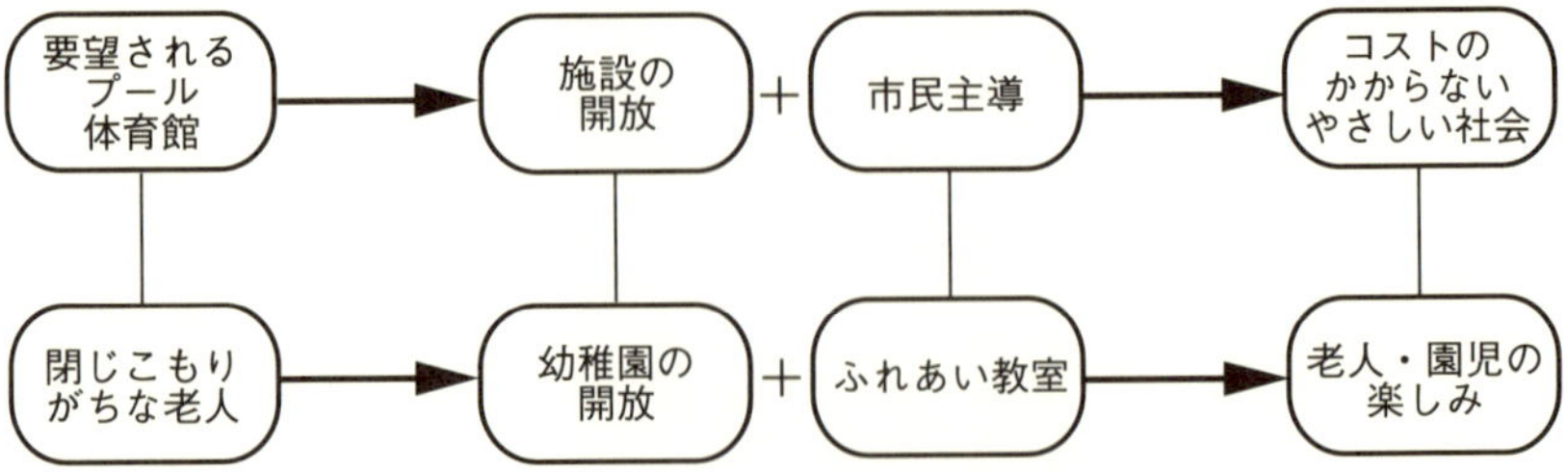

図2　Oのアナロジー連関

しみ」がO氏個人の体験に基づく私的領域に属するものである。このような対応関係を析出することができる。

最後に、ネガティブな要因はどのように論じられているのか、これを検討してみよう。テキストでネガティブな要因として挙げられているのは、現在の市議会である。「議会の改革」が提案されている。その内容は、「議員定数の削減」「多選の禁止」「直接民意を問う方法」の三点である。しかし、ここで注意するべきは、このネガティブなブロックが必ずしも固定されていないという点である。事実、O氏の他のテキストやインタビューにおいて、議会の問題が論じられたことはほとんどなかった。そのかわりに、地元の大企業・市長やA氏の政治方針・地域のボス政治など、そのときどきに応じて多様な対象が批判されてきた。極論すれば、このブロックの対象はその他の人々ということになるだろう。ポジティブなブロックで論じられた「市民主導」は常に主張されていたことを考えれば、このようなネガティブなブロックはポジティブなブロックとはまったく別の位置づけにあるということができるだろう。つまり、自身の政治的立場である市民活動や理想の社会像からみた対抗要因として導出されているだけであり、自分の主張をより立体的に構成するために必要であるブロックといえるだろう。

ここまでO氏のテキストをそれぞれのブロックごとに検討してきたが、全体の編成からみれば、自己の体験に依拠しながらそれをアナロジー的に拡張することで社会全体を認識しているということができる。このような認識のタイプを「アナロジーを媒介にした体験準拠型」と呼んでおこう。

b　A氏の認識構造

A氏の略歴は以下のとおりである。一九四三年にH市で生まれ、高校卒業後は東京都で大学生活を送る。大学卒業後東京で就職していたが、三年後公認会計士資格を取得し、地元H市に戻ってきて、A会計事務所を開設する。また、そのころからH市JCに加入し、現在にいたる。

ここでも、それぞれのブロックの内容をみながら、A氏のテキストを検討していこう。まず、H市の現状についてである。ここでは大きく二つの主張をおこなっている。一つは、「魅力的な街」である。この魅力の源泉は、未開発の平地が残されているということである。さらに、その後のインタビューでは、H市が地理的にほぼ日本の中央に位置するということにも付言していた。こういった地理的な条件は、H市には発展開発の余地が多く残っているということであり、この点が市の魅力となっているのである。もう一つは、「小規模な市」という把握である。これは前述のO氏の「小さな町」とは逆に欠点としてあげられている。つまり、小規模であるため、財政規模も小さく、そのため「街並みの整備」が他市と比べて遅れる要因となっている。まとめれば、地理的には発展の潜在的可能性はあるが、小規模な市であるがゆえに、それを現実化することができない、ということである。

A氏はこのようなH市を中小企業に例えている。それも、「その設備、生産性、厚生面と非常にレベルが低く、万年赤字体質であるために将来に対する先行投資もできない、そんな企業」である。このような現状把握に対して、提起される「唯一の解決策」が「強力なリーダーシップをもつ社長」である。このような中小企業を好転させるようなやり手の社長である。このような社長をH市に当てはまれば、それは強力なリーダーシップをもつ市長ということになるだろう。このような市長は単なる一般論としてだけ論じられているわけではない。A氏が誘致する会の代表として活動していた当時（一九九三年）の市長が念頭にあることは当然である。反対派から「強引な手腕」の持ち主であると評されていた市長である。彼は地元JCの出身であり、その選挙活動や政治活動においてJCは相当のバックアップ

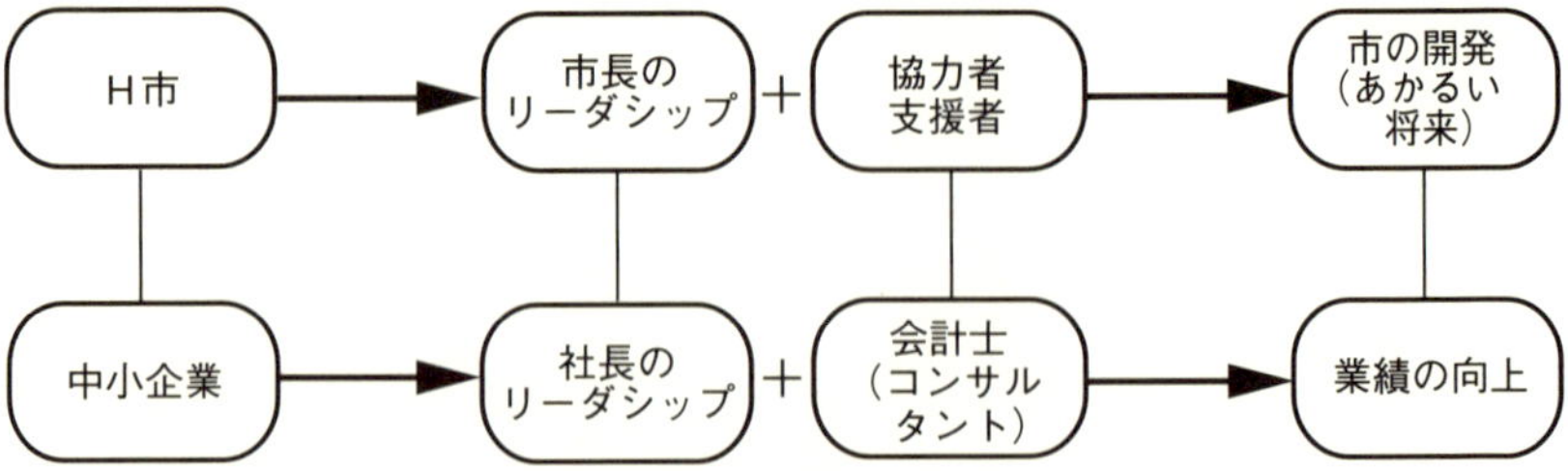

図３　Ａのアナロジー連関

をしていたようである。このような市長に対してＡ氏はＪＣの幹部として積極的な支援をおこなっていた。特に、複合スポーツ施設の建設計画では、誘致する会の代表として署名活動をおこなうなど、住民のあいだでのコンセンサスを構築しようとしていた。このような彼自身の活動と発言を考慮すれば、強力なリーダーシップをもつ市長という解決策には、それを実現するための協力者・支援者の存在が含意されていると考えるべきだろう。事実インタビューのなかでそのような発言をおこなっている。

さらにＡ氏のこのような主張を理解するために、その職業が会計士であるという点にも考慮しよう。彼によれば、会計士という職業は単に会計業務をおこなうだけではなく、相手の経営者と長期の信頼関係を築き、業務全般のコンサルタントとしても積極的に関わっていくものである。こういった職業上の経歴のなかで、優秀な経営者、さらに「市長にふさわしい社長」にも出会ったというのがＡ氏の弁である。ここから彼のポジティブなブロックにおける社会的領域と個人的領域のアナロジー連関が明確になるであろう。それを図示したものが図３である。上段の「Ｈ市」「市長のリーダーシップ」「市長の協力者」「市の開発」はＨ市の分析であり、下段の「中小企業」「社長のリーダーシップ」「会計士」「企業の業績向上」は自身の体験である。もちろん、市長の協力者としての活動こそがＡ氏自身の活動であり、このようなアナロジー的連関こそがそれを導出しているのである。

最期に、ネガティブなブロックの位置づけをみておこう。Ａ氏は市の魅力である未開発の平地を利用できないネガティブな要因を「旧五ヶ町村の足の引っ張り合い」や「農協対反農協」としている。すなわち、市の利益のために協力できない住民の現状である。さらに、彼がインタビューのなかで言及するのは、市長の政策、特に複合施設建設に反対し、その足を引っ張る人々である。ここに含まれているのは、反対派の市会議員、民商、環境保護団体、さらにはO氏とその運動などである。こういった人々の多くは市全体の利益でなく自分の私的利益だけを考えているのである。例えば、民商であれば自分の商店経営だけを、環境保護団体であれば自分の住環境だけを考えているのである。A氏の言葉によれば、経営の厳しい企業において経営改善に「協力しない従業員」なのである。こうした批判から、「市のためにという一点で物事を判断」し、「市民として一体感をもつ」必要性が提起されるのである。A氏でもネガティブなブロックの対象はその他の人々であり、内容は固定されていない状況に依存するものであるということができる。

以上がA氏のテキストの分析結果であるが、その全体編成がO氏のそれとほぼ同型の「体験準拠型」であることが分かるだろう。

c　M氏の認識構造との比較

他の認識構造のパターンにも言及しておこう。そうすることで、O氏とA氏の認識構造が持つ市民的な特性を明確にすることができるであろう。

ストップの会の代表を務めるM氏のテキストをみておこう。O氏とA氏のそれと同様に、このテキストの編成も大きく三つの叙述ブロックに分析することができる。市の現状については、「第二東名など『四大大型プロジェクト』」に言及し、このような大型プロジェクトが市民生活にどのような影響を及ぼすの疑問が提示されている。ポジティブなブロックでは、中小企業の発展を論じている。中小業者が「市民に仕事と生活用品を供給することで、地域社会の維持と経済の発展に大きな役割」を果たしており、「魅力ある中小企業づくり」が必要である。M氏が地元民商の活動者であることを想起すれば、この主張が自身の活動そのものであることも理解できる。それに対して、ネガティブなブロックでは、戦後の「大企業中心の政治と経済」が批判されている。このように全体がΛ型に編成されている点は三者のテキストに共通である。また、ポジティブなブロックで自己の活動に言及している点も同様である。

しかし、O氏・A氏とM氏の相違点は次の二点である。一つは、M氏のテキストではポジティブなブロックにおいて自分の私的体験が表現されていない点である。もう一つは、ネガティブなブロックで批判されていた大企業中心の政治経済が、他の文書やインタビューにおいても一貫している点である。これはM氏が他の二者と異なり、民商の活動者という専門化されたアクターであるためであろう。社会を認識するにあたり、自分の私的体験に準拠するのではなく、より確定した理論枠組みに準拠しているから、と想定することができる。冒頭で市民とは私的領域と公的領域の連関と相克のなかで活動する人々と定義したが、O氏やA氏の私的体験への準拠はこの相克を現わしたものであるといえるだろう。そう考えれば、両者が市民的な認識構造であるということができる。

三　市民社会論からの検討

O氏とA氏両者の認識構造、その全体編成を概括すると次のようになるだろう。ポジティブなものとネガティブなものが極端に不均等な編成で対比されており、ポジティブなものは自分の体験と積極的に連関させながら一貫して論じられているが、ネガティブなものはそうではなかった。また、ポジティブなブロックにおいて自分の体験をベースにして社会を論じており、そのアナロジーによる対応と連関が全体の基点となって全体が編成されている。そして、この基点こそがアクターたちを当の活動へと継続して駆動させていると想定できる。このような認識パターンはどのようなポテンシャルを持っているのか、近年の二つの市民社会論を手がかりにして検討しよう。

最初に、佐藤（3）や八木たち（10）による議論を参照する。佐藤は市民社会、特に市民の連合体としてのアソシエーションの役割に注目する。この概念は、ＮＰＯ、ＮＧＯ、ボランティア団体、社会運動などを包括する。そして、アソシエーションに注目する理由を次のように説明する。現在、市場資本主義経済のグローバル化にともなう問題は、貧困問題、南北問題、人口問題、食糧問題、環境問題、リストラ・失業問題など多岐にわたっている。それらは国境を超える問題であると同時に国内問題である。これらの問題を引き起こすのは、市場資本主義経済の論理である功利主義的な目的合理性であり、その合理性に内在する倫理性の欠如とそれにともなう「他者への配慮の欠如」（3, p.1）である。さらに、その根本原因として「国家と市場の擬制」を論じている。この擬制とは「法律にしろ市場にしろ、個々人の異質性を捨象して、すべての人を同質的な抽象的な人間として取り扱う」（3, p.2）ことである。このような状況を解決するためには、モノをつくることから人をつくることへの転回が必要であると論じる。そして、アソシエーションがこの転回を促進させる。アソシエーションは「人と人が出会い、語り、理解し合い、結び合い、決定し、そして共に行為する、相互肯定的な関係」（3, p.156）である。市民の連合体であるアソシエーションは、効率性・画一性・非人格性などによって特徴づけられる政府や市場の対極にあるとされる。つまり、佐藤の議論は、人間を画一的に扱う政府や市場の失敗が引き起こした諸問題に対して、アソシエーションの形成によって解決の道を探っていこうとするものである。そして、アソシエーションの原理は、市場や政府のそれとはまったく逆に一人ひとりの多様な欲求を実現するものだからである。

このような議論の大筋は八木たち（10）の市民社会論でもほぼ共通である。これらの論者たちは平田清明の「市民社会論」を展開しながら、国家・市場と市民社会との関係を精密に論じようとしている。「市場と国家に対するカウンター・ヘゲモニー」として市民社会を位置づけながら、その調整機能に着目する。それが「市民的レギュラシオン」である。市民社会は、一方で従来の主権国家に対して新たなシステムづくりをする政治的レギュラシオンの基礎となり、他方で市場経済に対しても同様の役割を担う。ここでは国家や市場の同質化・画一化に対して、市民社会における「利害とアイデンティティの多様性」が重視され、それによって市民社会による市場や国家の制御調整と新たなシステムづくりが進められるのである。

これらの議論は現在の諸問題の解決にかんして、市民社会と市民への期待を表明したものといえるだろう。このような議論からみれば、前節で示した認識パターンはどのように位置づけられるであろうか。運動アクターが自己の体験をベースにしながら、自己の社会活動を導出していたことに着目しよう。アナロジーを媒介にすることで自分の個人的体験を社会全体に拡張し、そこから社会像と社会活動を自発的に引き出すのである。自分の体験を参照しながら、社会の未来を描き出すのである。体験は根本的には市場や国家の画一化に収斂されず、社会全体からみれば多様性を産出する。このことから、体験準拠型の認識パターンは政府や市場の画一化に対するカウンター・パートの一形態として定めることができ、これらの市民社会論に適合するものとすることができるだろう。

次に、もうひとつの議論を検討してみよう。中野（2）は今日の市民社会論が称揚する主体性・自発性に疑念を唱える。この点に対しては「『自発的』だからといって『システム』から自立しているなどとは言えない」、それゆえ「自発的なボランティアは、それの社会機能から考えれば無自覚なシステム動員への参加になりかねない」と論じる（2, p.260）。ボランティア活動の高まりに市民社会の可能性を再発見する今日の主張は、日本の戦前において総力戦への荷担を呼びかけた社会思想の系譜に連なるものではないか、という疑義を提示する。ここで問題にされるべきは「主体」である。中野は個人化のポテンシャルという概念に注目する。個人化のポテンシャルとは「家族・共同体（社会諸集団）・国家などがかつての諸個人のアイデンティティを保障する集合的価値の供給源であったものがしだいにその効力を弱め、諸個人のアイデンティティが、何らかの集団の成員条件によって一義的に決定されるものでなく、むしろ社会的諸権力の構想の場そのものになって、そこに個人の「選択の自由」の可能性もまた広がってくる」（2, p.273）ということである。このような事態は自由の可能性の条件であると同時に閉塞性の条件でもある。なぜなら、諸個人は権力の真空地帯に放り出されるのではなく、権力の交錯のただ中にあるからである。このような状況において、個人には権力作用によって選択されるべき内容があとから与えられることになり、そこから産出されるのが多様な差異を組織して自己同一性をうちたてる主体である。このような主体は容易に権力の主体に転化する、それこそが問題なのである。

このような主体概念から、前節で提示した認識パターンを再見してみよう。そうすると、自己の体験だけをベースにして自分の活動を正当化する、そういった自己準拠的主体が現れてくるだろう。一方のポジティブなブロックにおいて自分の体験と活動は生き生きと描かれるが、他方のネガティブなブロックおいて他者はそのように描かれていない、このような不均等な編成がなされていた。すなわち、国家や市場の画一性に対して多様性が担保されるのは、自分と共感可能な身近な人々だけであり、それ以外の他者は認識の外部へのはじき出される可能性を持っているのである。この不均等性は一種の権力作用とみることができるだろうし、中野の疑念である主体の権力性にも相当するということができるだろう。

ここまでの議論をまとめよう。体験準拠型の認識構造は国家や市場の権力にかんして、二つの面を有することがわかる。一方で、それが国家や市場の画一化に収斂されないような個人の体験をベースにしているがゆえに、権力への対抗者にもなる。他方で、その体験があくまでも自分自身の体験のみであるがゆえに、権力作用そのものの無自覚な協力者にもなる。このようなまったく正反対の二つのポテンシャルを持っているということができる。

四　アナロジーの展開

現代の日本社会において中野が指摘した危惧は一部で現実化しているといえるだろう。例えば、「生活安全条例」に代表される「安心なまちづくり」への取り組みである。斎藤（4）によれば、多くの地域で自治体や警察（そのＯＢ）と協力して地域住民がパトロールや防犯・防災訓練や教育活動などを行っている。もちろん、このような活動は住民の生活や環境への不安から発しているものであり、その努力や善意を一概に否定することはできない。しかし、取り締まるものと取り締まられるもの、排除するものと排除されるものという明確な区別がまかり通っているのも事実である。一方で権力作用への無自覚な協力者としての市民、他方でそこから排除される市民という構図である。

このような市民社会の分断はどうすれば回避されるのであろうか。広く多様性を担保し、権力へのカウンター・パートとなるために、認識レヴェルで要請されるものは何であろうか。ここではラクラウ（7）のメタファーに関する議論を手がかりに考えてみたい。ただし、メタファーとアナロジーの概念については、「有力なメタファーは潜在的アナロジー」であり、「逆にアナロジーは構造的メタファー」であるため「両者の間に明確な線は引けない」（5, p.187）。実際のラクラウの議論も本稿で用いてきたアナロジーと同様の概念として理解できる。それゆえ、議論の煩雑さを避けるために、アナロジーという概念に一括して議論を進める。

ラクラウはルクセンブルクやレーニンによる階級の統一性の議論に対して、それは象徴的できごとであり、メタファー秩序に属するものであると論じる。つまり、統一は内的必然のプロセスではなく、外的偶然のプロセスであり、アナロジーの作用である。そこから、権力との関係においてアナロジーの果たす役割を洞察する。「女性」という概念を例にしながら、次のように論じる（7, pp.255-256）。一方で、「女性」は男性の抑圧下から抜け出し、その同等な関係に入り込むことができるし、他方で、「抑圧」「黒人」「同性愛者」などのとの諸関係を演繹することができる。すなわち、自分＝女性＝被抑圧者というアイデンティティは男女関係という一面的な権力作用だけを取りあげて、それを存在論的に絶対視したものにすぎない。しかし、被抑圧／抑圧という固定された存在として構成されたアイデンティティこそが問題なのである。なぜなら、存在する自分は「白人」として「黒人」を、「異性愛者」として「同性愛者」を抑圧しているからである。「女性」がこのような権力作用の交錯する場にあるということが自覚され、そのアイデンティティは解体されなければならない。そうすることで他者（黒人や同性愛者）へ理解を拡張するのである。この他者理解を拡張するのがアナロジーである。「女性」という被抑圧の体験を、アナロジーを介して他者に拡張することでそれが可能になる。女性／男性という関係を、黒人／白人という関係に重ね合わせることで他者たる黒人を理解し、同性愛者／異性愛者という関係に重ね合わせることで他者たる異性愛者を理解するのである。ここまでのラクラウの議論から分かるように、彼の主張するアナロジーはアイデンティティに統一を与えるものではなく、それを解体するものである。

O氏とA氏のアナロジーはラクラウの主張するアナロジーと逆の方向を向いている。それらは、自己の体験をアナロジーによって拡張することで、社会全体を把握し、自己の社会活動を正当化していた。すなわち、両者のアナロジーは自己に向けられたものであり、そのアイデンティティに統一を与えるものであった。それに対して、ラクラウが主張するのは、自己を他者に重ね合わせる、つまり他者に向けられたものであり、そのアイデンティティを解体するものであった。ここでは前者を内向きのアナロジー、後者を外向きのアナロジーと呼ぶことにする。

市民が権力作用の無自覚な協力者になること、そのような主体よって市民社会が分断されること、このような状況は市民社会の健全な発展の障害であろう。このような状況を回避するためには、自分と自分に身近な人々とそれ以外の他者のあいだにある境界線を線引きしなおし、他者理解への道を開いていくことが必要である。そのためには、認識レヴェルでは内向きのアナロジーから外向きのアナロジーへの展開が要請される。

［資料］

一　O氏のテキスト

今回の一連の動きの中で、相変わらず談合政治が行われている様をかいま見て、私なりに「市民の意識と市議会のあり方」について考えたいと思う。

H市の緊急課題として次の通り「議会の改革」を提案したい。まず議員の定数を（15名位に）減らすことにより、一人当たりの報酬をあげ、「片手間議員」をなくす。そして、「多選の禁止」。それにより地域、団体への利益誘導政策が少なくなり、よくいわれる「権力は腐敗する」というような事も少なくなり、市と議会はきちんと対峙するのではないか。それはまた、市民が市政に感心と理解を深める助けになるだろう。一方で私たちの方も市長が提案している「情報公開」を読みとる成熟した市民としての技量が問われるだろう。町を二分するような大きな計画は、直接民意を問うような方法が望まれる。理由として、スタジアム建設問題でも私が耳にするおおかたの意見と議会の方向は一致しているとは言えない、ということを感じた。国や他の地方でもいろんな面でそれに起因する摩擦が起きているのは衆知のことである。

H市の将来を考えるとき、小さな町によそと同じ事を望むことは慎み、来るべき時代を先取りしたまちづくりを第一に考える事だろう。現在、要望の出ているプールや体育館も穏やかな線引きをし直すことにより、共有出来ると思われるので、施設の積極的な開放が望まれる。町内のことで恐縮であるが、幼稚園にお願いして土曜休みの月二度、部屋をお借りしている。「ふれあい教室」と名づけお年寄りを中心に水墨画、生花を楽しんでいる。机やいすで物置を狭めたりして迷惑をかけるが、おひな祭りを一緒にしたり今年は運動会も出ようと計画している。この程度ではあるが園児の少なくなった園をにぎやかにし、又幼児と高齢者がふれあう機会にもなり、閉じこもりがちな高齢者たちに場を提供することが出来ている。障害者・高齢者をこきざみにわけてそれぞれの施設に「閉じこめてしまう」ことがそんなに幸せだとも、豊かな社会だとも思えないのであるが。

環境をよくすることや、福祉のことだと時間と労力を出し合い、それが市民主導で出来るようになれば、権力や財力をバックにした強力なリーダーシップというものは無用になってくるはずである。この町に見合ったコストのかからない、優しい社会を真剣に考えなくてはいけない時であることは確かなようだ。

二　A氏のテキスト

H市というのは大変に魅力的な街である。何故なら、未だ開発されていない平地をこれだけ持っているのは、そんなに例は無いのではないかと思われるからである。反面それを利用できない現実がある。その理由の一つに、旧五ヶ町村の足の引っ張り合いというものがある。市政三〇年を越えているというのに、未だKH地区だ、HN地区だと昔の感覚で市の事業や選挙で対立している。最近ではこれに農協対反農協という要素まで加わっている。世代は三〇年と言われるのだから、そろそろ市のためにという一点で物事を判断できる市民、議員になる必要がある。まさにH市の緊急課題はその一点につきるのではないか。第二東名、新都市、H駅前再開発等の物理的な問題ではなく、市民として一体感を持つことが今必要であろう。

H市は人口八万五〇〇〇人の小規模な市である。そして街並みの整備は他市、例えばI市、F市、K市等と比べて大きく遅れている。その原因は何と言っても財政規模の違いであろう。町づくりの大部分は「お金」によって解決されるのである。中小企業に例えれば社員はそこそこにいるが、その設備、生産性、厚生面と非常にレベルが低く、万年赤字体質であるために将来に対する先行投資もできない、そんな企業ではないだろうか。その状況を打破する解決策はただ一つ、強力なリーダーシップをもつ社長の存在である。生産を上げ、採算を良くし、将来の先行投資を行う社長の存在である。そのような社長の存在抜きにはその企業の好転はあり得ないのである。それはH市についてもそのまま当てはまる。八万五〇〇〇人程度の街ではそのような市長が存在するかしないかで、町づくりは一〇年は遅れてしまうのである。

そのような市長が存在し、市民が一体感を持つことが出来れば、H市の将来は必ず明るいものになると思われる。

三　M氏のテキスト

前市長は、H市の活性化を唱え、スタジアム・複合施設計画を押し進めてきた。

問題は、多くの市民が生活する上で有益な活性化か、を見極めることであった。

今多くの中小業者・市民は、円高・空洞化、規制緩和の中で、生活の基礎・収入を得る仕事を奪われる事態に追い込まれている。特に中小業者は、市民に仕事と生活用品を供給することで、地域社会の維持と経済の発展に大きな役割を果たし、今後もその役割は期待されている。中小業者の仕事を確保し、発展させることが緊急課題である。

しかし、戦後五〇年の間、大企業中心の政治と経済は、中小業者に自助努力を強調したが、実際は大企業の進出を野放しにし、調和のとれた地域社会づくりをすすめず、中小業者の事業発展の意欲と条件を奪い去った。

私は、魅力ある中小企業づくりに向け、公設の賃貸市場・工場を設置し、新規開業や地域の生産物の販売、一貫生産を可能にすることで流通経費を減らしたり、高価な機械・検査機器を賃貸する「中小企業センター」を設置し、技術と製品を向上させては、と思う。

意外に、多くの市民が街づくりに対する要望を持っていると思う。行政がその声を聞き、市民こそ主人公の街づくりを協力して実現するべきである。そのことを貫く勇気を持ち、自己の利益を追求しない、無力ではないリーダーと支える仲間が必要と思う。

将来のH市を考えると、第二東名など「四大大型プロジェクト」が進められる。それは市民生活発展の条件を広げる可能性もあるが、阪神大震災のように、見せかけの発展が、個々の市民の生活や願いを踏み躙り、困難を拡大することも予想される。

行政任せでなく、市民一人ひとりが市政の主人公としての自覚を高め、人間として生きる上で何が大切な「物」かを考えた街づくりを追求することが大切になっていると思う。

［引用・参照文献］

（1）Billig, Michael 'Rhetorical Psychology, Ideological Thinking, and Imaging Nationhood' in Hank Johnston, Bert Klandermans (eds.) *Social Movement and Culture*, University of Minnesota Press, pp.64-81, 1995.
（2）中野敏男『大塚久雄と丸山眞男――動員、主体、戦争責任――』（青土社、二〇〇一年）
（3）佐藤慶幸『ＮＰＯと市民社会――アソシエーション論の可能性――』（有斐閣、二〇〇二年）
（4）斎藤貴男「分断される『市民』」（『論座』五月号、一二二～一三七頁、二〇〇三年）
（5）瀬戸賢一『メタファー思考』（講談社、一九九五年）
（6）高橋和宏・山崎哲史・鈴木努・朝永昌孝・溝部奈緒「数理的テクスト分析技法の再吟味に向けて――データの集積を通じて」（『東京都立大学人文学報』三三八号、一～五七頁、二〇〇三年）
（7）Laclau, Ernesto, Metaphor and Social Antagonisms, in: Cary Nelson, Lawrence Grossberg (eds.), *Marxism and the Interpretation of Culture*, University of Illinois Press, pp.249-258, 1988.
（8）Mouffe, Chantal, Hegemony and New Political Subjects: Toward a New Concept of Democracy, in: Cary Nelson, Lawrence Grossberg (eds.), *Marxism and the Interpretation of Culture*, University of Illinois Press, pp.89-101, 1988.
（9）Snow, David A., Robert D. Benford, Master Frames and Cycles of Protest, in: Aldon D. Morris, Carol McClurg Muller (eds.), *Frontiers in Social Movement Theory*, Yale University Press, pp.133-155, 1992.
（10）八木紀一郎・山田鋭夫・千賀重義・野沢敏治編著『復権する市民社会論――新しいソシエタル・パラダイム――』（日本評論社、一九九八年）

後期近代市民社会における福祉国家

労働しない市民としての高齢者を中心にして

田村伊知朗
Tamura Ichiro

はじめに

市民は、近代市民社会において労働する市民として現象する。市民社会において、労働（＝他者にとっての使用価値の生産）は特定の市民階層に強制されるものではなく、すべての市民に分有されている。理念上、市民は労働という手段を媒介にして、社会参加する。少なくとも、市民にとって労働は賤しむべきものではなく、社会参加の形式として承認されている。

しかし、労働と市民という二つの相異なる概念の結合は、近代以前の社会において承認されていたわけではない。前近代社会において労働は市民にとって疎遠なものであった。西欧古典古代において、生計労働は市民ではなく、奴隷に強制されていた。市民は労働から解放され、政治的活動、あるいは芸術的活動に従事していた。中世において労働という概念に基づいた市民と奴隷という明白な対立は消滅していた。中世において身分的位階制がそれにとって代わっていた。身分的位階制に応じて、労働は社会的に配分されていた。身分的位階が上昇すればするほど、労働から解放され、下降すればするほど、労働を強制されていた。ここでも、労働に従事することは、卑しい事柄であり、万人に強制されていたものではない。

近代になって初めて身分的位階制が理念的には廃止され、万人は自由な市民としての平等を享受する。まず、一六世紀ドイツ初期近世における宗教改革の時期に、「すべてのキリスト者は真に聖職者であり、彼らの間には何ら区別はない」（11, p.10）とされ、この位階制が宗教的な理念的世界において廃止される。万人司祭主義という宗教的理念によって万人が労働を分有する。万人は市民として労働を通じて社会に参加することになる。近代市民社会が成立したことにより、労働は市民全員に共有され、市民が労働を媒介にして相互に依存している。

労働による社会参加という形式は、近代思想史、とりわけ初期近代思想において重要な役割をはたしていた。たとえば、一七世紀イギリス革命期におけるロックの思想を取り上げてみよう。先行する思想家ホッブスと対照的に、ロックの社会契約論において労働は、自然状態における人間的活動を説明する鍵概念になっている。彼の社会契約論において労働は、市民社会の原理である私的所有を基礎づける。労働を媒介にすることによって、私的所有が社会的に承認される。「神は、人間が労働することを命令した。……所有が確定されれば、所有物は人間から奪うことができない」（9, p.138; 9a, p.53）。労働は、人間に対して神によって課せられた課題である。それは、ある人間が他者と関係する際の媒介項であり、市民社会において人間は労働者として現象する。

また、一九世紀のヘーゲル精神哲学において、労働は市民社会において決定的役割をはたす。欲求の体系としての市民社会において、各人の労働は他者の欲求を充たす媒介である。ヘーゲルの市民社会論において、「特殊的目的として自己である具体的人格は、欲求の全体性と、自然必然性と恣意の混合体である。この人格が市民社会の原理の一つである」（7, p.339; 7a, p.413）。労働は、この人格が他の人格と関係する媒介項である。市民社会は、欲求の体系として「他の万人の労働と欲求の満足によって、欲求を媒介し、個々人を満足させる」（7, p.346; 7a, p.421）。このように初期近代の市民社会論において労働はその根源的規定の一つである。

さらに、マルクスの市民社会論において市民は、まさに近代的な労働者としてのみその本質を顕現させる。「人間は対象的世界において類的本質として確認される。生産は人間の活動的な類的生活である。……労働対象は人間の類的生活の対象化である」(12, p.370; 12a, p.437)。マルクスの市民社会論において労働は、ヘーゲル市民社会論におけるようなその一つの契機であることを超えている。市民は労働者であることによってのみ、人間的本質を展開させることになる。逆に言えば、労働しない人間は、その本質から逸脱している。労働しないかぎり、人間は類的生活、人間的生活を享受することができない。「労働する動物というマルクスの人間の定義からほとんど必然的に帰結することは、生活手段の生産にほとんどかかわらず、食べるために働くかわりに、他人の労働によって生活している者は寄生虫であって、本来の人間ではないということである」(1a, p.25)。このように、初期近代の市民社会論において労働の役割は決定的であった。その極限であるマルクスの思想、あるいはそれに基づいていると自称していた旧社会主義国家において、労働という概念は市民社会において決定的役割をはたしていた。労働しない人間は、市民社会の構成員ではなく、人間とはみなされていない。このような労働する市民という概念は、それ以後の市民社会論においても暗黙の前提にされており、市民は労働しないかぎり、市民ではなかった。

しかし、前世紀後半から始まる後期近代は初期近代と同一性を維持しながらも、後者との差異を明白なものにする。そのメルクマールの一つが福祉国家の出現である。それは初期近代における連帯の思想が現実化したものである。初期近代における最も重要な課題は、社会統合の周辺にいたプロレタリアートをどのように国家へと統合するべきかという問題であった。この問題を解決するためには、累進課税制の導入、医療保険制度の確立等の様々な形式が有効であったが、その最重要のものは福祉国家の形成であった。そこにおいて、疾病、高齢等を原因とした非自発的な失業者に対する保障が中心的役割を担っていた。それは、労働者の連帯という思想に基づいていた(24, p.5106)。この思想はヴァイマール憲法において初めて生存権保障として銘記されたことを嚆矢として、西欧資本主義国家、東欧旧社会主義国家、そして本邦において憲法上の規定になった。後期近代において福祉国家が法律的に定着し、社会的に承認されることによって、この福祉国家が社会の様々な領域に浸透してくる。この結果、市民社会における労働の比重が低下する。福祉国家は様々な程度で、労働しない市民を産出する。市民社会における労働の役割低下は、複合的要因からなっているが、高齢者の出現が決定的な役割をはたす。高齢者は労働という社会参加の形式を断念し、別の形式で社会参加しようとする。以下では、この後期近代社会における労働しない市民、とりわけ高齢者に焦点をあてることによって、その市民社会における位置づけを再検討しようとする。

一　福祉国家の出現の帰結

初期近代における市民に対して、労働は生存する期間全般にわたって強制されていた。しかし、医療費無料化（あるいは部分的国庫負担）等の福祉国家的施策によって、労働者の健康状態は飛躍的に改善された。福祉国家が社会的に承認されたことにより、大多数の国民＝労働者の平均寿命が延長される。その結果、労働者は労働から解放された後にも、生存する年月が延長される。

この福祉国家が制度化されたことにより、個人の生涯にわたる労働時間が短縮される。この短縮の背景には、次のような後期近代における社会全体の構造転換がある。初期近代の主要産業が鉱工業を中心にした重化学工業であったことと対照的に、後期近代のそれは情報産業である。フォード・システムによって機械を操作してきた多くの工場熟練労働者がほぼ無用の存在になり、少数の若年労働者によるコンピューター自動制御がそれにとって代わった。後期近代における富の産出場所は、巨大な機械装置を備えた大規模工場から、新たな知識を生成する近代的なオフィスにその中心を移動させた。社会的富の生産は多数の肉体労働者によってではなく、少数の精神労働者によって担われる。「富と生産性は、高速回転の巨大機械ではなく、最新の知識、ならびに最新の発展とそれへの適合の認識に基づいている」（23, p.20）。この社会的構造転換の結果、多くの労働力、とりわけ中高年労働力が職場ならびに労働力市場から追放された。本邦ではこの現象はリストラとみなされ、非難の対象になっている。しかし、それは後期近代における社会的構造転換に基づく必然的現象であり、不可避である。また、労働力の中心が若年層に移行した結果、早期退職者制度が一般化される。中高年層が労働から解放され、若い高齢者として出現してくることも同様な結果を導く。

さらに、個人の全生涯において生計労働に従事する期間が後期近代において減少していることは、高齢段階における早期退職だけではなく、青年期における労働への参入時期が遅延していることにも由来している。その原因は、青年期における高等教育期間の延長、職業選択期間の長期化、青年期モラトリアムの延長等である。「人生の両端において拡散的に推移する時間的延長という相乗効果によって、生計労働段階はますます短縮された時間スパンへと押しやられている」（15, p.135）。個人の全生涯にわたる生計労働の比重が低下し、他者の労働の余剰に基づいて生存する時間が拡大している。この時間的拡大は、後期近代における富の蓄積に由来しているが、同時に富を産出しない市民と、富を産出する市民との間における社会的連帯が成立していることにも基づいている。

このような後期近代に生じた社会的構造転換は、「労働社会から文化的―自由時間的社会への転換というスローガンによって記述されうる。社会的転換の結果、文化的―自由時間的社会政策がより着目された。一日単位、一週単位、生涯単位で労働時間が短縮され、それに条件づけられて文化的―自由時間的領域が社会的に承認された」（5, p.179）。このような後期近代における社会的構造転換の結果、高齢者問題の領域においても新たな構造転換が生じている。それは、生計労働から解放された若い高齢者の出現と関連している。彼らは、現在人口に膾炙しているような介護福祉の対象者ではない。つまり、疾病、要介護等を原因とする自立的な日常生活遂行上の困難を除去するための社会福祉援助の対象者ではない。後期近代における高齢者福祉の中心は、古典的な意味での高齢者介護ではなく、新たな構造転換から生じた若き高齢者に対する施策である。

この構造転換に関する特質は、「本質的に高齢段階の時間的拡大と関連している。現在、高齢化は早く始まり、長く継続する。労働からの撤退の時間的早期化、『高齢者の若年化』という定式に関する証拠、寿命の延長等は、高齢時間の拡大の中心的留意点である」(14, p.172)。高齢者は、生計労働から解放される代わりに、それに匹敵する時間を人生の第三期においてすごさねばならない。福祉国家は、高齢者という市民を市民的な世代間連帯の思想に基づいて保証しなければならない。労働する市民が、労働しない市民の生活を直接的ではなく、福祉国家を媒介にして支えることになる。

このような若い高齢者は概念的に次の三種類に分類できる。まず、生物学的年齢が低い市民がそれに該当する。彼らは、高齢者算入の国際基準(六五歳)に達していないにもかかわらず、実質的に高齢者と同様な生活を余儀なくされる。彼らはこれまでの高齢者学、高齢者福祉の対象ではなかったが、生計労働の世界から排除されているという観点から福祉国家的施策の対象にならざるをえない。所謂リストラ、早期退職者制度が後期近代において必然的である以上、彼らの最低限度の生活に対して福祉国家的施策が不可避である。

また、労働世界からの撤退というメルクマールは、子弟の家庭教育を終了させた専業主婦にもあてはまる。彼女たちは、本邦の社会福祉的政策において高齢者に算入されることはないが、子弟の教育を終了して以後、本質的な社会関係を結ぶことはない。さらに、配偶者との死別、離別により、家庭外活動を見い出さねばならない中年女性もこの範疇にあてはまる。彼女たちは、比較的若くとも就職という選択肢は社会的には与えられず、労働という社会的な本質的関係を喪失したうえで、徐々に高齢段階に移行する。しかも、男性と比較して女性は一般により早く婚姻生活に入り、かつ寿命もより長いことにより、この段階はより長く継続する。

さらに、生物学的な高齢段階に達しているとしても、自らを高齢者と規定しない高齢者も多い。医療制度、栄養水準の向上等を目的にする福祉国家的施策により、彼らは高齢者として介護等の社会福祉の援助対象者になることはない。その健康が良好である場合には、後期高齢者とは異なる社会福祉的施策が必要になる。

福祉国家は、このような労働世界から追放された若い高齢者をどのように処遇するのであろうか。まず、それは金銭を媒介にして、彼らをその受益者化する。もし、そうでなければ、初期近代においてと同様に、彼らは家族共同体、親族共同体、村落共同体等の人間の根源的共同性に委ねられることになる。しかし、近代はこのような人間の基礎的共同体を破壊することによって成立したのであり、その選択肢は不可能である。福祉国家は、前近代において存在していたこの共同性を代替することによって、市民を福祉サービスの受益者にする（19, p.223）。この福祉国家における市民の受益者化は、とりわけ若い高齢者にあてはまる。彼らに対する福祉国家の施策は、その能動性ではなく受動性を高めるだけにすぎない。高齢者はこの施策を通じて個人的快楽を享受しているにすぎない。もちろん、この高齢者がサービス産業の受益者として満足と代償を求めることは、間接的にはサービス産業（娯楽産業、旅行業者、スポーツ施設業者等）の売り上げ向上に寄与することによって社会参加していることになる。しかし、この政策の実行が、高齢者に対して労働に代わる社会的承認をめぐる選択肢を与えることにはならないであろう。むしろ、それは、「高齢者が社会的ゲットーとして現象する」（22, p.44）という事態をより強化することにつながるであろう。社会的に隔離＝ゲットー化された高齢者は、経済的領域、政治的領域、文化的領域だけではなく、すべての領域において「古い鉄とみなされ、社会サービスの受益者として無価値であるという烙印を押されてきた」（3, p.142）。高齢者は、前近代社会において獲得していた社会的尊敬を喪失する。本邦において高齢者福祉を普遍的に規定している老人福祉法第二条、「老人は、多年にわたり社会の進展に寄与してきた者として、かつ、豊富な知識と経験を有する者として敬愛される」という条文は、初期近代に残存していた社会規範をそのまま後期近代において踏襲しただけにすぎない。それはもはや社会的承認力を喪失している。「高齢者が生涯にわたって収集した個人的な体験知は、情報技術の発展により無価値になっている。情報技術とメディアによって、非個人的な知の集積が容易になったことにより、人格と結びついた知の意義は減少している」（16, p.229）。高齢者、とりわけ彼らによって個人的に獲得された知に対する信頼は、後期近代の情報社会において消滅している。

このような後期近代における高齢者に対する社会的承認の減少は、高齢者と若者との間の社会的コンフリクトとして現象する。もちろん、この世代間的コンフリクトは時代を超えた普遍的側面を持っている。世代間コンフリクトを家族的関係に限定すれば、後期近代において初めて現象したものではないことは明らかである。時代を問わず、家族内において潜在的な世代間コンフリクトがあり、それは結果として社会的進歩の原動力になっていた。「家族内の世代間対立＝コンフリクトは、両親の家から個人の解放という私的過程を意味していた。社会的な諸世代の関係は、若者が高齢者に対して敵対的である場合、進化の原動力として作用する」（10, p.41）。このような世代間理解は、後期近代において単純に受容されることはない。後期近代において個人化と都市化が進展したことにより、「世代を超えた関係は、家族の外側では例外になる」（18, p.109）。この二つの世代は、社会的関係において分離する傾向にある。

労働する世代と、その世代によって扶養される世代は、福祉国家を媒介にすることによって社会的連帯が成立していた。しかし、このような高齢者の受益者化、そのゲットー化、世代間コミュニケーション機会の減少等により、高齢者と若者の世代間コンフリクトは、この世代間連帯の思想的基盤を掘り崩し、世代間闘争へと転化する可能性が生じる。それは、近代を規定してきた階級闘争という概念を変容させる。初期近代における階級闘争とは、端的に言えば、豊かな人と貧しい人、ブルジョワジーとプロレタリアートの社会的闘争として理解されてきた。もちろん、近代が資本主義的生産様式を廃棄しないかぎり、この階級闘争の社会的意義は消滅しないであろう。しかし、この闘争が不可避であることは、それが後期近代における中核的な社会闘争であることにつながるのではない。そもそも、ブルジョワジーとプロレタリアートの社会的階級闘争という理論装置には、前者が労働から解放されているという前提があった。しかし、ブルジョワジーもまた賃労働という形式ではないにしろ、資本の移動を含めた経営労働を担い、社会に対して能動的主体として参加している。労働するか、あるいは労働しないかということを基準にするかぎり、社会的闘争の中核的場所は、ブルジョワジーとプロレタリアートの社会的闘争から高齢者と若者の世代間闘争へと移行している。今世紀中葉において高齢者の生活を他の労働世代が負担することは、ほとんど不可能とみなされている。「ますます少なくなる青年が、ますます拡大する高齢者を扶助すべきであるとされる場合、現代社会における分裂闘争、つまり青年と高齢者の間に『内戦勃発』の危険が生じるであろう」(13, p.5)。このような新しいタイプの世代間闘争が不可避である。次節では、この不可避性を前提にしながら、それが中核的闘争として現象することを避ける方策を論じてみよう。

二　高齢者に対する再教育

このような後期近代における新たな世代間戦争を回避するためには、二つの戦略が想定可能であろう。その一つは高齢者に対して職業教育を施して、再び労働者として市民社会に再参入させる戦略であり、他の一つは高齢者に対して職業教育とは異なる再教育を施して、労働とは別の媒介によって市民社会に参入させるという戦略である。まず、前者について考察してみよう。後期近代において主要な産業は情報産業であり、ここでは高齢者と若者の間における体力上の差異は問題にならない。また、高齢者が家事労働、あるいは家族介護等の理由で、標準労働時間において労働することが困難な場合、変動労働時間制を採用することによって問題は生じないであろう。変動労働時間制を高齢労働者に適用することによって、高齢者の様々な事情に配慮することが可能になる。さらに、一般化すれば、後期近代において標準労働時間制という思想の背後にある標準的労働関係、標準的高齢者、ひいては標準的生涯という設定が困難になっており、生涯の様々な段階(青年期、壮年期、高齢期等)が複雑化し、個性化している。そのかぎり、「労働時間の脱標準化への要求が必要になっている。変動労働時間制への移行とその具体化形態の場所が確定されねばならない」(3, p.151)。このような変動労働時間制が進展するかぎり、高齢者に対して職業教育を施して、再び労働者として市民社会に再参入させる戦略は有効であろう。

しかし、この戦略において高齢労働者の側には多大なメリットがある一方で、雇用者、資本家の側のメリットには考慮が払われていない。労働協約において変動労働時間制を採用することは、雇用者、資本家の負担のみを増大させるからである。もちろん、福祉国家がこの労働協約に積極的に介入することによって、労働協約当事者に変動労働時間制を強制することも可能であろう。それは、社会国家的な責任という観点から必要であろう。しかし、雇用者、資本家は、彼らが属している社会国家に対して責任を負うと同時に、国際競争にもさらされている。他国の雇用者、資本家がこの労働時間制を採用しないかぎり、一国においてのみ彼らが変動労働時間制を採用することは困難であろう。さらに、この戦略はこの数世紀にわたる近代社会における労働時間短縮化傾向と矛盾している。「週間労働時間は、過去の八五時間から三〇時間要求にまで下落している」（22, p.70）。この短縮化傾向は、週単位だけではなく、生涯単位においても顕著に現れている。したがって、この戦略を採用することは一部の高齢者に有利に展開するとしても総体的には困難であろう。

高齢者に対する再教育に関する第二の戦略は、高齢者を労働者として市民社会に再参入させるのではなく、労働とは異なる媒介によって市民社会に参入させるようとする。第一の戦略が高齢者に対して情報技術的社会に適応する知識を与えようとすることと対照的に、第二の戦略は各人の個性に応じた新しい人格を創造することによって、市民社会に能動的市民として参加させようとする。この戦略は、機能的知識の習得を目的にしている（他のすべての世代にあてはまる）職業教育とは異なる観点から高齢者に独自の教育を施そうとする。それは、高齢者がその人格に適応した本来的自己を確立することを目的にしている。また、それは、「人格性とその環境世界への関係の内にすでに存立している構造の修正ではない。それは意識拡大の意味において、人間的同一性の普遍的意識への脱限界化、死に至るまでの成長可能性としての同一性生成」（22, p.54）を追求することである。

生計労働から解放された高齢者が、どのような媒介形式によって市民社会的関係を結ぶのかが問題になる。それは、若い高齢者がどのようにして「収入―家族―社会的役割によって構造化されていない高齢者段階への移行期において、何かある新しいものが生成するはずの自己同一性を担う活動と関係を展開する」のかである（5, p.183）。それ以前の生計労働過程において習熟したものとは異なる能力が、この学習過程において獲得されねばならない。高齢者は数十年にわたる労働生活の体験によって、自己を合理知に順応させ、本来的自己を喪失している。労働世界は、その基礎に商品生産のための大量生産装置を持っている。この大規模装置は、それを操作する工場労働者を産出し、彼らはこの巨大装置を操作する客体へと自己を変容させる。労働はこの巨大装置に従属しており、この装置が環境世界の意味形象になる。この労働世界は、市民=労働者に様々な役割意識を強制していた。大規模機械装置に従属する市民の役割意識が強化されたことによって、本来的自己と自己規制に従う活動は、労働世界において疎外されている。この疎外された自己意識は、長期間の労働生活において市民＝労働者の肉体に浸透して第二の自然になっている(8, p.212)。若い高齢者に対する再教育は、この第二の自然を解体し、自己に再領有させようとする。高齢者は、労働世界において経験してきた分業に対する役割意識を反省し、自己同一性を反省する能力を獲得しなければならない。これまでの疎外されてきた人間的実存が社会的役割意識の深層構造から救い出され、これまでの自己と環境世界の存立構造が解明され、有機的な社会構成体のうちに再び埋め込まれねばならない。

この再教育の目的は、「自己をもはや他者による役割意識からではなく、むしろ万物への関与存在としての自己固有の拡大された意識から定義することである」(22, p.81)。これまでの自己、すなわち労働世界において確立された自己を超越することによって、高齢者は新たな段階に到達することができる。高齢者は、「自己自身を孤立としてではなく、より巨大な全体の一部として、つまり万物と深く結合していると感じる。宇宙へと連関している叢への結合展開は、……人間の進化の第一歩である」(21, p.208)。この新しい人間像は、労働世界において支配的であった大規模機械装置に従属した人間像と根本的に対立している。近代に特有なこの人間像は、人間を機械の部分的装置とみなしている。この人間像によれば、機械が消耗すれば屑鉄になるように、人間は消耗すれば、つまり高齢者になれば同様になる。それに対して、この新しい人間モデルにしたがえば、人間は、自己組織的な生き生きとした有機体において存在し、かつその一部とみなされる。「成長と展開の過程は、生き生きとした有機体においてのみ、差異化の進展と有機体の高まりの意味で確定される。その目的は、平穏と均衡ではなく、積極的不均衡の感情である。それは内在的可能性の成長と充足をめぐる闘争を形成している」（22, p.100）。高齢者が自己を有機体の一部とみなすことによって、自己の内在的原理にしたがって発展することが可能になる。

このような思想は、初期近代ドイツにおいて形成された世界像と関連している。とりわけ、ドイツ三月前期という近代市民社会の形成期において、市民の福祉国家への包摂がその主体性を喪失させるという危険性が、すでに指摘されていたからである（もちろん、一九世紀中葉において福祉国家という用語は使用されていないが、内容上そのように概念化可能である）（25, p.82）。市民の福祉国家における受益者化に対抗する思想として、ヘーゲル左派のシュミットは、市民の有機体への還元を提起している。すなわち、「各々の部分が自立的であり、しかも全体においてのみ自立的であり、全体が個別的部分を分節化するのではなく、個人が全体を構成し、各々の部分が自己自身において運動し、しかもその中心点からその運動を受け取り、その中心点において自己自身を持っている」（17, p.107）。この有機体における自己を確証することによって、人間は新たな段階に到達できる。一九世紀の教育学一般に対して影響を与えていたこの思想が、後期近代における高齢者教育学として変容しながらも新たな相をあらわす。後期近代におけるブートストラップ理論によれば、個人は有機体における自己存在という意識に到達可能になる。宇宙における万物は、相互に結びついており、この万物のいかなる部分もまた重要性を持たない。このような有機体において、「世界は、相互に関連する出来事のダイナミックな神経束とみなされる。……すべての関係、出来事の調和が全神経束の構造を規定する」（4, p.75）。この神経束を構成する自己という意識に到達することによって、新たな自己が形成可能である。

さらに、この高齢者を有機体の一部としてみなす教育学は、学習参加者の現存在ではなく、その生成を問題にする。有機体において位置づけられた個人は、自己のこれまでの人格性を超える感情を持つ。この個人は、通常の限界を超えることによってこの有機体の意識に到達する。「我々が誰であり、何であるかは、個人的人格性に限定されない。我々が、自我、あるいは人格性と同一化される肉体に限定されている場合、我々は自己にとってあまりに制限された狭い能力しか持ちえない」(21, p.34)。この有機体的意識を獲得することによって、自己は現在の自己にとどまることはない。現在の自己を超越することによって、それとは異なる新たな自己が展開可能になる。高齢者に対する再教育は、自己反省過程を媒介にしながら、高齢者を有機体に還元することによって新たな人格を再構成しようとする。

しかし、この学習過程が合理的な知の習得ではなく、反省的な自己革新力による新たな自己の形成という目的を持つかぎり、それはヨーガによる肉体的鍛錬、タオイズム(道教)による内観等の個人的な反省能力の拡充と内容的に近接している。もちろん、このような個人的体験の意義をここで否定するものではない。しかし、それは、学習過程の内在的目的である高齢者の社会化とは区別される。「高齢者の人格性の展開は、他のすべての生命年齢と同様に、高齢者の社会化の一部分として理解されねばならないからである」(6, p.240)。社会化過程によって、人間有機体は行為能力的な人格を社会的有機体において確立することができる。したがって、この学習過程は社会化過程としての具体的な学習場所が考察されねばならない。本稿はその具体化の場所として大学を設定している。

三　高齢者に対する再教育の場所

高齢者に対する再教育の場所として大学を設定することは、さしあたり奇妙な印象を持つかもしれない。後期近代において大学は、青年層に特化した高等教育機関として社会的に承認されているからである。しかし、歴史的に考察すれば、西欧における大学は初期近代にいたるまで青年層だけではなく、高齢者にも開かれていた。「中下級貴族、自治都市の豊かな市民は、精神的教養とその知識の拡大を様々な分野で追及するために大学を訪れた」(2, p.67)。しかし、近代になって様々な世代に対する大学の開放性は失われてしまう。大学における職業教育が社会的にも国家的にも要請されていたからである。ベルリン大学が典型的であるように、啓蒙主義的な専制国家は大学を、法秩序、文化制度、教育制度等を近代化する官僚養成、市民社会のエリート養成のための機関とみなした。後期近代になって大学は大衆化したが、若年層に対する職業専門学校的性格を強化した。大学は、巨大企業経営のためのリクルート先であり、商品化される技術の基礎研究の場所でしかない。産学協同化はもはや非難されるべき対象ではなく、むしろ国家、市民社会、大学がこぞって推奨すべき事柄になった。

専門知は技術知に変形され、市民社会の実践に直接的に有用な知に限定されてしまった。「大学は、ますます学問による自己発展の制度ではなくなってしまった」(16, p.219)。大学はもはや制度として人格形成的教育と結びつくような要素を放擲してしまっているかのようである。しかし、大学におけるこのような傾向はそれ自身の存立基盤を掘り崩すことになるであろう。目的合理性という観点からすれば、職業専門学校は大学よりも優れているからである。このような大学の危機的状況に対する何らかの処方箋が必要であろう。本稿は、それを高齢者に対する再教育の場所としての大学に見出そうとする。もし、高齢者と若年層がこのような大学において共同的に学習することが可能であれば、高齢者は大学の目的合理性指向に対して異議申し立てをおこなうことになろう。高齢者はもはやこの学習過程において職業教育的な指向性を必要としないからである。先述のように、高齢者はもはや労働市場への再参入を断念している。彼らは、専門知の習得によってより良い賃金、より良い職業の獲得を目的にしているのではない。彼らは、本来的自己に備わっている実存的生命、学問による自己発展の指向をより明白にし、有機体的世界において生成する自己を新たに発見できるであろう。

そのためには、大学における専門知が目的合理性指向から解放され、高齢者の人格的な自己了解へと変容しなければならない。ここでは、専門知はそれ自体として学習過程参加者の眼前に聳え立つのではない。それは、高齢者に対する再教育において学習者の人格形成と結びつくように加工されねばならない。専門知は、「高齢者の生活状況への実存主義的な反省と結びつくように考え直さねばならない。……それは自己自身に関する知、あるいは自己関心に焦点化する知へと変形されねばならない」(16, p.223)。このように専門知自身の変容が、高齢者に対する再教育のための課題になっている。

しかも、このような議論は必ずしも砂上の楼閣ではない。西欧、とりわけドイツ連邦共和国における高齢者に対する再教育は、一九八〇年代以降、市民社会から分離＝隔離された高齢者独自の場所（高齢者デイサービスセンター、高齢者クラブ等）だけではなく、世代横断的に大学、高等専門学校等の高等教育機関において設定されている。それは、生涯の第三期における教育機関として若年層から分離されたものではなく、世代を超えた共同学習の場として設定されている。このような環境世界において高齢者は、自己のこれまでの世界観を超越した新たな有機体における自己を発見する可能性を持つであろう。高齢者は福祉国家の受益者として市民社会の下位に分類されるのではなく、能動的市民として市民社会に参加するであろう。

おわりに

近代市民社会において、市民は労働を媒介にして他者と関係してきた。市民とは労働する主体であった。前世紀における様々な社会的闘争は、この労働（とりわけ、その搾取）をその焦点にしていたと断言しても良いであろう。近代史における労働運動、あるいは社会主義国家の樹立とその敗北もこの観点を抜きにしてはそもそも語ることが不可能であろう。近代政治思想史、および近代社会思想史においても、労働という概念を取り去ってしまえば、ほとんど何物も残らないであろう。近代における多くの思想家が労働という概念を自己の理論的枠組の基礎においてきたことも、その証左の一つであろう。しかし、後期近代において労働しない市民が多数出現してくる。本稿では、この労働しない市民の典型として、高齢者、とりわけ若い高齢者に焦点をあてた。ここで問題にした高齢者は、身体介護、医療扶助等を必要としない者であり、一般的に想定されている高齢者福祉の対象者ではない。彼らは、身体的能力という観点からは中＝壮年層とほぼ同一でありながら、労働から解放された者である。その多くは福祉国家という巨大な国家装置の受益者としてふるまっている。しかし、労働しない市民、とりわけ高齢者がたんなる巨大サービス産業の受益者にすぎないかぎり、他の労働者、とりわけ若年労働者との対立が不可避になっている。後期近代の福祉国家において、労働する世代と労働しない世代との間には世代間連帯の思想が横たわっている。しかし、今後、この世代間の幸福な関係が継続する保証はない。労働する世代があまりの負担に耐えられなくなる場合、この世代間連帯の思想はその基盤を掘り崩され、世代間対立、あるいは世代間戦争にまで発展する可能性を秘めている。

本稿は、後期近代市民社会において生じた新たな社会的コンフリクトを緩和するために、高齢者を再び労働者として労働市場に水路づけるのではなく、能動的市民として市民社会において他者と関係するための戦略を検討してきた。そのための高齢者に対する再教育の目的は、より高次の有機体における本来的自己を発見することである。高齢者が労働世界において強制されてきた役割意識を破棄して、新たな有機体の一部としてふるまうことによって、市民社会に参加するためである。本稿はこの学習過程の具体的場所として大学を設定した。

また、このような試みが妥当するためには、専門知が高齢者の人格的自己了解と統合されねばならない。それは、大学を中心にして形成されてきた専門知の存立構造、さらにその知の生産構造の変換を要求するものである。後期近代における社会制度としての大学の存立構造が再検討されねばならない。

しかし、本稿で提起した世代間闘争を回避するための処方箋が社会的有効性を獲得するためには、本稿で触れたように、幾多の段階を経なければならない。本邦において、高齢者に対する再教育という課題自体がそもそも社会的問題として承認されていない。その具体的学習過程に関する研究も、義務教育、職業教育等に関する研究と比較すると、ほとんど未開拓と言っても過言ではないであろう。また、本稿で考察した処方箋は、無数に存在している選択肢の一つでしかない。当然のことながら、他の有効な選択肢をここで否定するものではない。

最後に、このような処方箋が無効になるほど、現実態はもはや後戻りできない状況にまで到っているのかもしれない。本稿において提起された問題がどのような具体的状況において出現するかは、将来に属する事柄であるが、ここで課題として提起したことの意義はあろう。

［引用・参照文献］

（1）Arend, H., *Karl Marx and The Tradition of Western Political Thought.*（unveröffentlicht）1953.

（1a）アレント（佐藤和夫編訳）『カール・マルクスと西欧政治思想の伝統』（大月書店、二〇〇二年）

（2）Aschbach, J., *Geschichte der Wiener Universität im ersten Jahrhundert ihres Bestehens.* Wien 1965.

（3）Bäcker, G. u. Naegele, G., Geht die Entberuflichung des Alters zu Ende? Perspektiven einer Neuorganisation der Alterserwerbsarbeit, in: Hrsg. v. Naegele, G. v. Tews, H.P., *Lebenslagen im Srukturwandel des Alters. Alternde Gesellschaft. Folgen für die Politik.* Opladen 1993, S. 135-157.

（4）Capra, F., Moderne Physik und östliche Musik, in: Hrsg. v. Walsh, R. u. Vaughan, F., *Psychologie in der Wende.* München 1995, S. 67-77.

（5）Gösken, E. u. Pfaff, M. u. Veelken, L., Curriculumentwicklung für ehrenamtliche Mitarbeiterinnen und Mitarbeiter der Altenarbeit, in: Hrsg. v. Kühnert, S., *Qualifizierung und Professionalisierung in der Altenarbeit.* Hannover 1995, S. 171-184.

（6）Gregarek, S., Spiel als intergenerative Herausforderung, in: Hrsg.v. Veelken, L. u. Gösken, E. u. Pfaff, M., *Jung und Alt. Beiträge und Perspektiven zu intergenerativen Beziehungen.* Hannover 1998, S. 217-244.

（7）Hegel, G. W. F., *Grundlinien der Philosophie des Rechts oder Naturrecht und Staatswissenschaft im Grundrisse,* in: Werke in zwanzig Bänden. Bd. 7. Frankfurt a. M. 1970.

（7a）ヘーゲル（赤沢正敏訳）『法哲学』（『世界の名著　第三五巻』平凡社、一九七八年）

（8）Klehm, W. u. Ziebach, P., Konzepte zugehender Bildungsarbeit: Das Modell "Zwischen Arbeit und Ruhestand", in: Hrsg. v. Kühnert, S., *Qualifizierung und Professionalisierung in der Altenarbeit.* Hannover 1995, S. 205-227.

（9）Locke, J., *Two Treatises of Government.* New York 1947.

（9a）ロック（浜林正夫訳）「統治論」（水田洋編『世界思想教養全集』第六巻』、河出書房新社、一九六四年）

（10）Lüscher, K., Postmoderne Herausforderunen an die Generationenbeziehungen, in:Hrsg. v. Krappmann, L. u. Lepenies, A., *Alt und Jung. Spannung und Solidarität zwischen den Generationen.* Frankfurt a. M. 1997.

（11）Luther, M., *An den christlichen Adel deutscher Nation von des Christlichen standes besserung.* Werke. Bd. 6. Weimar 1888.

（12）Marx, K., *Ökonomisch-philosophische Manuskripte.In*: MEGA^2,1. Ab. Bd. 2, Berlin 1982.

（12a）マルクス（真下真一訳）「経済学・哲学手稿」（『マルクス・エンゲルス全集』第四〇巻、大月書店、一九八〇年）

（13）Mohl, H., *Die Altersexplosion. Droht uns ein Krieg der Generationen?* Stuttgart 1993.

（14）Naegele, G., Standards in der kommunalen Altenplannung. Die Zeit der 'einfachen Antwort' ist vorbei, in: Hrsg.v. Kühnert, S. u. Naegele, G., *Perspektiven moderner Altenpolitik und Altenarbeit.* Hannover 1993, S. 171-196.

（15）Naegele, G., Demographische und strukturelle Veränderungen in der Arbeitswelt. Neue Herausforderungen an berufliche Fort- und Weiterbildung, in: Hrsg.v. Gösken, E. u. Pfaff, M. u. Veelken, L., *Gerontologische Bildungsarbeit. Neue Ansätze und Modelle.* Hannover 1994, S. 131-150.

（16）Rosenmayr, L., *Die Späte Freiheit. Das Alter. Ein Stück bewusst gelebten Lebens.* Berlin 1983.

（17）Schmidt, K., *Eine Weltanschauung. Wahrheiten und Irrtümer.* Dessau 1850.

（18）Schütze, Y., Generationenbeziehungen: Familie, Freunde, Verwandte, in: Hrsg.v. Krappmann, L. u. Lepenies, A., *Alt und Jung. Spannung und Solidarität zwischen den Generationen.* Frankfurt a.M. 1997.

（19）Strasser, J. u. Traube, K., *Die Zukunft des Fortschritts. Der Sozialismus und die Krise des Industrialismus.* Bonn 1981.

（20）Vaughan, F., Transpersonale Psychotherapie. Kontext, Inhalt, Prozess, in: Hrsg. v. Walsh, R. u. Vaughan, F., *Psychologie in der Wende.* München 1985, S. 202-219.

（21）Vaughan, F., Die transpersonale Perspektive, in: Hrsg. v. Graf, S., *Alte Weisheit und modernes Denken. Spirituelle*

Traditionen in Ost und West im Dialog mit der neuen Wissenschaft. München 1986, S. 32-39.

（22） Veelken, L., *Neues Lernen im Alter. Bildungs- und Kulturarbeit mit "Jungen Alten"*. Heidelberg 1990.

（23） Veelken, L., Geragogik/Sozialgeragogik. Eine Antwort auf neue Herausforderungen an gerontologische Bildungsarbeit, Kultur- und Freizeitarbeit, in: Hrsg. v. Gösken, E. u. Pfaff, M. u. Veelken, L., *Gerontologische Bildungsarbeit. Neue Ansätze und Modelle*. Hannover 1994, S. 13-52.

（24） Wigard, F., *Stenographischer Bericht über die Verhandlungen der Deutschen konstituierenden Nationalversammlung zu Frankfurt am Main*. Frankfurt a. M. 1848/49.

（25） 田村伊知朗『近代ドイツの国家と民衆——初期エトガー・バウアー研究（一八四二―一八四九年）』（新評論、一九九四年）

付録

市民社会・アソシエーション関連用語解説

ホッブズの市民社会論

『リヴァイアサン』を著し、社会契約説の国家観を創唱したことで世に知られるトマス・ホッブズ（一五八八〜一六七九）の「市民」社会論というと一見そぐわない印象を持つかもしれない。それはホッブズが、王権神授説を脱し個人の自然権を前提とする社会契約説を提唱しながらも、結局は人間の性悪説を背景にそれら人間の利己心を制約する組織として絶対王政を擁護したことによる。しかしながら、その時代に見られる民主的政治制度が十分に発達していなかったことを考えると、絶対王政擁護の結論を殊更に否定的に捉えるのではなく、そこに至るホッブズの思考のプロセスをむしろ積極的に評価すべきではないかと考える。それは山脇直志が言うように、「万人の万人に対する闘い」を逃れるために、強い公権力を要請するという図式は今日でも決して色あせていないからだ。

ホッブズの理論は当時の科学思想を背景に成立している。外界の刺激が生理的運動として脳に伝達され、人間の感情を喚起し欲求を生む。そして、その欲求が人間の意志を支配する。人間には平等にそうした欲求を充足することを図る自然権が与えられている。もし二人の人間が同時に同じものを欲し、それは両者のうちどちらかにしか与えられないとするならば、まさにそこにおいて「万人に対する闘争」の状態、すなわち欲求の実現と生存の対立の状態が現出するであろう。そこで闘争を回避し、生命の安全を図るため自然法の命令である「平和を」の声が響き、それにしたがって、市民の相互の社会契約により人々は自然権を全面的に国家に委譲しなくてはならないのである。国家はその構成員の安全を守るために、構成員の利己心を抑制する絶対的な権力を持たねばならず、それゆえに強大な君主権を持つ絶対王政こそがもっともふさわしい統治形態なのである。

以上がよく知られたホッブズの国家論であるが、とかく批判的に捉えられがちな絶対王政擁護の理論を、逆に肯定的に捉えてみると、国家秩序確立の必要性から強大な国家権力を求めなければならない制約を抱えながら、人間の基本的権利と国家権力の相克の中で、むしろ人間の自己保存の欲求を強調しつつ、権力の起源を国家の構成員の自然権に求め、主権の絶対性を主張したといえよう。したがって、ホッブズの『リヴァイアサン』は、社会契約によって近代国家成立のメカニズムを基礎づけようとしたといえる。そして、国家の構成員の自然権を国家の主権と捉えることによって、ホッブズは絶対王政を擁護しつつ、次代の市民社会の到来を予見したといえるのである。

（杉山精一）

［参考文献］山脇直志『ヨーロッパ社会思想史』（東京大学出版会、一九九二年）

ロックの市民社会論

多くの社会契約論者の中でロックの自由・平等思想はもっとも大きな影響を、近現代の政治社会体制に及ぼした、といえる。アメリカの独立宣言（一七七六）やフランスの人権宣言（一七八九）に影響を与えたのみならず、その思想は今日の議会制民主主義のもっとも重要な基盤をなしている。

ロックが、「名誉革命を背景に個人的自由を基本的人権と捉え、国家の干渉を最小限にとどめる自由主義の理論を確立した」と言われるとき、その画期的な思想にいかなる地点から到達したのであろうか。イギリスの名誉革命の思想を支え、ロックが「自由主義の父」と呼ばれることになり、また理論的には、理性が把握する自然法の運用を「寛容の原理」に結びつけたことで知られる、ロック政治論の主著『統治論』は、まず王権神授説の権威を否定し、ロックが想定した人間の自然状態から生じる人間の可能性を「平明な方法」によって分析し、人間にとって可能な統治や学問のあり方を検討する。そして、その自然状態には理性の法、すなわち道徳法則である自然法が存在し、人々はこの自然法と合意によって成立する国家の立法権以外の何者にも従属しない理念を主張するのである（『統治論』二章）。しかしながら、そうしたところに成立する自然権の保障は、自然法の解釈が個人の主観に委ねられている制約上、確実なものではない。そこで人々は契約を結び、代表者（政府）を信用し個人的権利を信託して、その決定に従う義務を負うのである。

こうした基本的な社会契約説の考えに、ロックの個性的な見解が加わり、「近代市民社会」的社会契約とでも言うべき理論に整備される。すなわち、抵抗権の思想である。

その際信託される権利は無制限のものではなく、立法権に限られる。つまり立法権以外の権利は個人の手に残され、政府が信託に背く場合、契約を取り消すことができるという抵抗権の考えに至るのである。

ロックがこの抵抗権を措定したことによって、国家の最高権力が個人の手にあること、また、国家に信託される立法権は国家の権力機関としての議会に所属する、ということから、ロックは人民主権の理論を確立し、同時に、議会制民主主義の基礎を確立したといえるであろう。

もちろん、ここでいう民主主義は近代市民階級、すなわちブルジョワジーの自由主義を代弁するものであり、権利上の自由・平等と現実・事実上の不平等を前提とするものであったという時代的制約性を持っている。しかし、ロックの思想は、信託による社会契約を説き、人民主権を始めとする近代の民主主義思想の幕開けとなった。

（杉山精一）

［参考文献］ロック（伊藤宏之訳）『全訳統治論』（柏書房、一九九七年）

スコットランド啓蒙思想

ほぼ一八世紀全般にわたって展開したスコットランドのエジンバラやグラスゴーを中心とした知識人たちによる思想活動をいう。イギリス経験論の重要な哲学者デイヴィット・ヒューム（一七一一～七六）や古典経済学の始祖アダム・スミス（一七二三～九〇）もこの一員に数えられる。啓蒙思想といえばヴォルテール、ディドロらフランス革命を準備した一団が著名であるが、そもそも啓蒙思想の起源は一七世紀イギリスにおける市民社会の成立にある。市民革命・産業革命によって封建勢力が弱体化していたイギリスにおいては、社会変革を目指すフランスのそれのように急進化することなく、むしろ理性をよりどころに諸学科を改革・編成し、人間の幸福を実現することを目標に置いた。その意味でのちの功利主義思想の先駆ともいえる。

以上のようにスコットランド啓蒙思想は、その基盤に市民革命、それに続く産業革命による資本主義経済の発達という社会的変化を持ち、その上で市民が「個人の自由」を求めるという図式において成立した。

スコットランド啓蒙思想に数えられる人々は、それぞれの学説や理論の主張・分野によって、「道徳感覚派」「常識学派」「歴史学派」といった学派に分かたれる。

「道徳感覚派」はシャフツベリ（一六七一～一七一三）の「モラル・センス」の概念を、フランシス・ハチスン（一六九四～一七四六）やヒュームが発展・継承し、道徳性の根拠を人間性そのものの中に見出そうとする。そのうちヒュームはロックとは異なり、道徳を形づくるのは理性ではなく感情であると見なし、正義のような人為的規範も人々の「共感」に支えられて初めて効力を持つものとした。この「共感」はのちにアダム・スミスが独自の観点から受け継ぎ、市民道徳の基礎にすえることになる。このことから、スミスは『諸国民の富』（一七七六）の分業論が「歴史学派」アダム・ファーガソン（一七二三～一八一六）の著作の影響下に構想されたことから「歴史学派」に並べられるが、市民社会論の観点からは「道徳感覚派」の影響を色濃く受けているといえる。そして、「常識学派」はヒュームに代表される「懐疑論」を「常識（コモン・センス）」によって乗り越えようと企図するトマス・リード（一七一〇～九六）などの一派である。リードはヒュームの「懐疑主義」を生み出す心理主義的前提を批判し、知識の確実性は人間の自然的判断、すなわち「常識の原理」によって保証されると説いた。この派には他にジェームズ・ビーティ（一七三五～一八〇三）、ジェームズ・オズワルド（？～一七九三）らがいる。

（杉山精一）

［参考文献］ハチスン（山田英彦訳）『美と徳の観念の起源』（玉川大学出版部、一九八三年）

アダム・スミスの市民社会論

アダム・スミスは主著『国富論（諸国民の富）』で経済的自由主義を唱え、古典派経済学の理論を築いたが、その経済学は、利己心に発する経済活動が公平な第三者の共感（sympathy）に基づくルールでチェックされてこそ、自由競争は成り立つという道徳哲学（モラル・サイエンス）として構想された。したがって、経済思想がそのまま彼の市民社会観を示している。

以下よく知られたアダム・スミスの経済学の用語から彼の市民社会観を概観してみよう。まず、富の源泉は土地や貿易ではなく労働にあり、政府は利潤を求める個人の営利行為を自由に促進させるべきであるという「労働価値説」は、生産力の発展が社会を発展させるという公共の利益の考えがその根底にある。そうした公共の利益は、自由市場においてこそ、需要と供給を自動的に調整する市場価格の「自動調節機能」が働くため確保される。その際、人間の利己心は「見えざる手」によって自然に秩序を形成するのである。よって、人為的政策によって社会的調和を妨げないために、政府は自由競争を守るために働く「夜警」であればよく、重商主義に代表される統制経済へのアンチテーゼである、経済を自然的自由に委ねる「自由放任（レッセ・フェール）」主義が説かれることになる。

次に、以上のようなアダム・スミスの経済思想を支える彼の人間観・市民観をまとめておこう。彼は人間が利益や幸福を求める利己心を所有し、それが活動の基盤となっているという功利的人間観から出発する。しかし、人間はこうした利己心のみではなく、個人の内面の良心の発露である他者への同情、すなわち共感という道徳感情も備えている。人間は自己の責任において自己の営利を追求する経済的動物（homo-economics）であるが、営利の追求という利己心が他者の共感を得られる範囲内で働くとき、あるいは利己心を他者の共感の範囲内に調整するとき、人間の功利を求める行為は道徳的妥当性が与えられるのである。

こうした利己心と共感とが矛盾なく両立するという予定調和の思想、すなわち「欲望の自動的調整」という思想は、資本主義勃興期の市民階級の楽観主義を象徴している。このような楽観主義は市民社会から国民国家成立の過程で、過去のものとなっていったが、人間の欲望が肥大化し、人間や企業の経済的行為に関するモラル・ハザードが重大な問題を引き起こしている現在、利己心と公共の利益の両立を唱えるアダム・スミスの思想は見直される価値を持つものと考えられる。（杉山精一）

[参考文献] アダム・スミス（水田洋訳）『道徳感情論』（上・下、岩波書店、二〇〇三年）

ルソーのアソシアシオン論

自由なものとして生まれ、自らの主人であるべき人間が、自発的に結合し、設立する共同体をルソーはアソシアシオン（association）と呼ぶ。この必然の結合ならざる任意の結合の条項、形式が「われわれの各々は、人格《ペルソヌ》と全ての力を共同のものとして一般意志の最高の指導の下におく。そしてわれわれは各構成員を、全体の不可分の一部として、ひとまとめとして受けとるのだ」（契1-6）と表現され、社会契約と呼ばれる。

ところで、ここで重要なことは、社会契約を締結し、創設されたアソシアシオンは、各アソシアシオン形成者（associé）を成員とする契約国家＝市民国家であって、市民社会を構成する諸団体を指すのではないということである。つまりルソーの体系の中で創り出されるアソシアシオンは、国家という政治共同体なのであり、市民社会は、国家形成後、市民となったアソシアシオン形成者たちの、社会的、経済的な相互活動を通して、新たに結び直され、拡大、増殖もする社会経済関係の圏として、二次的に捉えられるにすぎない。それゆえ、ルソーの主著『社会契約論』は、アソシアシオン形成者の自発的な結合としての国家、いわば大アソシアシオンの理論を追求しているのである。

それに対して、国家＝大アソシアシオンの設立後、大アソシアシオンの内部にあって、それと比して相対的に小さな他のあらゆる団体は、ルソーによっては、消極的、否定的に位置づけられる。ルソーはそれらの小集団を徒党（brigues）、部分的団体（associations partielles）または部分社会（sociétés partielles）と呼んでいる。大アソシアシオンと区別されるこうした、いわば小アソシアシオンは、ルソーの契約国家の枠組みの中では、必要悪として存続を許容されるのがせいぜいで、積極的な意義を見出すことは難しい。それはなぜか。部分社会では、団体外の人々の利益を犠牲にしてさえ、団体内の成員の利益が追求され、団体内では、成員の独立した個別意志が失われ、団体意志への服従が促され、果たされる、と考えられるからである。そしてまた、個々の市民が十分な情報を持ち、独立して判断し、全ての市民の個別意志が、人民集会において表明された時こそ、さまざまな相違の中から政治体の共同意志である一般意志が形成される、と考えるルソーにとって、部分社会とその団体意志は、契約国家における一般意志形成の阻害要因と見なされるからである。

ルソーは言う。「一般意志が十分に表明されるためには、国家の内に部分社会が存在せず、各々の市民が自分だけに従って意見を述べることが重要である。（中略）もし、部分社会が存在するならば、（中略）その数を多くして、その間に生ずる不平等を防止しなければならない。こういう用心だけが、一般意志を常に明らかにし、人民が自らを欺かないために有効なものである」（契2-3）と。

（鳴子博子）

［参考文献］ルソー（桑原武夫・前川貞次郎訳）『社会契約論』（岩波文庫、一九五四年）

ヘーゲルの市民社会観
(Hegels Begrif von bürgerliche Gesellschaft)

ヘーゲルにおいて市民社会は、イェーナ期などの青年期から考察されているが、哲学体系の中で明確に位置付けられたのは『法哲学』においてである。その中の第三部、人倫の一契機として、家族―市民社会―国家と示された構成がそれである。ここで市民社会は中間に位置しているが、単なる過渡的段階ではない。家族において原初的に存在した人倫的統一性を失って「分裂」状態にあるが、次の国家の構成員としての主体性を持つ存在へと個人を形成・陶冶する(bilden)段階である。

この段階に属す契機としては、諸個人が自己の欲求の実現をめざす「欲求(Bedürfnissen)の体系」と、そうした諸個人が「全面的相互依存関係にある」という二つがあげられる。これらの特徴は、ヘーゲルの市民社会が、諸個人の欲求に基づいて生産を行い、分業と交換を原理とする経済社会であることを意味する。またそれが「形成・陶冶(Bildung)」の段階であるということは、市民社会の諸個人が、自らの欲求の実現を他者の労働に依存していることの認識を通じて、自らと自らの労働のもつ社会性を把握していくことを意味している。同時に、その中で形成される人格と所有の権利の保護を目的に存在する「司法(Rechtspflege)」において、人格と労働に基づく諸権利は当初の抽象性を脱して一層の現実性を獲得することになる。

しかし、市民社会は、いわば市場経済原理が貫徹している体系であるゆえに、その労働によって富が増大する一方で貧困と賤民(Pöbel)の発生という問題が常につきまとう。特に賤民は、市民社会の構成員として生きる主体的意志を喪失した存在であり、市民社会の活動の結果として、市民社会の存立を危うくする存在が生み出されるという大きな矛盾を持つ。こうした矛盾への対応として市民社会が持つのが、「福祉行政(Polizei)」という契機である。その具体的内容は、今日の公共事業から社会保障政策まで多岐にわたるさまざまな政策であるが、それらを通じて賤民発生の防止などが計られることになる。

また、市民社会には、所属することで社会的承認を受けることにつながる身分・階層(Stand)が存在する。そのうち商工業者階層は「職業団体(Korporation)」を形成し、構成員間の利害調整や相互扶助を通じて諸個人間の有機的結合を形成するが、それ自体では市民社会全体の問題に対応できず、その解決は国家の統治にゆだねられることになる。

このヘーゲルの市民社会については、その内容と共に、人間の本質である自由の実現が、抽象的段階から具体的実現へと展開する歴史的過程の中で、諸個人が自由を主体的・自覚的に追求するようになった段階としての把握も忘れてはならない。

(工藤豊)

[参考文献] ヘーゲル(藤野渉・赤澤正敏訳)『法の哲学』(『世界の名著』中央公論社、一九六七年)

一九世紀フランスのアソシアシオン論

「アソシアシオン（association）」という術語は、協同の目的を設定しこれを実現するため、諸個人が自由意志に基づいて結合ないし連合して成立する社会をいい、フーリエが首唱しプルードンほかがその語を様々に受け継いだ。フーリエのは「アソシアシオン（association）」という術語を用いて産業の組織化を構想する。彼は、秩序なき産業と不平等な財産所有に基づいた現状では悪徳しか栄えないとし、これに替えて「ファランジュ」と称するアソシアシオン建設を説く。すなわちフーリエは、産業革命期イギリスで実施されていたような自由放任主義を「経済主義」と称して批判し、基本組織ファランジュを介して諸個人が生産物を直接交換するという特徴を有する協同社会を構想したのである。この理想社会では、生産的余剰は一定の比率にしたがって各構成員に配分され、またファランジュ内で人々はさまざまな労働に従事し、それらには家事労働と社会的有用労働の区別は与えられなかった。

次に、資本家的経営が産出する剰余価値を「不労所得」と称して批判するプルードンは、「アソシアシオン（association）」という術語において、個と個の対等な契約（水平契約）によって成立する協同の仕事場（アトリエ）を介して諸個人が生産物を直接交換する協同社会を構想した。農場ないし仕事場（アトリエ）には、雇い主は存在しない。労働を基盤とする社会組織は協同的にして自主的な管理に委ねられる大工業――鉄道や鉱山、海運業――においてもアソシアシオンは貫徹される。こうして成立する諸アソシアシオンの連合体には政府や議会は存在しえず、生産の現場における労働者の自主的・主体的な管理が社会を動かすのであったプルードンの場合にもまた、フーリエの場合と同じように、社会に国家が介入する余地はなかったのである。

なお、社会に国家が介入する余地のない理論を築いた人物として、いま一人サン・シモンがいる。彼は「産業」について、これを物質的（physique）であると同時に道徳的（morale）なことがらとし、「国家」に結びつけていない。国家とか政府とかは「産業」進展にとって不必要なのである。産業社会においては、政府でなく管理があるのみなのである。「産業は、できるだけ少なく統治されることを要求する」「政府は、産業の営みに介入するとき、産業を害する」。サン＝シモンによれば、産業者が有閑者に代わって新しい社会をリードするが、そこでは従来のような民衆を支配する道具としての国家は消滅し、産業者による富の生産とその自主的管理をコントロールするような機関が残されるのみである。サン＝シモンの術語方法では「社会」に力点がおかれるものの「国家」は軽視ないし無視されている。

（石塚正英）

［参考文献］社会思想史の窓刊行会編『アソシアシオンの想像力』（平凡社、一九八九年）、的場昭弘・高草木光一編『一八四八年革命の射程』（御茶の水書房、一九九八年）

シュタインの社会国家論

一九世紀においてはやくも福祉政策による社会国家の建設を提起したシュタインは、一八四二年の著作『今日のフランスにおける社会主義と共産主義』ではこう述べていた。「国家という概念よりもさらに一般的な概念がある。それは、或る国民のたんなる国家的な運動を最初からただ副次的な契機として位置付けなければならない叙述の場合に、その基礎におかなければならない概念である。その概念は社会という言葉で表される」。シュタインはプロレタリアートを問題にする。この無産の民は、財貨獲得の手段さえ得られればその窮状から脱却できる。そこで真に求められるべき思想、体制は「社会的民主主義（Die soziale Demokratie）」である。この思想は労働者に然るべき財貨獲得を保障するのだが、それが実現するためには国家が「企業家」にならねばならず、労働者に「無利子の前貸し」をせねばならない。

シュタインによれば、国家はプロレタリアートの暴力革命を鎮圧するために存在するのでなく、プロレタリアートの財貨獲得の保障として存在するのである。しかし、その財貨獲得自体は国家に属する行為でなく社会に属する行為である。そこに、国家と社会との絶えざる闘争が生じる原因があるといえる。その際、シュタインと同時代を生きたマルクスは、党とか国家とかを重視し、国家と社会のうち社会こそが第一原理なのだということを綱領レベルで確定できなかったのに対し、シュタインは、いまはそのような時ではない、社会こそが第一原理なのだと喝破したのである。シュタインは言う。プロレタリアートは国家でなく社会を転覆する一階級である。彼らの生存条件をいかにして確立するか、その問題を解決しなければ、暴力的な社会革命は必然となろう。シュタインは、人々の実生活を形づくりかつそれを規制しているのは国家でなく社会なのだということを、フランス七月革命から十数年後のパリに生活してみて、はっきりと理解したのである。

シュタインの国家はいわゆる「社会国家（Sozialstaat）」である。それは「社会」＝「ソシアル」に力点のおかれた「国家」であり、アソシアシオン論に導かれる政体である。そのような「社会国家」を形成する原動力は「産業」なのだった。産業は国家の原理でなく社会の原理にしたがってこそ諸個人に幸福をもたらす。だからこそ、その幸福を求めてフランスの人々はいまや社会の闘いに突入しているのだ。もはや「国家や国民同士の闘いは終わった。そしてヨーロッパの歴史は新しい時代に入った。つまり社会の闘いに入ったのだ」。シュタインはそのように意識してサン＝シモンやフーリエの社会学説に注目したのだった。

（石塚正英）

［参考文献］L・シュタイン（石川三義・石塚正英・柴田隆行訳）『平等原理と社会主義――今日のフランスにおける社会主義と共産主義――』（法政大学出版局、一九九〇年）、石塚正英『アソシアシオンのヴァイトリング』（世界書院、一九九八年）

ヴァイトリングのアソシアシオン論

一八三〇年代後半からパリ、スイス諸都市、ロンドン等で秘密の職人結社・義人同盟を組織して革命運動を展開していたヴァイトリングは、一八四八年革命後アメリカに永久移住した。彼はニューヨーク市を活動拠点にして『労働者共和国』を発行し、創刊号に「社会的議会（Das Social-Parlament）」を掲載した。こうしてヴァイトリングは、一八五〇年代のニューヨークにおいて、労働者の利益のためにということで、政治的組織でなく社会的な組織形成を在アメリカ・ドイツ人労働者に訴えつづけた。またその前提として、北部資本家の経済力に対抗する労働者の産業交換銀行（Gewerbetauschbank）設立を計画した。

そのヴァイトリングは、一八四六年末ないし四七年初に一度目の渡米を行なう以前から以後にかけて、労働者革命とか将来社会とかについてのイメージを大きく変えていく。労働者革命については、渡米以前の秘密結社と労働者蜂起による武力革命のイメージから、渡米後の労働者協同企業（大陸横断鉄道建設）と交換銀行（利子を産まない労働者銀行）による経済革命のイメージに変わる。また将来社会については、渡米以前の財産共同体（Guetergemeinschaft）から渡米後の協同社会（Assoziation）に変わるのである。これらの変更は何によって生じたか。アメリカ体験によってである。ヴァイトリングは一九世紀中ごろのアメリカを、資本家や銀行家など権力者の国家でなく、そうした権力を一切否定する労働者の共和国と位置づけたのであった。

当時のアメリカには、一方に、フーリエやプルードンなどフランスの社会主義者から影響を受けた人たちがたくさんいた。そして他方に、ドイツやフランスに帰るつもりで出稼ぎに来ている職人たちがたくさんいて、彼らはフランスなどの情報をつねに敏感にキャッチしていた。フランスでは、四八年革命前後にはアソシアシオンに関するプルードンの議論が注目されていたが、ニューヨークや、その他ドイツ人の多く住むシカゴとかセントルイスとかミルウォーキーとかでも、新しい社会を組織しようとするときにプルードンのアソシアシオンがたいへん参考になるとされていた。ヴァイトリングもまたそのような風潮の中でアソシアシオンに注目し、ドイツ人アソシアニストのリーダーとなったのである。

一八四八年革命敗北を機にアメリカへ渡った人々の多くは、ヨーロッパでついに果たせなかった、労働者の経済的・社会的自立という夢をこんどこそ叶えようと努力した。彼らにとってアメリカとは、政治的な意味で自由な国である以上に、社会的な意味で自由な国だった。ヴァイトリングの言葉を用いるならば「社会的デモクラシー」あるいはアソシアシオンの実現可能な国に思えたのである。

（石塚正英）

[参考文献］石塚正英『社会思想の脱構築・ヴァイトリング研究』（世界書院、一九九一年）、ヅッカー（石塚正英・石塚幸太郎訳）『アメリカのドイツ人――一八四八年の人々・人名辞典』（北樹出版、二〇〇四年）

マルクスの市民社会論

マルクスの市民社会論として長らく影響を与えてきたのは、一八四三年の論考「ユダヤ人問題によせて」に見られるように政治社会＝国家から分離されたものとしての市民社会という捉え方であった。近代社会においては、人間の固有の力（forces propres）は、抽象的な公民の権利（droits de citoyen）と利己的な人の権利（droits de homme）に引き裂かれている、と若きマルクスは診断を下した（一巻、四〇一～六頁）。さらに、マルクスにとって、人の権利の実質とは、営業の権利（商権）を意味した。ここから、市民社会とは、ホモ・エコノミクスが活動する経済的な領域であるとする解釈が導かれることになる。

　問題は、初期マルクスが採用した国家／市民社会の分離という図式が、その受容の過程において、政治と経済の区別に帰着し、経済還元主義と政治主義という鏡像的な二つのイデオロギーを誘発したところにある。すなわち、資本主義の諸問題を専ら経済的なものへと還元し、生産性や技術水準の向上が未来社会を切り開くという逸脱に陥るか（スターリニズム）、あるいは経済的・物質的諸条件を飛び越えた政治主義（左翼小児病的な冒険主義）を許すことになったのである。マルクス主義が経験した実践的な誤りは、理論的な根をもつことを見てとらなければならない。

　しかしながら、後期のマルクスは、次第に国家／市民社会の対に拠っては社会構成体を思考しなくなる。『経済学批判』の序説（一九五九年）において導入されるのは、土台／上部構造という対である。土台／上部構造という対は、経済と政治の対立を意味しない。後期マルクスの視点は、国家装置やイデオロギー関係における政治ないし階級闘争とは異なる形態をもった、土台に固有なポリティックスの解明に向かっている。資本による生産過程の実質的包摂を問い、生産手段から「自由な」労働者達を、機械に隷属させる形で技術的分業体制へと組み込み、監督のもとでの管理された労働を強いる生産の場を分析するマルクスは、土台における政治と権力をついに発見するに到ったといってよい。マルクスにとっての「搾取」とは、純経済学的なカテゴリーにとどまらず、直接労働者達が労働を自主的に組織し生産過程を実質的に掌握する権能が奪われている状態を指す政治学的な概念でもある。資本主義とは政治的かつ経済的なシステムなのである。

　なるほど、マルクスにとっての「市民社会」という用語は、「民間セクター」や文化領域をも含んだ幅の広さをもってはいる。しかしながら、それが政治そして階級闘争の契機を捨象するものであるならば、この用語の理論的有効性もまた再吟味に付す必要があろう。

（桑野弘隆）

［参考文献］『マルクス・エンゲルス全集』（大内兵衛・細川嘉六監訳、大月書店、一九五九年～一九九一年）、ルイ・アルチュセール「自らの限界にあるマルクス」『哲学・政治著作集Ⅰ』（市田良彦・福井和美訳、藤原書店、一九九九年）

マルクスのアソシエーション論

一九九〇年代に入って、田畑稔等によって、マルクスの諸論考をアソシエーショニズムの理論的基礎づけとして位置づけようとする試みが続けられてきた。そして、マルクスの論考をアソシエーション論という観点から見たときに、斬新なマルクス像が見えてくることも確かである。

「個々の問題についての暫定中央評議会代議員への指示」(一八六七)、『ゴータ綱領批判』等のマルクスのテキストから明らかになるのは、アソシエーショニズムとは、国家そして資本への抵抗運動であるということである。すなわち、アソシエーショニズムとは、資本主義国家の統治様式と資本制生産様式とを同時に変革しようとする運動なのだ。この運動の目標は、「自由で平等な諸個人」を産み出しうるような「アソシエーティッドな生産様式」、「アソシエーティッドな知性」を打ち立てることにある。マルクスにおけるアソシエーションとは、一義的には生産者による協同組合を指す。マルクスによれば、生産協同組合は、「監督労働の敵対的性格が消失していること」(二五巻a、四八六頁)そして「資本と労働の対立がその内部ですでに揚棄されている」(二五巻a、五六一頁)ことをその本質的な特徴とする。すなわち、労働の成果の平等な分有、そして精神労働と肉体労働の固定的分業の揚棄が生産協同組合の絶対的な条件である。それは、直接生産者が生産過程を掌握する実権を保持している自主管理の組織でなければならない。

アソシエーショニズムは定義上、一つのアソシエーションで完結しえない。アソシエーショニズムが、「社会的生産を自由な協同組合労働の巨大な、調和ある体系へと転化する」(一六巻、一九四頁)運動である以上、必然的に、生産協同組合のみならず、消費協同組合そして資本主義的な搾取と支配に抗うあらゆる諸組織をもアソシエートするものでなければならない。

さらに、「連合した協同組合諸団体」が「全国的生産を調整する」ことを展望するマルクス(一七巻、三三九頁)が、国家の解体(レーニン)を構想に入れていたことも間違いがない。アソシエーショニズムは、国家の諸機能を否定するものではなく、その担い手を「アソシエーションのアソシエーション」に置き換えることを旨とする。国家の運営を一部のエリートから大衆の手に取り戻すこと――アソシエーショニズムが進める精神労働と肉体労働の固定的分業の揚棄は、精神労働の具現である国家の解体へと導く。そのとき資本主義国家の統治様式はその期限を告げられ、真に民主主義的な統治形態が始まるのである。

(桑野弘隆)

[参考文献]『マルクス・エンゲルス全集』(大内兵衛・細川嘉六監訳、大月書店、一九五九年〜一九九一年)、田畑稔『マルクスとアソシエーション』(新泉社、一九九四年)、石塚正英「マルクス左派のアソシアシオン論」(『季報・唯物論研究』第六一号、一九九七年、石塚正英『ソキエタスの方へ―― 政党の廃絶とアソシアシオンの展望』社会評論社、一九九九年所収)

フランクフルト学派の社会概念

アドルノ、ホルクハイマーは、亡命先のアメリカで著した、フランクフルト学派の代表的著作『啓蒙の弁証法』において、最高の文明段階に達したかに見える市民社会が、ナチスの反ユダヤ主義におけるような野蛮へと陥っていったプロセスを、著者たちが西欧文明の原テクストとみなす『オデュッセイア』に即して分析している。

ここで言う啓蒙とは、ヴェーバーの言う脱魔術化・合理化過程と言い換えることができる。人間主体は、自然の脅威に対して自己を保存するために、内的自然（欲望）を断念することによって外的自然を支配し、自然との模倣的一体化衝動という誘惑に打ち克つ強固な自我を獲得する。こうした自我によって担われる近代市民社会は、自然を効率的に支配し技術的に処理するために、支配者と被支配者、精神労働を行う者と肉体労働を行う者という分業体制を発展させ、社会と人間主体は道具的・主観的理性に支配されることとなった。

啓蒙過程の進展は、人間主体が理性と概念とを通じて客体としての自然と社会とを技術的に処理し支配する過程である。この過程は、一八世紀ドイツの啓蒙思想において、個別科学の進展とも相俟って「進歩」とみなされた。しかし、こうした啓蒙の理念は、ドイツ・ナチスのファシズム、アメリカの大衆文化を目撃した著者たちによって、啓蒙という概念そのもののうちに神話・反啓蒙の契機が含まれているのではないかという疑念にさらされる。啓蒙の理念に従えば本来、自然の支配者であるはずの人間社会が、ナチスの反ユダヤ主義におけるような判断力を喪失した自然連関に巻き込まれ、またアメリカの大衆文化におけるような画一性に支配される事態は、文明から野蛮へ、啓蒙から神話へと逆転してゆくプロセスとして捉えられる。しかし同時に著者たちは、ロマン主義の非合理主義の立場から過去の神話を賛美するのではなく、ヴェーバーと同様に、合理化過程の不可逆性をも冷徹に認識しており、この両方の事態が「啓蒙の弁証法」と呼ばれるところのものである。

啓蒙的理性と自然、概念と経験的対象とが分裂し、分業が極限まで展開した近代市民社会において、文明と野蛮、啓蒙と神話の間の拮抗・相克と連関の克服をめぐる方法論を探求することが、フランクフルト学派第一世代の社会分析の主導的なモチーフである。第二世代のハーバーマスは、近代という時代を、人間対自然の関係性における理性とは区別される、人間と人間とのコミュニケーション的合理性が展開してゆくポテンシャルをも有する「未完のプロジェクト」として捉え、言語を中心に据えながら、「批判」の拠点としての生活世界や公共圏の構想を軸とした民主主義理論を展開している。

（天畠一郎）

［参考文献］アドルノ、ホルクハイマー（徳永恂訳）『啓蒙の弁証法』（岩波書店、一九九〇年）

アーレントの市民社会論

アーレントは、『人間の条件』において、人間の行為形態を、活動・仕事・労働の三つに類型化し、人間対自然の関係性としての仕事・労働よりも、人間と人間との関係性としての「活動」を価値的に優位においた。「活動」とは、人間の複数性を前提として、自由で平等な諸個人によって言語を媒介としてなされる相互行為である。「活動」の領域は、一方では、他者との異質性に基づいて他者に対して自分の卓越性を示そうとすると同時に、他方では、他者との同質性に基づいて意志疎通を意図する政治的・公共的領域である。他方、「労働」の領域は、生命の必然によって支配される経済領域であり、「活動」が行われない私的領域である。アーレントの市民社会観にとって、この政治と経済との区別が決定的に重要であり、ネオ・アリストテリアンとしての彼女はその理念型を古代ギリシアのポリスに求めた。

近代は、アーレント言うところの「社会」が勃興することによって、政治と経済、公共的領域と私的領域との区別が失われ、生命の必然に拘束された労働と経済とが社会の全域を蔽うこととなったために、独自の価値と意義を有する政治が失われた時代である。こうした社会をアーレントは大衆社会とも規定する。

生命の必然に拘束された貧困等の社会問題が具体的な政治課題となるとき、また私的利益の擁護が政治課題となるとき、政治は政治でなくなる。古典的な共和主義的理念を提起する著作である『革命について』においてアーレントは、フランス革命とアメリカ革命とを比較対照しながら、フランス革命が経済的関心に導かれて社会問題の解決を目的としてしまったがゆえに失敗に終わったと低く評価するのに対し、アメリカ革命を、それが人々の権力へ向けての自発的・自立的な参加と活動によって打ち立てられたものであるがゆえに高く評価するのである。

アーレントの思想に終始一貫して流れているモチーフは、人々が公共的関心に導かれて、言語を介して意志疎通しながら、その都度判断力を行使する市民像の模索である。この非経済主義的なモチーフが、人間の行為形態としては「活動」を、具体的な政治形態としては古典的共和主義を、アーレントをして理想的価値として提起させたのである。

（天畠一郎）

［参考文献］アーレント（志水速雄訳）『人間の条件』（ちくま学芸文庫、一九九四年）、同『革命について』（同、一九九五年）

ポランニーの「近代社会の二重運動」論

アダム・スミスは、市場経済を担う経済人（ホモ・エコノミクス）としての個人を経済的主体としてとらえたが、この人間観は、道徳性を内面化した個人＝主体としても常に再認され、このような個人＝主体が担う社会は、国家から自律した市民社会ととらえられる。以上のような近代社会の理解は、一八世紀後半から一九世紀のイギリスを中心とする、産業革命にはじまる機械制による生産システムと単純労働の登場、国家による自由主義政策の下での資本主義生産の成立によって、より現実的なものになったと言える。ところが、一九世紀半ばより周期的に生じる経済恐慌をはじめとして、市場経済は莫大な富の生産の一方で、失業と貧困を労働者にもたらしたのである。このような問題に対して、工場労働者の運動や工場法・社会立法の成立、そして後の社会保障制度の要請、社会主義国家の成立などが近代資本主義社会に突きつけられる。

カール・ポランニーは、この経済的自由主義と自由放任による市場の自律化の傾向を「自己調整的市場」と位置づけ、他方でこの「自己調整的市場」によってもたらされる「有害なはたらき」から「社会の自己防衛」が成立する動き・運動を見出した。このような、「市場原理」と「社会防衛の原理」との関係を、「近代社会の二重の運動」としてとらえるのだ。ポランニーは、一八世紀までの重商主義政策を、市場活動に対する一定の「規制」による「統制的市場」と位置づける。この「統制的市場」から「自己調整的市場」への変化を「転換」としてとらえ、一九三〇年代には、「自己調節市場」が終焉するという「大転換」を説くのである。

このような「近代社会の二重の運動」論は、市場と社会防衛を行う国家との単純な対立を問題にしているのではない。むしろ、人間、自然的資源、生産組織を市場原理から守る、保護立法の制定や労働組合や圧力団体など諸組織の機能といった「諸制度」の役割が強調されるのである。ここでは、個人の「利己心」にもとづく経済活動が担う市場原理による社会—人間観に対して、自己調整的な市場原理とは異なる自然と人間との間の本源的な経済活動とそれを可能にする諸制度による社会の在り方が提起されている。

ところで、一九八〇年代からの先進資本主義国を始めとする新自由主義政策の展開、旧ソ連を中心とする社会主義国の崩壊、経済のグローバル化といった「大転換」とは異なる様相は、一見ポランニーの予想を裏切るものであろう。しかしながら、グローバル化によって生じた競争激化と富の偏在による地域経済の崩壊や環境破壊などの問題に対し、ポランニーの近代社会論は重要な視点を与えると言えよう。

（田中裕之）

［参考文献］カール・ポランニー（吉沢英成・野口建彦・長尾史郎・杉村芳美訳）『大転換』（東洋経済新報社、一九七五年）、同（玉野井芳郎・平野健一郎編訳、石井溥・木畑洋一・長尾史郎・吉沢英成訳）『経済の文明史』（ちくま学芸文庫、二〇〇三年）

ハーバーマスの公共圏概念

ハーバーマスは公共圏という概念を、国家機関・権力機構を批判的に制御する役割と機能を果たすという規範的含意を込めて使用する。それは、公開性の原則を前提とした、公衆としての市民による自発的な反省的討議を経由することによって、法や政策の正統性に影響を与え、またその源泉となるべきものであるとともに、行政のシステム命令に抗して、市民が公衆として自発的に形成する討議の空間である。

こうした意味での公共圏の生成の歴史的・社会史的経緯を、ハーバーマスは『公共性の構造転換』において跡づけている。まず文芸的公共性が、イギリス・フランス・ドイツにおいて、それぞれ一七世紀後半、一八世紀前半、一八世紀後半から、カフェ、サロン、読書サークルといった空間において成立する。こうした空間は、宮廷や教会といった従来の権威に抗して、私人が公衆として封建的・身分的障壁を越え、また社会的地位を捨象したところに成り立つ。そこでは、文芸・文化・芸術についての自律的で自発的な議論がなされ、批評・表現・意見の交換への参加が市民によってなされる。

文芸的公共性としての市民的公共性は、資本主義経済が展開するにつれて、言論・出版の自由への市民層の要求と結びつき、また新聞・雑誌などのメディアの発達、流通とも相俟って、議論のテーマが政治的領域へと及ぶようになってゆく。政治的公共性は、国家機関・権力機構による支配としての公共性から自律的領域としての私的領域を守るために、「公論」に訴えるものである。

しかし一九世紀後半から、行政システムと経済システムとの連携、また国家の福祉国家化・社会国家化によって、国家と社会、公共的領域と私的領域との区別、拮抗・相克の関係性が失われ、自律的な論議の場としての公共圏の基盤が掘り崩される。文芸的公共性としての市民的公共性の領域では、市民は文化・芸術を論議するのではなく、マスメディアによって操作統合された文化の消費者に成り下がり、政治的公共性の領域では、市民は政党・圧力団体等を通じてその意見が操作され、また行政のクライアントとしての大衆になる。そこでは市民的公共圏という概念のもつ批判的・規範的含意は失われる。

行政システムと経済システムというシステム命令に対する抵抗の拠点としての生活世界を基盤としたコミュニケーション的合理性という概念の提起は、『公共性の構造転換』における市民的公共圏という概念の規範的・批判的モチーフを継承するものである。

（天畠一郎）

［参考文献］ハーバーマス（細谷貞雄・山田正行訳）『公共性の構造転換』（未来社、一九九四年）

フーコーの権力論

まずフーコーの言う権力の肯定的な働きとはどのようなものであるのかを見る。彼は、『監獄の誕生』や『異常者たち』において、らい病の排除の様式とペストの管理様式の違いについて説明している。らい病の排除のモデルは、君主制において政治的に用いられ、これは、共同体の浄化のために患者を共同体の外部（城壁の外、あの世）へと追放する。それに対して、一八世紀以後、活性化されることになるのは、ペストが発生した都市の網羅的警備のモデルである。ペストの発生によって封鎖された地域は、綿密で詳細な分析と網羅的警備、切れ目のない監視の対象とされる。

「そこでの問題は、健康、生命、寿命、個々人の力を、最大限にまで導くことです。つまり、重要なのは、健康な住民集団を産出することであり（中略）。問題は、規則性の領野の恒常的な検査です。つまり、そうした検査によって住民一人一人を絶え間なく評価し、彼らがはたして規則に適っているかどうか、定められた健康の規格に適っているかどうかを知ることが問題なのです」（『異常者たち』筑摩書房、五三頁）。

こうしたらいの排除のモデルとペストの管理のモデルとの対比は、『性の歴史Ⅰ』においては、君主権力と生—権力として対比される。前者の権力は、「徴収の機関、搾取のメカニズム、富の分け前を専有する権利、臣下から生産物と財産と奉仕と労働と血を強奪するという形式で行使される」。それに対して、古典主義以降、発達を見せる権力の新しい形（生—権力）は、「生命を経営・管理し、増大させ、増殖させ、生命に対して厳密な管理統制と全体的な調整とを及ぼそうと企てる」ものである。この新しい権力は、諸個人の機械としての身体に狙いを定める解剖政治と、種としての身体に狙いを定める人口の生—政治とからなるとされる。重要なのは、このような生—権力の発展は資本主義の発展に不可欠なものであった、と強調されていることである。

「人間の蓄積を資本の蓄積に合わせる、人間集団の増大を生産力の拡大と組み合わせる、利潤を差別的に配分する、この三つの操作は、多様な形態と多様な手法に基づく〈生—権力〉の行使によって、ある部分では可能になったことだ」（『性の歴史Ⅰ』新潮社、一七八頁）。

このようにフーコーの生—権力論は、資本主義の展開と関連づけられているが、彼の議論を参照する者たちはしばしばこの点を軽視しており、文化主義に陥ってしまっている。こうした傾向に抗いつつ、フーコーの議論を踏まえた上で資本主義の変容と生—権力や主体の変容の結びつきを分析していくことが急務であるだろう。（山家歩）

［参考文献］酒井隆史『自由論』（青土社、二〇〇一年）、杉田敦『権力の系譜学——フーコー以後の政治理論に向けて——』（岩波書店、一九九八年）

ドゥルーズ＝ガタリの社会機械論

近代社会は、近代理性や自我の形成や理性の支配、経済的・政治的担い手としての個人＝主体とする市民社会の自律性と同時に国民国家による統合として説明されるが、個／全体の媒介・統合の在り方とこの二項対立の図式そのものに問題が生じる。それに対して、近代社会を資本主義的生産によって決定される総体的な機構ととらえたのはマルクスであるが、ドゥルーズ＝ガタリは、その機構を単一のメカニズムではなく、複数の「機械」の結合に置き換える。また個人＝主体ではなく、精神分析における無意識を「欲望する機械」として生産的、肯定的諸力の場としてとらえ直す。「欲望機械」は精神分析が行ったような自我形成における家族の場にとどまることなく社会的な過程へと展開していく。つまりその諸機械は諸個人や諸集団が結合し、分裂していく生産の生産のプロセスであり、絶え間ない「生成変化」のプロセスでもある。

近代社会は技術的体系と生産力の膨大な発展とともに、欲望機械が極限まで加速的に作動する。それは近代以前の社会が、経済的階層や財の循環に支配的な「コード化」、専制君主国家による「超コード化」と、労働力・貨幣・土地などの境界、制限を確定する「テリトリー化（領土化）」に基づくのに対して、近代社会が従来のコードを解体していく「脱コード化」と、労働力と土地・労働手段の分離や貨幣の運動、資本の越境的な運動といった「脱テリトリー化」によって特徴づけられる点に関わってくる。他方で、コードとは異なり、市場、資本による効率性や計量的で抽象的な社会体系である「公理系」の支配と、「再テリトリー化」によって、国家装置の内側への回収も同時に行われるのが近代社会の動的なプロセスなのである。両極端に作動するこのプロセスは、「脱コード化」が相対的レベルにとどまる資本主義社会に内在的な性格から生じるのであって、市民社会と国家、市場と国家の敵対・矛盾関係だけではとらえられない。むしろ社会内のさまざまな機能障害、抵抗である「逃走線（漏出線）」としてとらえるべきであって、近代資本主義社会は「脱コード化」によって常に「逃走線」をもたらす特殊な社会である。

彼らがそのような「逃走線」の場として見いだしたのは、家族・学校・職場・病院・監獄などの諸制度であった。そこでは国家装置による捕獲やミクロ権力の組織化による「再テリトリー化」が行われる一方で、子ども、性的少数者、精神病患者、外国人労働者などのマイノリティに関わる運動や彼らに結合するような動きとして、「局所的」運動、「分子的」諸集団の生成変化とそれらの「横断性」が重視されるのだ。そして定住的な管理から逃れるあらゆる動きを「ノマド（遊牧民）」として、「絶対的脱コード化」の可能性が展望される。（田中裕之）

[参考文献]ジル・ドゥルーズ、フェリックス・ガタリ（市倉宏祐訳）『アンチ・オイディプス』（河出書房新社、一九八六年）、ジル・ドゥルーズ（宮林寛訳）『記号と事件』（河出書房新社、一九九六年）

バリバールの市民権論

市民権（droit de cité）は、その字面から専ら法と権利を扱うものとして理解されがちだが、それが習俗や規範、さらには間主観的な認知――市民権をうる（avoir droit de cité）という言い方に留意――をも含むことが示すように、市民権という概念は、限界づけられた集団的実践を表現するものである。法＝権利として実定された市民権とは、市民的な諸実践の法的表現なのである。エティエンヌ・バリバールが注目するのは、国家と集団的実践としての市民権との緊張をはらんだ関係である。

アナーキズムやコスモポリタニズムとは一線を画すバリバールは、国家から離れて市民権があるとは考えない。その点、市民権がありうるのは、諸個人が国家のもとにあり法的システムと公権力を持つ限りにおいてであると考えたスピノザにバリバールは忠実である。しかし、このことは「法は法なり」という威嚇や国家理性への隷従を意味しない。バリバールによれば、民主主義的権力は、その上位にある、普遍的人類法――その内容は、生者や死者の尊厳、歓待、個人の自己決定権の不可侵などである――に矛盾しない限り正当性をもつのであり、市民は実定法と国家のふるまいを絶えずチェックする義務を持つからである。そして、明らかな矛盾が認められた場合には、公民的不服従という集団的実践を立ち上げなければならない。バリバールが、公民的（civique）であり、市民的（civile）ではないと断るのは、公民的不服従とは、権威への反抗や個人主義的な消極的自由の確保にとどまらず、国家の象徴的基盤を再構築することを目指す蜂起であるからだ。市民権とは国家の「慈悲」によって付与される権利などではなく、その核心には、法への服従の実質的条件を基礎づけ直す集団的実践がある。すなわち、市民権の行使とは、最終審においては、憲法構成的権力（pouvoir constituant）の行使に他ならない。

バリバールの市民権論がラディカルであるのは、市民権という集団的実践の担い手は、国籍をもつ者に限定されえないし、されてもならないことを論証した点にある。たとえば、国家の象徴的基盤の再構築を、国民投票と同一視すべきではない。この不断の象徴的プロセスには、国民以外の者達も、つねに＝すでに、参加しているからだ。責任をもって社会生活を営んでいる「不法」移民者達もまた多様な表現形態を通して市民権を再発明しているのであり、新たな意匠を帯びて現れる人種主義・排外主義に抗して国家の開明性（civilite）を再活性化することに貢献している。こうして市民権を国籍へ従属させることの無理を論証した上で、バリバールは漸進的な国境の民主化を主張するのである。

（桑野弘隆）

［参考文献］エティエンヌ・バリバール（松葉祥一訳）『市民権の哲学』（青土社、二〇〇〇年）

ハート／ネグリ『帝国』における市民社会論

『帝国』に先立つ論考のなかでマイケル・ハートは、「市民社会の衰退」というテーゼによって現代社会を位置づけようとしている。そこでハートは、市民社会という概念をめぐって、ヘーゲルにフーコーを接続するという大胆な試みを行っている。ヘーゲルにおける市民社会とは、「欲望の体系」とされた経済的側面にとどまらず、その教育的側面もまた強調されるべきものであった。すなわち、個人はその個別的利益を追求する労働を通じて、社会の普遍的利益にたいする貢献へと導かれるとされた。ヘーゲルは、自然社会から政治社会へと到る媒介として市民社会を捉えたのだった。この市民社会を、フーコーは規律社会として読み替えたとハートは主張する。ただし、規律とは、資本主義国家の秩序に「自主的に」回収される主体を作りあげる手段として見なされる。フーコーにおいては市民社会を規律社会に置き換えることによって、その悪魔的な位相が強調されることになる。そのうえで、ハートは、規律の諸装置──学校、家族、労働組合等──の機能不全に示される規律社会の衰退を、「管理社会」（ドゥルーズ）の出現と結びつけようとするのである。

アントニオ・ネグリとの共著『帝国』では、市民社会の衰退という事態は、より大きなコンテクストのなかに位置づけられる。すなわち、この事態は、世界市場の形成という資本主義の新たな段階に対応した新しい権力形態、つまり「帝国」というグローバルな統治形態の出現に結びつけられる。ネグリ／ハートによれば、世界市場を実現しその拡大・強化を推し進める資本は、いまや世界を分割してきたあらゆる境界と対立するようになっている。国境の帝国主義的な維持・拡大を目論む近代的主権と、グローバルかつトランスナショナルな資本との齟齬は明らかであり、その矛盾は、主権という超越的権力と資本による経済的圧力とを調停する場であった市民社会において顕著に現れるとされる。ところが、市民社会の衰退は、規律の衰退を意味しない。このミクロな権力は、学校、病院、監獄など国民国家の主要諸制度の枠を超えて資本と接合し、国民国家を経由しないで諸個人の身体と頭脳に直接に作用するようになりつつあるからだ。つまり、市民社会の衰退は、規律の一般化、偏在化であり、地球を覆うに到った資本が、国民国家の頭越しに諸個人にその命令（command）を吹き込む──この権力的テクノロジーは生権力（biopower）と呼ばれる──ことを可能にする、グローバルな射程をもった新たな統治形態の出現を意味する。近代的主権─市民社会─規律という国民国家体制のトリアーデは、帝国的主権─世界市場─生権力という「帝国」体制のそれに取って代わったのである。

（桑野弘隆）

［参考文献］ハート／ネグリ（水嶋一憲・酒井隆史・浜邦彦・吉田俊実訳）『帝国』（以文社、二〇〇三年）、マイケル・ハート（大脇美智子訳）「市民社会の衰退」（『批評空間』II-21、太田出版、一九九九年）

市民（citizen, Bürger, citoyen）

古典的な「市民」とは、古代のポリス、キウィタスの自由民である住民を意味し、中世のヨーロッパでは都市のギルド構成員の資格に基づいて市政参加権を持つ住民として、共に身分的特権を保持する階層を意味した。それに対して近代以後は、政治的意味としては、参政権を含む基本的人権としての近代的市民権を持つ存在全てを指し、特別な階層という意味はなくなると同時に、二〇世紀以後は権利内容も社会権にまで拡大する。一方、一八世紀以後は、資本制システムにおける資本家に該当するブルジョワジー（資本家階級・有産階級）を指して市民と呼び、経済的性格を中心とした概念と用法が定着する。

現代日本では、行政区画としての「市」の居住者という意味が第一義となるが、一九七〇年代からは、地域共同体単位での諸政治活動・運動をさして「市民運動」と呼ぶ場合がある。これは、政党や組合など既存の政治組織に属さない知識人や住民自身のリーダーシップによる運動の意味で用いられ、市民概念の一層の拡大をもたらしている。この場合でも、ある社会内部でさまざまな形で政治に参画する自律的存在、という意味で古代以来の市民概念と共通性を持っているといえ、現在ではそうした不特定多数の市民を支持中核とみなす「市民政党」を標榜する政党も存在する。

こうした政治社会の構成員という意味合いと共に、A・スミス以来定着した経済社会としての市民社会の構成員という意味では、ブルジョワジーが「市民」の代表となる。同様に、現代の主権国家の正規の構成員という意味で、国家内部で市民権（**citizenship**）を持つ存在も市民と呼ばれる場合もあり、その際は「国民」と同義に用いられていることになる。

このように「市民」概念は多様であることから、年齢などの条件を除いて市民権が一般に認められた現代社会では、概念的にはほとんどの人間が市民と把握されることになる。OEDなどでも具体的・普遍的な概念内容の規定ではなく、軍隊・官僚や宗教組織などのような特殊組織に属さない人間、などのように反対用語（**negative term**）を用いて説明している。

市民概念のそのような一般化の最終段階には、人間の解放に基づく自由で自律的な個人による自由なアソシエーション形成の構想が存在した。その構想は、近代では独裁を生んだ市民革命の経験、現代では共産主義の理想の崩壊を目の当りにして、社会の中の「普通」の存在としての市民を主体として、政治的・経済的・文化的に新たな特徴を持つ社会の再構成を構想することにつながる。

それ故に、現代の「市民」はその階層的・階級的特質ではなく、各場面での実践を伴う資質において把握される必要がある。

（工藤豊）

［参考文献］T・H・マーシャル（岩崎信彦・中村健吾訳）『シティズンシップと社会的階級』（法律文化社、一九九三年）

国民・国民国家

(nation, nation-state)

「国民」の意味は、古代ローマではローマ人以外の人間集団をさしていたが、絶対主義主権国家の成立と共に王の支配下にある国家構成員(臣民:subject)となり、さらに市民革命を経て、国家という政治体を構成し、平等な政治的権利を有する人間集団としての国民概念が形成される。特にフランスではシェイエスの規定するように、旧特権階級以外の第三身分全体が国民として政治に参加することが期待された。一方ドイツなどでは、国民の歴史的形成性などが強調されるが、いずれの場合にも国民相互の同質性・平等性は維持されており、彼らによって構成される政治的統合体が、国民国家として理想化される。しかし、同時にそうした「国民」の同質性は自然に存在するものではなく、フィヒテが強調するように教育などに基づいてつくりあげられるものである。

したがって、「国民」とは、フランス革命後に形成された政治体の正統性確保という目的や、ドイツにおける統一国家の形成主体の創出などのように、一定の政治的目的に基づいて人為的に形成されるものと把握しなければならない。ここにルナンが述べる、文化的記憶の共有や共同の生存を選択する意志の存在によって国民を規定する観点が意味を持つ。この点で「国民」というあり方は、国家構成員のアイデンティティの核となり、国家統合を可能とするのである。

一九世紀以後は、こうした国民国家・主権国家によって国際社会が構成されることになるが、国民自身の持つ平等性の理念は、国民国家を通じて国際関係の中にも反映されることになる。すなわち、国際機関を構成する各国民国家は、原則としてその国力の大小に関りなく対等な関係にある。例えば国際連合において米国と人口二万人余のサンマリノ共和国が、総会において対等の発言権・投票権を持つのはこの理念に基づいている。そうした内容から、国民国家と対立するものは、国家の内部に多数の種族集団・民族を含み、強大な軍事力を持って他国を支配下におきうるような「帝国」とみなされる。一九世紀以後は、こうした帝国内部からの自立や、帝国への対抗を目的に国民国家の理念や構想が提示されたといえる。

しかし「国民」の等質性が人為的なものである以上、それは同時に「国民」としての同調を拒否する存在や等質性自体を危うくする少数派を排除し、差別する機能も持つことになる。また、国民国家への帰属が「国民」のアイデンティティの基盤となる以上、国民国家の盛衰のいずれの場面においても、自国民中心主義としてのナショナリズムが喚起される可能性が存在することも強調されねばならない。ナショナリズムは差別・不平等への抵抗と共にそれらを生み出しもするのである。(工藤豊)

[参考文献] シェイエス(大岩誠訳)『第三階級とは何か』(岩波文庫、一九五〇年)、西川長夫『国民国家論の射程』(柏書房、一九九八年)

ナショナリズム
(nationalism)

ラテン語のnatio（生まれ）を語源とする点から、生まれを同じくする集団にアイデンティティを見出す立場をいう。日本語として、国民主義、民族主義、民族自決主義などがあてられるところからも、その意味するところは多様であり、歴史的にも多様な運動にナショナリズムの語があてられている。一般的には絶対主義的主権国家形成を背景とし、近代市民革命を経た後に提示された、人種、言語、宗教、歴史、文化などを同じくする一つのネーション（nation）が一つの政治的統合体としてのステート（state）を形成するという、国民国家（別項参照）の理想実現をめざす主義と実践を意味する。

この歴史的背景から、ナショナリズムの主張は旧体制の身分的秩序への対抗という意味から始まったことが窺える。しかし、例えば種族集団（ethnic group）のように、血縁的結合に基づく生物学的概念として固定性を持つものとは異なり、右記の文化的諸要素の内容は流動的であることからも、そのネーションが通時的・固定的な実体としてあると想定することは困難である。そこにネーションがアンダーソンのいう文化的コミュニケーションを共有することで実体として感じられる「想像の共同体」であるという規定が正当性を持つ根拠がある。

歴史的には、一八世紀の市民革命の時代、フランスに代表されるように、周辺諸国家への対抗を目的に身分的な特権性・抑圧性の打破により、相互に平等な「国民」によって構成される包括的な集団を形成しようとする意図が存在したことが指摘できる。また、一九世紀にもギリシャの独立や、イタリア、ドイツの統一にみられる例では、自国の主権確立と他国による支配からの脱却などの目的が指摘できる。さらには、二度の大戦後、民族自決の原則や、植民地支配からの独立運動が共にナショナリズムと関連づけられていたことなどを考えると、この思想と運動は、周辺諸国からの圧迫や帝国のような多数の民族によって形成される統治領域の内部に、差別・抑圧や権利上の不平等などが存在する場合、それへの抵抗や克服・打破をめざす運動と関連して登場していることが指摘できる。

現在頻発している国民国家内部の諸エスニック・グループの自治・自立運動にも同様な傾向が指摘できるが、その場合ナショナリズムが国民と非国民とを区別し、差別するメカニズムとして作用する性格も同時に指摘できる。現代の広域国家や多民族国家ではナショナリティとエスニシティとが入れ子構造に存在する状況が指摘でき、そこで発生する紛争の場合には、ナショナリズムの持つ社会構成員の平等性が抑圧のメカニズムに転ずる矛盾が露呈しやすい。その点にナショナリズムが常に盛衰をくりかえす歴史との関連をみいだすことができる。（工藤豊）

［参考文献］関曠野『民族とは何か』（講談社現代新書、二〇〇一年）、B・アンダーソン（白石隆・白石さや訳）『想像の共同体』（増補版、NTT出版、一九九七年）

グローバリゼーション
（globalization）

グローブ（globe）の「球形」という意味から転じて、地球全体を包括することをさす。国際化（internationalization）の類義語としても用いられるが、使用され始めたのは一九九〇年代に入ってからと新しい。国際化との相違は、単なる国家間のヒト・モノ・資本などの交流拡大のみならず、政治・経済的規範や生活スタイルのあり方を含めた統合の進展の結果、主権国家という枠組み自体が消滅する状況を想定する点に存在する。

この用語登場の背景には、まず交通・通信・情報関連技術の飛躍的発展があるが、「地球」規模という観点からは、八〇年代末のソ連・東欧圏の崩壊に伴う国際政治・経済の変動がある。つまり、社会主義圏の崩壊を受けて、開放体制、民主化、市場経済化などが旧社会主義圏を含む地球規模で拡大・波及したことである。この観点から用いられる場合は、まず国際政治の場において多くの国・地域・国際機関による協調体制（グローバル・パートナーシップ）の形成が第一義となる。

しかしグローバリゼーションの側面としては、現代において特に巨大化した企業・資本による越境的な活動の拡大とそれに伴う国際経済システムの統合とともに、多くの国際機関の活動に示される「国家」を越えた諸システムとその運営に関るイデオロギー、そしてそれに対応する国家内部の諸システム組換えの動向がより重要である。

この観点から、例えば日本においては、九〇年代初めのバブル崩壊後の長期不況からの脱出をめざした、世界に通用する標準的な経営手法、財務会計手法の導入や、政府の金融政策を含むグローバル・スタンダードの導入などの意味で使用される場合が多い。一方、例えば、NPO、NGOの活動に伴って、ナショナリティ、ローカリティにとらわれない全地球的規模の視野を確保するための対象への接近態度や協調的態度もまた、この言葉とともに語られることがあり、かようにこの語の持つ意味は多様である。

グローバリゼーションに対する評価としては、今後一層進展する資本・労働・生産技術などの諸要素の不可逆的統合過程とみなし、その結果として一層の経済発展を想定する肯定的評価と、それがもたらす富や権力の集中による格差拡大や差異化への警鐘を試みる批判的なものとがある。

近代以後の歴史は、国民国家の形成と国際化―グローバル化との併存過程と理解すべきであり、その意味で、グローバリゼーションを考える場合には、現象的特徴の把握ではなく、それが具体的に生じている場のナショナルなシステムとの関連にも留意する必要がある。

（工藤豊）

［参考文献］伊豫谷登士翁『グローバリゼーションとは何か』（平凡社新書、二〇〇二年）、J・トムリンソン（片岡信訳）『グローバリゼーション』（青土社、二〇〇二年）

大衆社会論

現代社会を大衆もしくは大衆化という事態によって特徴づける理論で、しばしば市民社会論と対比的に用いられる。大衆と訳される mass という言葉は群衆も意味し、大衆というものの量的な巨大さと不定形な把握しがたさを表現している。

一八〜一九世紀前半のヨーロッパ市民社会は、教養と財産をもつ市民という少数の名望家層のなかに基盤をもっており、古典的な議会制民主主義も、そうした市民からなる、理性と判断力をもつ公衆 public によって支えられていたと言える。これに対して一九世紀後半以降、高度工業化の進展は、大量の人間を伝統的な共同体から切り離し、中間集団を解体することによって、大衆という、個人間の社会的紐帯が薄弱で不定形な巨大集団を都市のなかにつくりだした。そして、普通選挙権の導入が政治に参加する人間の数を飛躍的に増大させた結果、大衆が社会の前面に登場し始め、一九世紀末以降、政治も含めて社会はあらゆる部面において、大衆という存在を無視しては存立できないものになった。

このプロセスは同時に、政府機構の巨大化・複雑化とマス・コミュニケーションの発達の過程でもあったが、政府機構の巨大化・複雑化は、普通選挙権によって感得されるはずの政治参加の実感を大衆にもたらさず、かつての公衆に比して非理性的で判断力に乏しい大衆はむしろ、政府権力とマス・メディアによって操作・誘導される存在となって、議会制民主主義は、多かれ少なかれ、形骸化の危機に晒されることになった。二〇世紀前半の全体主義的な独裁権力も、民主主義の見せかけのもとに、この巨大な大衆を画一的に動かすことによって成立したと言うことができる。

大衆社会論は一九三〇〜四〇年代に形成されたが、これには、ナチズムの社会心理の分析から生まれたフランクフルト学派の理論と、アメリカ社会の分析から形づくられたアメリカ社会学の理論との二つの系譜があり、今日では両者は融合していると言ってよい。

日本における大衆社会論の受容は一九五〇年代に入ってからで、清水幾太郎が『社会心理学』（一九五一年）において「マス・ソサイティ」の理論として紹介したのは最も早い例である。日本で一般的になるのは、松下圭一の論文「大衆国家の成立とその問題性」（『思想』一九五六年一一月）から起こった大衆社会論争以後である。大衆社会論では、大衆の政治的無関心がしばしば指摘されるが、日本では一九六〇年の安保闘争をきっかけにむしろ、新しい自覚的な市民の社会の前面への登場が論じられるようになった。

（篠原敏昭）

[参考文献] W・A・コーンハウザー（辻村明訳）『大衆社会の政治』（創元社、一九六一年）、松下圭一『戦後政治の歴史と思想』（筑摩書房、一九九四年）

保守派の市民社会論

市民社会が歴史的具体像として想念される場合、中世都市市民社会、近代（特にイギリス一七、一八世紀の市民革命＝産業革命間期）市民社会の二類型であることが多い。中世都市における「自治」を担う市民たちの社会とその自立精神、あるいは近代市民社会の等価による交換・分業の広がった社会と民主主義の理念などが重視される。その上で、この二つの市民社会像を断絶させ近代を重視するか、あるいは両者の連続ないし併存を見ようとするかは、論者によって異なる。

一九八〇年代から現在まで市民社会論が盛んに論じられているドイツでは、両者を連続と見るか断絶と見るかが一つの対立軸となっている。そこでは両者の断絶の上に「近代」市民社会を想定することに反対し、両者の連続を重視して中世自治都市以来の地域自治を市民社会論の中に含意する議論の方が、強いて言えば保守的陣営に属するだろうか。

日本の場合、保守派の市民社会論といえば、佐伯啓思が挙げられよう。佐伯は、現代日本の「市民」とは「国家と市場に抗する市民」であり、そのイメージを決定づける役割を果たしたのが大塚久雄であるという。彼によれば、大塚が「共同体からの解放、資本主義の成立＝市民社会の成立」を普遍史として定着させ、その背後には革命史観（この場合、イギリスとフランスの革命）と進歩史観が横たわっているという。そこで佐伯は、イギリスおよびフランスの革命が歴史的画期ではなかったという議論を紹介して、革命によって近代市民社会が形成されたという歴史観を退け、「歴史の継続」を重視する。これによって市民社会と近代とのリンクは断ち切られ、従って共同体関係から脱した自由な諸個体の連合としての市民社会概念が退けられると同時に、むしろ共同体的関係の方に優位性が置かれる。すなわち彼は古代ギリシャの「戦士の共同体」、中世都市において「自らの富を共同で防衛しようとした」都市市民を想定し、両者に共通する都市＝共同防衛体において「祖国のために死ぬこと」を徳とする価値意識が西欧の中にあるのだと言うのである。

こうして佐伯は、近代市民社会、市民革命、個人主義に基づく民主主義をひとつひとつ相対化しながら、古代・中世ヨーロッパ都市における共同体主義に行き着く。彼いわく、ヨーロッパ社会は、個人主義を生み出すとともに共同体主義をも残しており、この共同体主義は「時には国家という共同社会への強い愛着、時には民族への激しい忠誠、そして、多くの場合には、もっとゆるやかな形で、地方生活や家族や教会や近隣や知人との社交という形をとる」（後述参考文献、一七五頁）。これが佐伯＝保守派の市民社会論である。

（村上俊介）

［参考文献］佐伯啓思（『「市民」とは誰か――戦後民主主義を問いなおす――』ＰＨＰ新書、一九九七年）

親密公共圏

親密公共圏は、家族に限定されない、様々な自助グループに見られるような感情的絆によって結びついた親密な集団（親密圏）がある種の公共性を担うようになっていることに注意を向けさせる用語である。齋藤純一によれば、親密圏の他者とは抽象的な匿名の存在ではなく、間人格的で、身体性を持った存在である。

近代社会は、官僚的で匿名的な諸制度が支配的になる社会であると描かれることが多い。しかし、このような近代社会の描写は、近代性をその一面においてしか捉えていない。近代社会は、他方で、家族、友人、恋人たちといった関係における親密な関係の濃密化を促してきたのだから。

だが、こうした親密な関係性は、しばしば、公的なものからの逃避として否定的に言及されている。たとえば、リチャード・セネットは『公共性の喪失』の中で、現代における、親密性の伸張（「親密性の専制」）を公的なものの衰退と関連づけて論じている。また、ハンナ・アーレントにおいて、親密圏は、近代における社会的なものの画一化の圧力に抗うものと見なされている。だが、それは、社会的なもの制覇によって引き起こされた公共圏の喪失を埋め合わせる消極的な、政治性を欠いたものと見なされる。

齋藤は、親密圏はかつての公共圏のような複数性を持ちえないというアーレントの議論に賛同しつつも、そうした公共圏の場に（直ちに参入できるほど強者ではない）人々を媒介する場としての親密圏の政治的役割を重視し、親密圏を非政治的なものと見なす考えを批判する。

「親密圏の対話は、失われたあるいは断念された公共的空間の代償であるとはかぎらない。それはアーレントが見るよりももっと両義的なものである。親密圏が相対的に閉じられていることは一方では差異と抗争を欠く、したがって政治性を失う条件であると同時に、他方では、外に向かっての政治的行為を可能にする条件でもありうる」（九八頁）。

ところで、インターネットの発展によって、現在ネット空間上に存在している夥しい数のヴァーチャル親密圏をどのようなものとして捉えるかは、親密圏をめぐる議論にとって重要な問題であろう。ヴァーチャル親密圏は、匿名性や虚構性を介在させながら、同時に、かつてであればありえなかったような人々の間での親密な関係性をたち現れさせている。ここでも、大きな関心は、ヴァーチャル親密圏が政治的契機を欠いた閉塞的なものであるのか、それとも新たな政治性を可能とするものであるのかに向けられている。

重要なのは親密圏や親密公共圏についての分析を政治的なものや社会的なものの変容についての分析と関連づけていくことである。また、その際には、フーコーが切り開いた自己のテクノロジーの分析が有効な視座を与えてくれるだろう。（山家歩）

［参考文献］齋藤純一『公共性』（岩波書店、二〇〇一年）

対抗公共圏

支配的公共圏に対比される、対抗公共圏は、公共圏におけるポリティクスの問題を考える上で重要な用語である。公共圏に関する議論は、しばしば市民的（支配的）公共圏を特権化し、理想化し、そこへの包摂のプロセスを、政治的解放の普遍的プロセスと同一視しがちである。それに対して、対抗的公共圏に関する議論は、市民的公共圏が決して普遍的で特権的な唯一の公共圏ではなく、そこへの包摂はヘゲモニー闘争や抵抗といった権力関係を伴うことを強調する。対抗公共圏は、支配的公共圏に対するマイノリティたちの異議申し立てや抵抗を可能とする場であり、支配的公共圏との間にありうる対立、競合、融合、包摂といった関係のダイナミズムを捉えようという試みと結びついている。

この概念が提起された背景には、フェミニズム、ポストコロニアリズムを始めとする各種マイノリティの運動の台頭がある。これらの議論は、従来の市民的公共圏論が、男根中心主義的、欧米中心主義的な考えにたつものであったこと、家父長的権力や帝国主義的支配と共犯的なものであったこと、を告発し、批判する。市民的公共圏論が、普遍性の発展の場としての支配的公共圏に関心を向けていたとすれば、これらの議論が関心を向けるのは、非白人、女性、同性愛者、障害者、等のマイノリティによる公共圏の特殊性や差異である。

もちろん、これまでも、公共圏に関する論議が階級の問題をうやむやにしがちであるという批判がおもにマルクス主義の立場からなされてきたし、現在もなされている。ひところ猖獗を極め今なお力を有しているイデオロギーの終焉論が吹聴してきたように、こうした批判がその有効性を全面的に失ってしまった訳ではない。むしろ、フォーディズム体制からポスト・フォーディズム体制へのシフト、あるいは、福祉国家体制からネオリベラリズム体制へのシフトと呼ばれもする事態の進行の中で、公共圏が帯びる階級性の問題は新たな重要性を帯びるようになっているといいうるだろう。一連のネオリベラリズム的改革によって福祉国家体制が解体され、富裕層と貧困層の格差がますます拡大していく中で、「分断社会」や「排除社会」といった言葉で言い表されているような事態が進んでいることは見過ごされるべきではない。市民社会論がともすれば前者の富裕な市民ばかりを議論の対象としがちであることについても注意が必要であろう。

ただし、対抗公共圏についても過度に理想化がなされるべきではない。労働者や黒人たちの公共圏は、マッチョ的で女性に対して抑圧的なものであるかもしれない。あるいは、女たちの公共圏は、人種差別や階級支配と共犯的なものであるかもしれない。重要なのは、これらの場における、解放の可能性と権力や支配の格闘的な関係を見定めていくことである。（山家歩）

［参考文献］クレイグ・キャルホーン編（山本啓・新田滋訳）『ハバーマスと公共圏』（未来社、一九九九年）

NPO／NGO

NPOは、一九九〇年代以降、特にNPO法が施行された一九九八年以降、その存在が社会的に認知され、その役割も大きく期待されている。その活動内容は、保険・医療・福祉の増進、文化・芸術・スポーツの振興、まちづくり、災害援助、人権擁護など、多岐にわたっている。

しかし、NPO（Non-profit Organization、非営利組織）という言葉の内容は人や場面によって様々である。もっとも狭義にとれば、特定非営利活動促進法（NPO法）に基づいた法人格をもった団体（NPO法人）のことを示す。広義に理解すれば、法人格の有無に関係なく、市民が自発的につくったボランティア団体や市民活動団体などを示す。さらには、社団法人や財団法人などの各種法人や団体など、すべての「営利を目的としない公益団体」を指すこともある。ここでいう非営利とは、利益があっても組織の構成員に分配せず、団体の活動目的を達成するための費用にあてることを意味しており、利益をあげてはいけないということではない。

また、同様の言葉として、NGO（Non-governmental Organization、非政府組織）がある。NGOは国際連合の会議に出席する正式な参加国以外のものを指す言葉として用いられ、社会的な課題を対象とする非政府の民間団体を指している。実際多くの場合、NPOと同様の実態を表現するものである。実際には、営利を目的としないという点を重視したものがNPO、政府から独立している民間の立場を重視したものがNGO、このように区別されている。日本では、まちづくりや福祉の分野などで地域を拠点に活動する団体を指す場合にNPOを、国際協力や環境の分野などで国際的な活動を行なう団体を指す場合にはNGOを使うことが多い。

NPOには二つの側面があると考えられる。市民運動から展開して、企業や行政のあり方に異議を唱え、代替案を提示していく運動性の側面と、企業の失敗と政府の失敗に基づき、それらがうまく機能できない領域で社会サービスを提供するという事業性の側面である。最近では後者の側面がより大きな比重を占めるようになってきた。こうしたNPOの事業化の進展にともなって、NPOにもいくつかの問題が生じている。組織の効率性を重視した官僚化、粗悪なサービスによるトラブル、利益追求への傾向など本来の精神からの逸脱による問題である。これらはNPO活動の拡大にともなう過渡的問題であり、NPOは大きな転換期を迎えているといえる。これらを解決し、社会的影響力を発揮していくには、NPOに直接関わる人材はもちろん、NPOへの理解者・支援者を増やしていくこと、そのための制度的・法的な整備を進めていくことが課題となっている。

（山崎哲史）

［参考文献］山内直人編『NPOデータブック』（有斐閣、一九九九年）

NPO法（特定非営利活動促進法）

NPO法（特定非営利活動促進法、一九九八年三月制定、同年一二月施行）は、市民活動を行なう団体が簡単に法人格を取得できることを目的とする。この法の特徴は、縦割り行政の下に位置付けられてきた公益法人と異なり、主務官庁の関与がなくても法人格の取得が認められる点にある。法附則の検討条項の規定（施行後三年以内に検討を加え、その結果に基づき必要な措置が講じられる）を踏まえ、「特定非営利活動促進法の一部を改正する法律」が二〇〇二年一二月に成立し、翌年五月に施行された。その主な内容は、特定非営利活動の種類の追加（一二分野から一七分野へ）、認証の申請手続の簡素化、暴力団排除のための措置の強化、の三点である。

法人格の取得要件は次の八点である。一、特定非営利活動を行なうことを主たる目的としていること。二、社員（総会で議決権を有する者）の資格の得喪について、不当な条件を付けないこと。三、一〇人以上の社員がいること。四、役員として三人以上の理事と一人以上の監事がいること。五、報酬を受ける役員数が、役員総数の三分の一以下であること。六、宗教活動や政治活動を主たる目的としないこと。七、特定の公職者（候補者を含む）、政党を推薦、支持、反対することを目的としないこと。八、暴力団でないこと、暴力団又は暴力団の構成員の統制下にある団体でないこと。NPO法人の数は、二〇〇三年一一月現在において内閣府のホームページで一万三七七法人が認証されている。

法人格取得のメリットは、契約・所有の主体となれる、団体資産を個人資産と明確に分けられる、従業員を雇いやすくなる、事務所を作りやすい、助成金・補助金等を受ける場合にも信用が作りやすい、情報公開によって一般の人のアクセスが容易になる、団体として法的なルールを持って活動できる、などである。逆に、デメリットは、官公庁への届出や保険等の支払い管理に手間とコストがかかる、課税対象としてきちんと補捉される、情報公開の義務がある、行政監督を受ける、残余財産が戻ってこない、などである。法人格取得には、これらを考慮する必要があり、そのためにも積極的な情報公開が求められる。

NPO法に関連して、二〇〇二年一〇月からNPO法人に対する税制支援措置が創設された。また、支援税制の要件緩和を求めるNPO関係者の運動を背景に、二〇〇三年度の与党税制改正大綱で、認定要件の緩和や「みなし寄付金」制度の導入などを盛り込んだ。しかし、寄付金が総収入の三分の一以上、複数の市町村で活動するなどの認定要件が厳しくまだ一七団体しか認められていない。財政基盤の弱いNPOの活動を支えるために、多くのNPO法人が活用できる支援税制を実現が課題となっている。

（山崎哲史）

[参考文献] 熊代昭彦『新・日本のNPO法——特定非営利活動促進法の意義と解説——』（ぎょうせい、二〇〇三年）

ボランティア

ボランティアは一九九五年の阪神・淡路大震災から急速に広まった。現在では社会福祉を中心に、教育・文化・生活・健康など様々な面に広がっている。

ボランティアとは、社会奉仕のために無償で労働力を提供すること、またはそれに携わる人々を指す。本来は志願兵の意味を持つが、現在では有志者としての意味で用いられている。自発性・社会性・無償性の三原則が強調されてきたが、現在では活動維持のために経費負担を受益者に求める有償ボランティアなどを認め、無給性を強調するような新しい定義に広がっている。その精神的基盤がボランタリズムである。ボランタリズムとは、自発的な意思から金銭や労力やアイディアを提供して社会問題に取り組む行為および思想をいう。それは単なる自己中心的な意思決定を意味するのではなく、他者への配慮を踏まえての他者肯定的な意思決定を意味すると考えるべきである。

現在、ボランティア・ブームといわれるなかで多くの日本人がボランティアを行なっているようであるが、ある調査結果では、一九九六年の社会活動への行動者率（一〇歳以上人口のうち過去一年間に活動を行なった人の割合）は二六・九パーセント、行動者の一週間の平均時間は二・四時間となっており、欧米と比較するとおよそ半分以下である。こういった比較から、日本でボランティアはまだ十分に根付いているとはいえないだろう。

近年では、ボランティア活動のもつ潜在的な力に注目が集まっており、実際に企業や学校などでは組織的に取り組みが行なわれている。企業の評価は収益性や成長性に重点が置かれてきたが、価値観の多様化や企業のグローバル化によってその役割も変化が生じ、企業も社会の構成員として社会のために役立つべきであると考えられるようになった。そのため、従業員のボランティア活動に対して時間的・金銭的配慮や情報の提供を行なう制度を設けている企業も増えてきた。例えば、ボランティア休職制度や休暇制度、体験プログラムの作成、相談窓口の設置、ボランティア保険の提供などである。また、学校教育においてはボランティア学習の重要性が論じられている。生活に裏付けられた生きた学問を学ぶことで生きる力を育むためである。新しい学習指導要領が全面的に実施され、全国の学校において「総合的な学習の時間」が実施され始めている。こういった広がりは、それぞれの組織や個人が社会の構成員として自覚を深め、民主主義を発展させる契機になっていくことが期待されている。その一方で、組織的な取り組みがボランティアの原義である自発性を損なうのではないかという疑念も提示されている。

（山崎哲史）

［参考文献］江幡玲子・深澤道子編「ボランタリズム――順ぐりのおかえし――」（『現代のエスプリ』436、至文堂、二〇〇三年）、田中尚輝『市民社会のボランティア――「ふれあい切符」の未来――』（丸善ライブラリー、一九九六年）

一九・二〇世紀古典読書会＊例会記録

幹事・事務局

第1回～第9回　柴田隆行（事務局長）・中村秀一・篠原洋治・石塚正英
第10回～第14回　高草木光一（事務局長）・的場昭弘・池上修・石塚正英
第15回～第31回　高草木光一（事務局長）・的場昭弘・石塚正英
第32回～第43回　村上俊介（事務局長）・篠原敏昭・石塚正英
第44回～第52回　石塚正英（事務局長）・篠原敏昭・小林昌人・柴田隆行・高草木光一・的場昭弘・田村伊知朗・村上俊介
第53回以降　天畠一郎（事務局長）・太田浩司・出口剛司・鳴子博子・山崎哲史

第1回（一九八七年五月二四日、東洋大学）
一　石塚正英　読書会設立宣言と会の運営について
二　中村秀一　連続テーマ「『サン＝シモン著作集』をめぐって」趣旨説明
三　森　博　森博編訳『サン＝シモン著作集』について
四　中村秀一　『サン＝シモン著作集』の出版経緯

第2回（一九八七年九月二〇日、東洋大学）
一　柴田隆行　L・シュタインのサン＝シモン論について
二　田中秀隆　社会学上のサン＝シモンの位置について

第3回（一九八七年一二月二〇日、東洋大学）
一　野地洋行　サン＝シモンにおける経済学と社会学
二　藤原　孝　サン＝シモン国家論の転位――『産業』から『組織者』へ

第4回（一九八八年三月六日、東洋大学）
一　宮島　喬　デュルケムのサン＝シモン論とサン＝シモン批判――産業社会認識をめぐって
二　中村秀一　サン＝シモン解釈の系譜――一九世紀から今日まで

第5回（一九八八年六月一九日、東洋大学）
一　高草木光一　オーギュスト・ブランキのアソシアシオン論――「共産主義＝総合的アソシアシオン」論の成立過程
二　松田　昇　いわゆるフーリエによるサン＝シモン剽窃問題――P・ルルーの所説をめぐって

第6回（一九八八年一〇月一〇日、東洋大学）
一　石塚正英　連続テーマ「ヘーゲル左派と独仏思想界」趣旨説明
二　渡辺憲正　マルクスとバウアーの接点（一八四三年〜四四年）
三　滝口清栄　L・フォイエルバッハの思想的転回とシュティルナー

第7回（一九八八年一二月一一日、東洋大学）
一　神田順司　行為の哲学とドイツ的みじめさ——同一性の哲学との連関において
二　村上俊介　ブルーノ・バウアーの三月革命観

第8回（一九八九年三月一二日、東洋大学）
一　篠原敏昭　反ユダヤ主義者としてのブルーノ・バウアー——後期の思想展開との関連で
二　野村真理　ユダヤ人問題——西欧とユーデントゥームのはざま

第9回（一九八九年六月二五日、東洋大学）
一　生方　卓　ヘーゲル右派の動向について
二　滝口清栄　ヘーゲルの財産共同体批判
三　柴田隆行　ヘーゲル学徒としてのシュタイン

第10回（一九八九年一〇月二二日、慶応義塾大学）
一　岡本充弘　方法としてのチャーティズム——チャーティズム研究の motivation について

第11回（一九八九年一二月九日、慶応義塾大学）
一　村松高夫　イギリス社会運動史の対象と方法

第12回（一九九〇年三月三〇日、慶応義塾大学）
一　近藤和彦　モラル・エコノミーとシャリヴァリ

第13回（一九九〇年七月七日、慶應義塾大学）
一　見市雅俊　病いの社会史

第14回（一九九〇年一二月八日、慶応義塾大学）
一　喜安　朗　発生期association考

——事務局の体制不備のため例会を約三年間休止——

第15回（一九九三年一一月二七日、慶応義塾大学）
一　的場昭弘　連続テーマ「一八四八年革命および『共産党宣言』一五〇年にむけて」趣旨説明
二　的場昭弘　一八四八年革命——亡命者をつうじたヨーロッパ・アメリカ的視点から——の問題提起と『共産党宣言』研究の問題提起

第16回（一九九四年三月一九日、慶応義塾大学）
一　石塚正英　『共産党宣言』は「共産主義者宣言」である

第17回（一九九四年七月一〇日、慶応義塾大学）
一　高草木光一　一八四八年革命研究の課題と展望

第18回（一九九四年一〇月八日、慶応義塾大学）
一　篠原敏昭　マルクス・エンゲルス『共産党宣言』における共産主義概念をめぐる諸問題――最近のマルクス主義研究に照らして

第19回（一九九四年一二月一七日、慶応義塾大学）
一　岡本充弘　チャーティストと社会主義者たち

第20回（一九九五年三月一八日、慶応義塾大学）
一　的場昭弘　『共産党宣言』と共産主義者同盟――共産主義者同盟の歴史から見た『宣言』の位置

第21回（一九九五年七月一六日、専修大学）
一　村上俊介　三月革命期のザクセン
二　小林昌人　義人同盟と共産主義者同盟――綱領・規約の比較を通して

第22回（一九九五年一〇月七日、慶応義塾大学）
一　柴田隆行　一八四八年のシュレスヴィヒ・ホルシュタイン――ローレンツ・シュタインの活動を中心に
二　田上孝一　真正社会主義批判の真意

第23回（一九九五年一二月一六日、慶応義塾大学）
一　田村伊知朗　ヘーゲル左派と三月革命――初期カール・ナゥヴェルクと自由主義的政治思想の実現
二　松田　昇　一八四〇年代のP・ルルー

第24回（一九九六年三月一六日、慶応義塾大学）
一　柴田隆行　一八四八年までのドイツにおけるSozialismusとKommunismusという言葉の使用例（中間報告）

第25回（一九九六年七月一三日、慶応義塾大学）
一　植村邦彦　『ブリュメール一八日』を読む

第26回（一九九六年一〇月五日、慶応義塾大学）
一　一八四八年革命・『宣言』論文集（御茶の水書房）刊行の打ち合せ会議

第27回（一九九六年一二月二一日、慶応義塾大学）
一　森　泰一郎　『共産党宣言』の経済モデル

第28回（一九九七年三月一五日、慶応義塾大学）
一　田中ひかる　『共産党宣言』とアナーキズム――『フライハイト』派による解釈、一八八三年

第29回（一九九七年七月一二日、慶応義塾大学）
一　石塚正英　アメリカの四八年革命人――W・ヴァイトリングを中心に

第30回（一九九七年一〇月一一日、慶応義塾大学）
一　黒須純一郎　イタリア三月革命――ミラノの五日間をめぐって
二　松本佐保　イギリス急進主義者とイタリア革命運動家の交流――マッツィーニのイギリスにおける亡命生活を通じて、一八三七年～五二年

第31回（一九九七年一二月一三日、慶応義塾大学）
一　篠原敏昭　ミヒェルとゲルマーニア――カリカチュアに見るドイツ革命における国民国家の問題

第32回（一九九八年三月二八日、専修大学）
一　村上俊介　今後のテーマについて（趣旨説明）

第33回（一九九八年七月一一日、専修大学）
一　村上俊介　一八四八／四九年革命――直線に続く近代への道？

第34回（一九九八年一〇月三日、専修大学）
一　鈴木由加里　フランス第二帝政下における女性論争――J・デリクールの思想を巡って

第35回（一九九八年一二月一九日、専修大学）
一　石塚幸太郎　一八四〇年代アメリカにおけるフーリエ主義

第36回（一九九九年二月二〇日、専修大学）
一　山根徹也　一九世紀プロイセンにおける食糧騒擾

第37回（一九九九年七月一七日、専修大学）
一　日暮美奈子　世紀転換期における婦女売買の意味――撲滅運動の分析を中心に

第38回（一九九九年一〇月二日、専修大学）
一　合評会　『マルクスがわかる』（アエラムック、第53号、一九九九年）
二　合評会　石塚正英編『ヘーゲル左派と独仏思想界』（御茶の水書房、一九九九年）

第39回（一九九九年一二月一八日、専修大学）
一　村上俊介　ドイツ・ナショナル協会

第40回（二〇〇〇年三月一八日、専修大学）
一　田村伊知朗　カール・シュミットとヘーゲル左派の問題
二　岡本充弘　一八四八年あるいは一九世紀中頃をどうとらえるか

第41回（二〇〇〇年七月一五日、専修大学）
一　工藤　豊　『ヘーゲルにおける自由と近代性』紹介
二　石塚正英　バッハオーフェン『母権論』・『古代書簡』執筆事情

第42回（二〇〇〇年九月三〇日、東京電機大学）
一　石塚正英　交換銀行論の系譜――プルードン・ヴァイトリング・ゲゼル

第43回（二〇〇〇年一二月一六日、専修大学）
一　市野川容孝　W・グリージンガーの精神医学――『精神疾患は脳の疾患である』の解釈を巡って
二　鈴木正彦　ロールズ正義論における道徳的請求権の問題
三　杉本隆司　A・コントの実証精神と未開社会の理解

第44回（二〇〇一年三月二四日、東京電機大学）
一　篠原敏昭　共同研究テーマ「市民社会とアソシアシオン」の趣旨説明
二　遠藤智昭　ハンナ・アーレントの思想における現前性

第45回（二〇〇一年七月七日、東京電機大学）
一　松田　昇　日本の社会学における〈市民社会〉論の問題点をめぐって
二　山崎哲史　社会運動主体の認識構造分析の課題――社会問題の複合的連関を背景にして

第46回（二〇〇一年一〇月六日、東京電機大学）
一　村上俊介　現代ドイツにおける市民社会論
二　長谷川悦宏　コントとミルの人間科学観の対立

第47回（二〇〇一年一二月一日、東京電機大学）
一　鳴子博子　パリテ（男女同数原則）とクォータ制との政治哲学的差異――ルソー主義から見た現代の共同理論と多元論
二　田村伊知朗　歴史的世界の把握をめぐる思想史的考察――初期カール・シュミットのヘーゲル左派批判を中心に

第48回（二〇〇二年三月二三日、東京電機大学）
一　山家　歩　フーコー権力論の展開――戦争権力のモデルから統治権力のモデルへ
二　天畠一郎　『市民社会論――歴史的・批判的考察』の

紹介

＊この48回で開かれた会議において、今後会の名称を「一九・二〇世紀古典読書会」と変更することに決定。

第49回（二〇〇二年七月七日、東京電機大学）
一　桑野弘隆　円環の外に出ること――ルイ・アルチュセール「イデオロギーと国家のイデオロギー装置」について
二　石川伊織　ヘーゲル『精神現象学』長谷川宏訳をめぐって

第50回（二〇〇二年一〇月五日、東京電機大学）
一　沖　公祐　貨幣と市場機構――マルクス派市場理論の再構築に向けて
二　小林正幸　ハイデガー芸術論からの一試論

第51回（二〇〇二年一二月一四日、東京電機大学）
一　村上俊介　廣松渉編訳・小林昌人補訳『ドイツ・イデオロギー』（新版・岩波文庫）刊行によせて
二　泰田伊知朗　アフロディーテ讃歌の写本の伝承について

第52回（二〇〇三年三月二一日、専修大学）
一　山家　歩　市民性を通じての統治
二　桑野弘隆　市民権の哲学について

第53回（二〇〇三年七月一二日、東京電機大学）
一　出口剛司　エーリッヒ・フロム：現代におけるスピノザ主義
二　鳴子博子　女性の政治参画における北欧モデル対フランス・モデル――女性は一つの集団なのか？

第54回（二〇〇三年一〇月四日、専修大学）
一　篠原洋治　ドゥルーズのユートピア――ルネ・シェレール『ドゥルーズへのまなざし』を読む
二　高橋　聡　L・ワルラスの「科学的社会主義」――市場・国家・アソシアシオンのリンク

第55回（二〇〇三年一二月一三日、専修大学）
一　前澤洋一　フーコー権力論の再検討
二　斎藤一義　アドルノのヴェブレン論

第56回（二〇〇四年三月二七日予定、東京電機大学）
一　村上・石塚・篠原編『市民社会とアソシエーション』（社会評論社）合評会

あとがき

　本書は、「まえがき」で述べたように、「一九・二〇世紀古典読書会」の研究活動の成果の一つである。この研究会は一九八七年に「一九世紀古典読書会」として生まれたが、会の前身である、一九七〇年代中頃にできた、ヘーゲル左派に関心のある院生を中心とした小さな研究会から数えると、もう四半世紀になる。会は、間に三年の休止期間を挟んだものの、三年前に「一九・二〇世紀古典読書会」と名前を変え、若い研究者を加えながら、現在も活動を続けている。前身の小さな研究会ができるさいには、当時はヘーゲル左派が新しい研究領域ということもあり、周囲に相互討論・啓発のできるような研究仲間がいない若手の研究者たちは、集い遠慮なく自由に議論できる場を渇望していた。思想的「核」になる指導的な「先生」がいない同世代の者の集まりゆえ、メンバーそれぞれ思考の立脚点にはズレがあったろう。しかしそのようなことは問題ではなかった。同じ領域を学んでいるというだけで充分であり、そういう場が貴重だった。

　その小さな研究会において、ヘーゲル左派に多少なりとも立ち入るようになると、メンバーたちの間ではどうしてもその同時代、つまり一九世紀前半のフランスを視野に入れなければならなくなることが、当然のことながら認識されるようになった。ヘーゲル左派の主要な人々は、多くがパリに赴き、あるいはそうでない場合も、フランス初期社会主義に強い影響を受け、かつそれを批判しつつ自らの思想を形成したことを思い起こしてもらいたい。そのうち研究会メンバーの一人石塚正英が一九八四年より『社会思想史の窓』という「通信誌」の編集発行を始めた。かの小研究会は、同誌への寄稿者たちを加えて再編成され、こうして「一九世紀古典読書会」が発足した。この研究会はヘーゲル左派と独仏初期社会主義という緩やかな枠を設けて行なわれるようになった。

当時、ヘーゲル左派に列せられる各人の思想は、マルクスの思想形成過程において、確かに思想的先行者としてこれを触発する役割が与えられはしたものの、同時にマルクスによって乗り越えられるべき役割をあらかじめ与えられていることが多かった。とはいえヘーゲル左派研究の深化は、こうしたマルクスに対する副次的役割を越えた、それぞれ独自の思想家として捉えられ、かつそこから一八四〇年代に展開される彼ら諸思想の関係性を、それ自体として把握するものとなっていった。良知力編『資料ドイツ初期社会主義』（平凡社、一九七四年）もそれを触発したし、またその後一九八〇年代後半には廣松渉・良知力編『ヘーゲル左派論叢』（御茶の水書房）も編まれ、オリジナルが翻訳されるようになってきた。

確かにヘーゲル左派の各人は、それぞれ独自の思想家として、プロイセンにおいて、同時代のロテックやヴェルカーのような南西ドイツの諸思想家よりも色濃くヘーゲル哲学の影響を受けて三月前期（一八四八年三月革命に先立つ時代）の思想状況を形成したのであり、かつそれぞれの方向性をもって一八四八／四九年革命へと身を投じていった。そしてマルクスもその一人であった。こうした視角を共有しつつ、「一九世紀古典読書会」での成果は石塚正英編『ヘーゲル左派──思想・運動・歴史』（法政大学出版局、一九九二年）として結実した。この書に至る研究会の討論の様子は石塚編『ヘーゲル左派と独仏思想界』（御茶の水書房、一九九九年）の中に読み取ることができる。またその副産物として石塚正英・柴田隆行・的場昭弘・村上俊介編『都市と思想家Ⅰ・Ⅱ』（法政大学出版局、一九九六年）も公刊され、さらに『共産党宣言』と一八四八／四九年革命一五〇周年の一九九八年には篠原敏昭・石塚正英編『共産党宣言―解釈の革新』（御茶の水書房）と的場昭弘・高草木光一編『一八四八年革命の射程』（同）をまとめるに至った。

研究会は、「まえがき」でも述べたが、明確な思想的ないし理論的な共通基盤をもった学派ではなく、いうなれば「アソシアシオン」の思想にもとづく研究グループである。会の活動の諸成果もまた、振り返ってみると、その底に「アソシアシオン」のテーマが共通して流れている。社会思想史の窓刊行会編『アソシアシオンの想像力──初期社会主義思想への新視角――』（平凡社、一九八九年）は、「一九世紀古典読書会」の直接の産物ではないが、共著者の中には石塚正英をはじめ、中村秀一、高草木光一、植村邦彦らの「読書会」メンバーが名を連ねている。石塚はW・ヴァイトリングの特に一度アメリカにわたってからのアソツィアツィオン構想に、中村はサン＝シモニアンの宗教性を帯びた「普遍的アソシアシオン」思想に光を当て、高草木はA・ブランキの「国家＝アソシアシオン」論をプルードンのアソシアシオン思想と比較し、植村はW・シュルツにおける三月前期の「アソツィアツィオン」論を紡ぎだしている。それぞれ多彩なアソシアシオン思想も、自由な諸個体の自発的社会結合原理として想定されていることは共通していよう。

この自由な諸個体の社会的結合原理としてのアソシアシオンの理念は、前掲『共産党宣言―解釈の革新』『一八四八年革命の射程』にも確実に存在していた。もっともこれらの書はそのテーマからして、共著者すべてが例えば一八四八／四九年革命ないしアソシアシオン論を共通基盤として各パートを分担するというような意識的な構成は取っていない。とはいえ『一八四八年革命の射程』においては、高草木はルイ・ブランにおけるアソシアシオン思想を取扱い、村上俊介はザクセンにおける一八四九年五月蜂起を「協会」（Verein=Assotiation）運動として捉えようとしている。さらに『共産党宣言―解釈の革新』では石塚が三月前期の用語としての「党」が近代的政党組織ならざるアソシエーションとして想念されていたことを論じ、また篠原敏昭は『共産党宣言』におけるかの「自由な個体のアソシエーション」論に直接つながる「個体的所有」概念を『宣言』そのものの中に見出しそれを軸にこのテキストを解釈したのだった。

その後、それまでのメンバーに加えて、より若い世代の研究者たちが参加するようになり、研究領域の枠組も広げることを意識して、研究会の名称を「一九・二〇世紀古典読書会」と改めることにした（二〇〇二年三月）。同時に、一八四八／四九年革命に関する二冊を公刊した後の共通テーマとして、これまでのメンバー間に底流している緩やかな共通基盤であったアソシアシオンの理念を展開するべく、「市民社会」を選ぶことにした。その共同研究の成果が本書である。研究会そのものが諸個人の緩やかな連合体ゆえに、各論文には見解の相違もある。本書はそれゆえ、多様なスペクトルのアンサンブルとして理解していただきたい。

最後に、現在の困難な出版状況の中にあって、快く本書の出版を引き受けて下さった社会評論社社長の松田健二氏、および本書の編集を直接担当され、巻末の本研究会例会記録作成に尽力下さった同社新孝一氏に心から感謝したい。

二〇〇三年一一月

村上俊介
石塚正英
篠原敏昭

篠原敏昭（しのはら　としあき）

1949年佐賀県生まれ　専修大学経済学部非常勤講師　社会思想史および社会史
共著『路上の人びと』（日本エディタースクール出版部、1987年）、共編著『共産党宣言――解釈の革新』（御茶の水書房、1998年）

石塚正英（いしづか　まさひで）

1949年新潟県生まれ　東京電機大学理工学部教授　社会思想史および史的情報社会論
著書『ピエ・フェティシズム』（廣済堂出版、2002年）、共著『哲学思想翻訳語事典』（論創社、2003年）

山崎哲史（やまざき　てつじ）

1968年東京都生まれ　東京都立大学大学院博士後期課程在学　社会学
論文「社会運動による普遍的公共性の構成」『社会学論考』第22号（2001年）

田村伊知朗（たむら　いちろう）

1958年香川県生まれ　北海道教育大学教育学部函館校助教授　西欧政治思想史および現代福祉国家論
著書『近代ドイツの国家と民衆――初期エトガー・バウアー研究（1842-1849年）』（新評論、1994年）、論文「自由概念と近代の揚棄――ドイツ初期近代における政治思想を中心にして」『足利短期大学研究紀要』第23巻第1号（2003年3月）

執筆協力者（用語解説）

杉山精一（すぎやま　せいいち）

1962年静岡県生まれ　東京電機大学理工学部非常勤講師　イギリス哲学および比較文化論
共編著『歴史知の未来性』（理想社、2004年）、論文「意志の発現形態としての行為」『立正大学哲学・心理学会紀要』第24号（1998年）

田中裕之（たなか　ひろし）

1964年東京都生まれ　法政大学工学部非常勤講師　経済学および社会思想史
論文「市場経済における『制度』の諸問題――K・ポランニーにおける『経済過程の制度化』の概念の再検討（1）」『法政大学大学院紀要』第51号（2003年）

執筆者紹介（執筆順）

村上俊介（むらかみ　しゅんすけ）

1950年愛媛県生まれ　専修大学経済学部教授　社会思想史

著書『市民社会と協会運動』（御茶の水書房、2003年）、共著『一八四八年革命の射程』（御茶の水書房、1998年）

工藤　豊（くどう　ゆたか）

1950年岩手県生まれ　駒澤大学仏教経済研究所所員　社会思想史および現代社会論

著書『ヘーゲルにおける自由と近代性』（新評論、2000年）、論文「『民族』概念の発生と本質」（共著『知性の社会と経済』、時潮社、1997年）

天畠一郎（あまはた　いちろう）

1972年広島県生まれ　山村学園短期大学非常勤講師（2004年4月から）　社会学

共訳　ジョン・エーレンベルク『市民社会論』（吉田傑俊監訳、青木書店、2001年）

山家　歩（やまか　あゆむ）

1969年埼玉県生まれ　法政大学大学院社会科学研究科博士後期課程在学　社会学

論文「依存を通じての統治――ACや共依存に関する言説の検討」『ソシオロジ』第47巻第3号（社会学研究会、2003年）、「アルチュセール国家イデオロギー論の再検討」『現代社会理論研究』第13号（現代社会理論研究会、2003年）

桑野弘隆（くわの　ひろたか）

1969年秋田県生まれ　専修大学経営学部非常勤講師　英米文学

論文「マーク・トウェインの『不思議な闖入者、44号』におけるアナクロニズムの諸相について」『英米文学』第63号（立教大学英米文学科、2003年3月）

角田晃子（つのだ　あきこ）

1973年群馬県生まれ　在独日系企業アシスタント　近現代西洋哲学

論文「精神の調性と他者の所在――ハンナ・アーレント」『立正大学哲学・心理学会紀要』第26号（2000年）

鳴子博子（なるこ　ひろこ）

1957年東京都生まれ　中央大学法学部非常勤講師　政治思想史および社会思想史

著書『ルソーにおける正義と歴史―ユートピアなき永久民主主義革命論』（中央大学出版部、2001年）、共著『体制擁護と変革の思想』（池庄司敬信編、中央大学出版部、2001年）

市民社会とアソシエーション——構想と経験

2004年2月25日　　初版第１刷発行

編　者——村上俊介・石塚正英・篠原敏昭
装　幀——桑谷速人
発行人——松田健二
発行所——株式会社 社会評論社
東京都文京区本郷2-3-10　tel.03-3814-3861/fax.03-3818-2808
http://www.shahyo.com
印　刷——株式会社ミツワ
製　本——東和製本

ISBN4-7845-1436-8　　Printed in Japan